华文教育研究丛书

贾益民　丛书总主编

聚焦新加坡

——华语文教学、课程与师资培训

FOCUS ON SINGAPORE
Chinese Language Teaching,
Curriculum and Teacher Training

〔新加坡〕陈之权　著

社会科学文献出版社
SOCIAL SCIENCES ACADEMIC PRESS (CHINA)

总　序

华文教育是面向海外华侨华人尤其是华裔青少年开展的华语与中华文化教育，对于促进中华文化国际传播、加强中外文化交流与合作具有重要意义。开展华文教育是华侨华人的"留根工程"，有助于华侨华人传承和弘扬中华文化、保持民族特性；同时，华文教育也是凝聚侨心的纽带和海外华侨华人与祖（籍）国保持联系的重要桥梁，有利于促进国家侨务工作的可持续发展。

中国政府一向非常重视海外华文教育的发展，尤其是改革开放以来，中国政府在支持和推动海外华文教育事业发展方面做了大量卓有成效的工作，取得了巨大成绩。随着中国综合国力的提升，海外华文学校如雨后春笋，华侨华人子弟学习华文的热度持续高涨。

华文教育是一项庞大而复杂的系统工程，不仅涉及华文教育教学的理念，还涉及华文教育的人才培养目标、课程与教材体系建设、教学模式与方法、教学运行机制与评价体制、办学条件改善，以及相应的师资队伍建设、华校治理、办学政策与制度等一系列因素。建设这样一个系统工程，则需要以相应的理论及专业研究为支撑。目前世界范围内的华文教育事业呈现蓬勃发展的势头，但是与方兴未艾的华文教育实践相比，华文教育的理论研究及学科与专业建设依然滞后。

华文教育是国家和民族的一项伟大事业，也是新时代中国特色社会主义伟大事业的一个重要组成部分。

第一，华文教育要更快更好发展，必须坚持以习近平新时代中国特色社会主义思想为指导，深刻领会、全面把握新时代中国特色社会主义思想的精神实质和丰富内涵，科学分析新时代世界华文教育发展现状、存在问题与发展需求，制定符合新时代发展特征与需要的华文教育发展规划与具体措施，推动世界华文教育发展迈上新台阶，服务于实现中华民族伟大复兴的中国梦。

第二，华文教育要树立"全球化"和"大华文教育"发展理念，把华文教育置于中国和世界全球化发展的大背景下，面向全球，面向世界人民，以语言为基础，以文化为主导，推进华文教育大发展，以适应"全球化"对中华语言和中华文化的现实需求，满足各国人民学习中华语言文化的需要，推动中外人文交流和民心相通。此外，华文教育要想使华语逐渐成为"全球华语""世界语言"，还必须使华文教育尽快融入各国发展的主流，融入世界多元文化发展的主流，融入所在国教育的主流，融入所在国经济社会发展的主流，融入所在国华侨华人社会发展的主流。这是新时代华文教育全球化发展的必然选择，也是华文教育可持续发展的重要途径。

第三，华文教育要树立"多元驱动"和"转型升级"发展理念。新时代世界华文教育发展已经进入"多元驱动机遇期"，我们要善于整合、利用多方资源与力量，助推华文教育和汉语国际教育事业的新发展。与型升级"此同时，新时代也给华文教育提出了新任务、新要求，使华文教育的"转成为可能与必然，要由传统的华文教育观念、体系、模式向新时代华文教育发展、变革，由过去的规模化发展向加强内涵建设、提升质量、增强效益转型。

第四，随着"大华文教育"的发展以及华文教育的转型升级，华文教育今后绝不再是单一的、传统意义上的华文教育，而是在"华文教育+"发展理念引领下呈现多元发展态势。"华文教育+"加什么、怎么加，完全视华文教育发展需求而定，但必须符合华文教育培养中华语言文化人才、立德树人的根本目标。

在这些理念主导下，华文教育研究当下应关注以下问题：其一，关注世界华文教育发展历史及现状，跟踪世界各国华文教育政策及发展，撰写不同国别政治、经济及文化环境下华文教育国别史，总结华文教育历史发展规律与特点，从而由编写国别华文教育史到编写世界华文教育史；其二，有针对性地分析和描写华语在不同国别语言文化背景下作为一语（母语）以及作为二语（外语）的教学特点与规律、习得特点与规律等问题，借鉴语言认知科学尤其是人脑神经科学研究的理论成果与技术，探讨不同语言文化背景下华语二语认知与习得的规律，为本土化、国别化的华文教学以及教材编写提供理论支撑；其三，研究中华文化"走出去"战略中的中华文化核心价值观，萃取中华优秀文化的核心元素，研制具有规范性、可操作性的文化传播大纲及内容与形式；其四，开展海外华校普查、海外华文教育组织机构调查及海外华文教育政策调研，研究"一带一路"沿线国家华语使用现状与发展趋势；其五，积极推动不同国别华文教师专业发展研究，探索海外华文教师的专业发展模式、途径和制度，研究优秀华文教师的共同特质，为教师培训提供参照标准，以利于华文教师队伍的培养、建设；其六，开发具有较强针对性、实践性、本土化、多样性的华文教学资源，如多媒体线上线下教材，依托云技术实验室研发优质在线教学资源、开展华文课程智慧教学探索等，加强教学资源库建设。

在大力推动以上华文教育领域理论研究的过程中，为形成更具系统性、标志性和示范性的华文教育研究成果，打造华文教育研究特色团队，我们推出了这套"华文教育研究丛书"。该丛书由华侨大学海外华文教育与中华文化传播协同创新中心、华文教育研究院精心策划，由海内外优秀学者撰写。我们希望本丛书可以进一步丰富华文教育研究内容，让更多的人了解华文教育、研究华文教育，以推动华文教育事业的发展。

本丛书由社会科学文献出版社组织出版，在此我们表示衷心的感谢。限于水平，本丛书若有不妥之处，还望各位读者批评指正。

是为序。

贾益民

2019 年 7 月

序 一

香港教育大学名誉教授，华侨大学荣誉教授　周清海

陈之权博士的《聚焦新加坡——华文教学、课程与师资培训》作为华侨大学"华文教育研究丛书"之一，将于近期出版，能为这本书说几句话，我感到非常高兴。

陈之权是我以前在新加坡南洋理工大学国立教育学院中文系的同事。他为人非常低调，在系里是比较静默的年轻人。一直到2008年6月，新加坡教育部决定设立华文教研中心，当时的高级政务部长为中心的院长人选问题征求我的意见，我才开始注意他。

他担任了教研中心院长之后，一直到退休，为新加坡华文教学研究与华文教师的进修做了不少事。这本书详细而且深入地讨论了国家发展与华文教学、课程与师资培训等相关问题，表现出他是一个有大局观的学者。

陈之权也具备很好的总结能力，这是我几次出席国际学术研讨会发现的。他总结主宾的主题演讲，语言简要但具体，并且非常生动。

这本论文集就反映了这些特点。

一、客观总结与分析大局。虽然华文在新加坡这个华人人口占大多数的国家里是非主流语言，但陈之权认为华文是一种通行的语言，新加坡具备了学习华文的社会语言环境；新加坡有30余万名在籍学生在学习不同程度的华文。新加坡华文教学的独特性表现在具有多元背景的学习者、多层的语言能力以及多样的学习需求等方面。但新加坡华文教学既非母语教学，也非外语教学，是介于母语和第二语言之间的语言教学，包括了准母语和非母语学习者，又以非母语学习者为主流。独特的社会

语言背景意味着我们不能以对母语的要求来对待新加坡的华文。

这些论述都把握住了新加坡华文教学的特点。这和单纯强调"脱华入英"论述的基本不同是：态度非常积极、客观而不情绪化。

新加坡提供了中英双语教育，又是双语社会，课室里学习的双语在社会上都有应用的机会。之权和我一样，相信在中国发展的大背景下新加坡的华文教学和华文应用，有无限的发展潜力。

二、华文课程应以应用为导向。陈之权博士认为，由于学校大多数的科目都用英语教学，华族学生在课堂上接触华文、以华文思考与表达的时间只占总课时的 15% ~ 20%，因此，除少数学习能力特别强的学生外，一般学生的华文难以达到很高的水平。

特殊的语言环境致使新加坡不能直接采用中华文化地区编写的华文教材，也不能采用欧美地区开发的教材。新加坡需要自行编写在地化华文教材，以满足不同源流、不同背景学生的学习需要。

从新加坡社会语言的发展趋势看，"英文为主、华文为辅"的语言环境已然形成，但华文依然是学生在学校以外经常会接触的语言，是日常生活需要使用的语言。因此，在规划华文课程的时候，必须从"学以致用"的角度来思考，华文课程必须以培养学生在生活中运用华文的能力为主要目的，在充分了解学生的语言使用需要的情况下，做出有序的安排。换言之，华文课程的编写者必须把握学生在生活中对这一语言的实际需要，方能编写出符合学习者认知能力、切合他们学习需要的课程与教材。华文课程必须更重视语言的实用性，提供灵活多元的组织架构，从学以致用的角度来规划课程，加强学生的沟通交流能力，以促使学生带着比较强的学习动机来学习。

在了解了大局之后，他认为，华文课程因此经历了从语文传承到学以致用的发展历程。这是非常有见地的总结，给新加坡的华文教育发展研究指明了方向。

他的这些看法我是赞同的。我曾说："改进语言学习的方法，调整语言课程的设计，建立适合学习者能力的不同语言课程，或者根据地区和专业的需要分配人才，使学习者学习面向不同领域的语言教育课程等，都应该提到日程上来。把华文水准比得上中国大陆及港台地区当作华语区语言学习的唯一目的，当作办校的唯一宗旨，是不现实的。"①

三、强调文化的传承。他认为，通过华文课程传承中华文化与价值观，培养学生21世纪所需的技能，更是新加坡华文课程必须坚守的重要目标，是保留华族国民的文化身份、提高他们生存与发展能力的重要基础，不会因任何的国内外因素而改变。

这个论述也是合理和平衡的，并且点出了文化在新加坡华文教学里的重要性，跟一些人强调放弃文化、将新加坡的华文教学向外语教学的方向推进，是俨然不同的。

他认为，如果教育里的文化价值取向没有处理好，华语区的中学、大专院校将成为为先进国家培养人才、输送人才的教育基地。

从华语区来看，语文学习里的文化问题，既和各个地区自己的认同有关，也和华语区之间的共同的文化认同有关。各地区除了强调本土意识、培养国家意识之外，民族的共同文化认同也是不容忽视的。

我们应该思考：华人之间的民族认同，怎样在不同的语文程度里体现出来，怎样在不同的社会制度下体现出来。②

除了这些中肯、明确的论述之外，之权也关注华语文的发展，并在发展的大局下，对世界华语文提出看法。

四、以大华语的眼光发展区域语文教育。他认为，"大华语"是一个包容性的概念，在大华语概念下，各地区的华语既有其共同特点（如普遍的语法规则），也有其差异性（例如词汇与语音），而各地的差异性应该被尊重。在大华语时代，新加坡的华文教材应该更有包容性，应纳入其他华语地区特别是东南亚各地华语社群的独有特点。这是因为新加坡身处东南亚是一个永远也不能改变的事实，而东南亚是除中国以外，华族人口最多、学习华文人口最盛、经济前景最佳的地区，并与中国的商贸关系密切、文化交往频密，因此，新加坡的华族国民应具备与各地华语使用者进行无障碍沟通的能力。大华语时代的华文教材应是既涵盖共

① 周清海：《语言认同和民族的边缘化》，《语言战略研究》2017年3月。
② 周清海：《从全球化的角度思考语文教学里的文化问题》，载周清海《汉语融合与华文教学》，社会科学文献出版社，2020。

通性元素，又兼具地域性色彩的教材。

　　以大华语为共同语的东南亚国家的华文教育工作者，须从当前的国际局势发展和区域教育需要的角度做宏观规划，充分调动华语地区的社会资源和教学人才，在互通有无、优势互补的前提下，编写适应各地需要的教材。只有这样，华语文在本地区的发展才能更蓬勃、更顺畅，华语文教学的国别差距才能逐渐缩小，最终实现华语文教学质量的全面提高。

　　陈之权了解新加坡华文教学的发展与需求、语文教师的需要，他主持的教研中心为新加坡的华文教学做了不少工作。这本论文集，都是他实际工作的总结。读者可以从他的分析里，了解这些年来他为新加坡华文教学所做的工作，学习怎样拟定工作计划，预测发展前景。论文集里的无数实例，可供不同地区的语文工作者参考。

　　华侨大学的"华文教育研究丛书"既提供各华语区的研究与教学实例，促进华语区的相互了解，又提供解决语文教育问题的思考和方案，让华语区相互借鉴。《聚焦新加坡——华文教学、课程与师资培训》就是一本值得华语区从事华文教学与研究的同人阅读的书。

2021 年 3 月 8 日修订

序　二

香港大学教育学院中文教育研究中心前总监　谢锡金教授

很高兴能阅读陈之权博士的新著。我和陈博士认识多年，陈博士是新加坡华文教研中心的前院长，自 2008 年开始，我们的中心——香港大学教育学院中文教育研究中心与华文教研中心合作无间，一起研究、合办研究生课程，举办国际研讨活动等。

这本著作收录了他在中国、加拿大等地作为主讲嘉宾的发言稿，也收录了他在各重要刊物上发表的研究论文。每一篇发言和论文，都是以实证为本，基于严谨的研究，收集了大量的资料，结合新加坡的语文教学发展而写成。

陈博士的新著是他多年研究和实践的成果，在教学理论创新方面，他提出了结合生活资源的新加坡华文教学范式。他认为该范式必须具备四个要素：以学习为中心、以任务为主轴、以互动为原则、以技术为手段。他主张语言教学必须通过互动产生意义，教师需要创造条件，让语言的学习与真实的生活发生联系，这一范式与亚洲各地华文教育的范式不同。他不同意新加坡缺乏丰富华文学习环境的观点，认为新加坡自建国以来便实施的双语教育，提供了一个现实的双语环境，为学习华文的学生提供了丰富的学习资源。

陈博士积极参与了新加坡的华文课程、教材的制定和发展，他指出新加坡的华文课程和教材是多水平和多层次的设计，是非常独特的。他认为新加坡的课程需要加强文化元素，主张加强对华语地区的社会和语言的引介，允许通用的地方性词语进入华文教材，不排斥地域特有的语法表述，等等。他的大华语概念走在了华语世界前列。

在师资培训方面，他做了很多研究工作，包括教学职能的八大范畴、"校—研—教"学习共同体开展协同研究等，这些均能促进理论和实践的结合，让教学研究真正为提高教学质量服务，这些都是具有前瞻性的观点。他领导的新加坡华文教研中心举办了多种课程，满足了不同学校的需要，也举办了硕士和博士课程，让华文教师发展成研究员和资深的实践者。

本书内容丰富，都是深入研究和实践的成果，细读能令你大开眼界，知道华文教学是科学的、有系统的和有效的，深信能令学习华文的学生不再讨厌学习华文。

2021 年 3 月

自　序

　　本书收录了我过去十余年所发表的文章，主要涵盖新加坡的华文教学、课程与师资培训等内容。书中的 12 篇文章大部分在国际会议上以主题演讲或专题演讲的形式发表过，亦有数篇曾在中国或中国以外地区的期刊或专刊上刊载。现将它们结集出版，以期为各地从事华文教育的同道提供一个了解新加坡华文教育的窗口，也与他们分享一愚之得。

　　新加坡的华文教育有着悠久的历史，是国家双语教育制度的一个重要组成部分。建国以来，随着国内外政治社会经济局势的演变，新加坡的华文教育经历了不同阶段的发展，最终形成了当地的特色。时至今日，新加坡的华文教育已经难以用母语、一语、二语或外语教育的既定概念来简单定义。处在语言光谱不同位置上的新加坡华文学习群体有着多层次、多水平的学习特征，学生的背景、能力和需要各异，必须采取差异对待的方式才能取得良好的教学效果。相对复杂的语言教育环境致使新加坡的华文教育在课程、教学、教材乃至师资培训上产生了与世界其他地区不同的需求，需要自行研究、自主发展、自我完善能够顺应本土语言教育情境的理论与方法。新加坡的华文教育因此需要在理论上和实践上借鉴当前国际语言教育的科研成果，建构适合本地教学情境的模式、方法和策略。

　　本书收录的文章，有些是根据官方发布的文献梳理而成的经验总结，有些是个人的观察与思考所得，有些则是结合教学现场从较多元的角度进行的教学探索与尝试。无可讳言，每篇文章提出的观点和结论，自然非放诸各种情境皆准，仅为特定情境下的思考与尝试所得，但依然可以为在不同的情境下从事华文教育工作的同人提供可资参考的经验。希望本书能达到与各地华文教育同道交流想法、分享经验的目标。

　　本书得以顺利出版，得益于多方的支持与协助。感谢华侨大学愿意把拙著纳入他们的出版计划，感谢恩师周清海教授对出版本书的鼓励并亲自为学生写序予以肯定，感谢与我亦师亦友的香港大学谢锡金教授为我写序，感谢我的教学研究法启蒙教师苏启祯博士一路来对我的指导与教诲，感谢过去几年和我一起合作开展教学研究的新加坡华文教研中心团队和学校教师。特别要感谢我读博时的导师华中师范大学的郭文安教授，他为我奠定了教育学的理论基础，对我教育观的形成有很大的影响。吾妻真华对我学术事业的大力支持与鼓励，更是我能心无旁骛从事教研工作的最大动力，愿以本书的出版向她表达诚挚的感激。

　　新加坡的华文教育工作者任重而道远，期盼看见更多同道能付出精神和心力，不断探索，不断尝试可行的策略、方法与模式，产出更多高质量的研究成果，兢兢业业共同促进新加坡华文教育事业壮阔发展。是为序。

2021 年 6 月 2 日

写于丽晶岭

目　录

一　新加坡的华文教学

二　新加坡的华文课程

三　新加坡的华文师资培训

一

新加坡的华文教学

多管齐下加强华文教学：
新加坡的实施方略[*]

新加坡建国以来便坚定不移地实施双语教育政策，国家也因国民兼通双语而取得了经济增长。发展经济的需要促使英文教育迅速成为国民的主流教育，包括华文在内的母语教育式微，母语学校最终不复存在。

新加坡自 1959 年成为自治邦后，就在各个语言源流学校实施双语教育政策（新加坡大学学生会，1980）。1965 年独立之后，在教育上进一步实施多项重视第二语言学习的措施，包括规定第二语言为小学离校考试的必考科目、中学必须教导第二语言。1969 年更规定第二语言是"新加坡—剑桥普通教育水平考试"的必考科目（谢泽文，2003），通过政策确定双语教育为新加坡的教育基石。

一 新加坡华文教学面对的语言现实

新加坡在 20 世纪 70 年代末开始实行分流教育，保留部分传统华校为特选中学，给予其更多的资源培养精通华英双语双文化的新一代国民，其他学校则统一以英文为主要的教学媒介语，华文只以单科的形式存在。新一代国民成长后自然地以英语作为工作与思考的语言，华语主要成为华族国人进行情感交流的语言。建国之后长大的年轻夫妇因所受教育的

---

* 本文为 2017 年于中国台湾清华大学举行的"第二届汉字文化圈华语教学专题研讨会"主题演讲论文。

关系，很多习惯性地用英语和下一代沟通，家庭语言环境因此朝英语化的方向发展。

尽管如此，根据新加坡统计局发布的 2000 年和 2010 年人口普查报告中与家庭语言习惯相关的数据，华语依然是新加坡全部人口中最多人使用的家庭语言（Singapore Department of Statistics，2000；2010），使用华语的各年龄层人口依然可观。图 1－1 和图 1－2 是 2000 年、2010 年两次人口普查中各年龄层人口主要家庭用语的数据，图 1－3 和图 1－4 则分别为 2000 年和 2010 年新加坡各年龄层以华语和英语为主要家庭用语的比例。

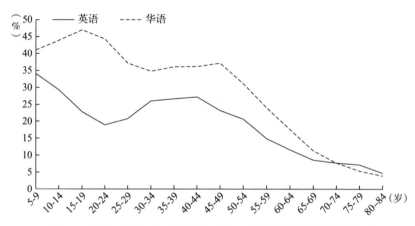

图 1－1　2000 年新加坡各年龄层人口主要家庭用语华英双语比例

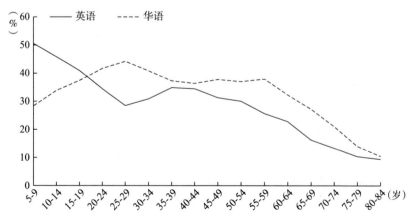

图 1－2　2010 年新加坡各年龄层人口主要家庭用语华英双语比例

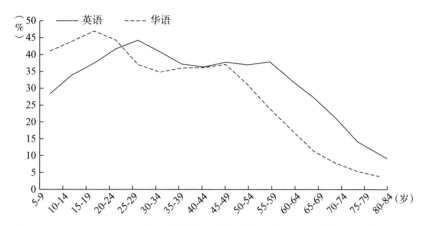

图 1-3　2000 年和 2010 年各年龄层以华语为主要家庭用语的新加坡人口比例

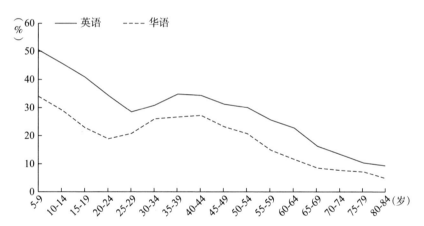

图 1-4　2000 年和 2010 年各年龄层以英语为主要家庭用语的新加坡人口比例

　　表 1-1 为对 2000 年和 2010 年新加坡以华语或英语为主要家庭用语的人口比例进行比较后计算出的华语和英语的使用比例增长率。

表 1-1　2000 年至 2010 年各年龄层华英两语使用比例增长率比较

单位：岁，%

年龄层	使用比例增长率	
	英语	华语
80～84	5	7
75～79	3	9

续表

年龄层	使用比例增长率	
	英语	华语
70～74	6	13
65～69	8	16
60～64	11	15
55～59	11	14
50～54	9	6
45～49	8	1
40～44	7	0
35～39	8	1
30～34	5	6
25～29	8	7
20～24	16	−3
15～19	18	−10
10～14	17	−10
5～9	16	−13

根据表1−1大致可以看出四种增长趋势。2010年和2000年相比，55～84岁年龄层的人口，以华语为主要语言的增长率高于英语；35～54岁年龄层讲英语的人口增长率高于讲华语的人口增长率；25～34岁年龄层的人口以华语或英语为主要语言的增长率不相上下；华英两种语言的增长率差别最大的为24岁及以下的年龄层，讲英语的人口增长率均超过15%，讲华语的人口则出现明显的负增长。根据新加坡华文教研中心高级院士苏启祯博士的推测，按照这一趋势发展下去，30年后，新加坡的人口将全部以英语为主要语言，50年后，讲华语的人口将完全消失。作者则持比较乐观的看法。新加坡统计局于2015年发布的最新家庭用语调查数据显示，以华语为主要家庭用语的家庭占全部华族家庭的46%，以英语为主要家庭用语的家庭则占37%，另有约10个百分点的家庭仍然以华族方言为主要家庭用语。无论如何，语言环境在未来的演变趋势绝对不容许新加坡华文教育工作者掉以轻心，新加坡必须在社区与家庭还在

普遍使用华语的环境下，制定各项策略，在政策、课程、教学、师资培训、人才培养等各个层面有所作为，充分调动国家、社会和社区资源，确保这一语言及其所蕴含的文化继续在这个国家生存与发展。

进入 21 世纪，新加坡在加强华文教学方面制定并实施了不少措施，其中一些措施已经初见成效。本文将归纳新加坡当前加强华文学习的方略，剖解各项措施的内容与实施情况，并初步提出未来进一步加强华文教学、培育华文人才的想法。

二　新加坡华文教学的功利性与文化性价值

（一）华文教学的功利性价值

无论我们是否同意，功利因素永远是人们学习一种语言的主要动机。

新加坡于 1959 年成为自治邦，走向建国之路。自治邦政府在决定各民族之间的共同语言时，"不但得考虑内部因素，还得考虑周边国家和国际的因素"（周清海，1998）。为了确保各民族特别是少数民族不会感受到被歧视或面对生存的威胁，政府决定以英语作为行政语、各族的共同语以及商业用语。这个决定，突出了英语的经济效益和实用价值，促成了英语作为高层语言的地位。

新加坡于 1965 年脱离马来西亚独立后，发展经济、吸引外资以解决失业问题是国家发展的首要任务。对于天然资源匮缺的新加坡，发展人力资源是教育的主要目标。20 世纪 60 年代的经济强国大多在西方世界，在吸引外资的流入方面，国民的英语掌握能力是重要因素。对经济发展的需求，导致接受英文教育者能够较容易地找到高薪的工作，更容易在工作上取得良好表现而获得更高的物质报酬，更容易晋升至上层社会。求取生存和谋求发展是移民社会务实的心态，这种心态对教育的发展产生了巨大的影响。家长们纷纷把孩子送进英校，导致母语学校面临生存威胁，最终纷纷关闭。到了 1987 年，新加坡政府迫于形势不得不统一全国学校的教学媒介语为英语，通令各校采用共同的课程，母语学校正式走入历史。

20 世纪是英文一枝独秀的世界。英语作为国际语言和最重要的科技与商贸语言，不仅使英语水平较高的新加坡国民搭上了西方经济发展的顺风车，而且使新加坡实现了瞩目的经济增长，完全解决了小国寡民难以生存与发展的问题，新加坡于 20 世纪末跻身发达国家行列。进入 21 世纪，国际政治经济发展趋势促成了国际多元语言时代的到来。尤其是中国加快改革开放的步伐之后，对世界经济的影响迅速扩大，对新加坡的国际进出口贸易也产生了重要的影响。表 1 - 2 和表 1 - 3 列出了 2016 年 1～3 月新加坡的十大贸易伙伴进出口额。

表 1 - 2　新加坡十大贸易伙伴进口额（2016 年 1～3 月）

国家和地区	金额（百万美元）	占比（%）
总值	65438	100
中国大陆	9282	14.2
美国	7126	10.9
马来西亚	7002	10.7
中国台湾	5422	8.3
日本	4365	6.7
韩国	4263	6.3
印度尼西亚	3304	5.1
德国	2083	3.2
法国	2034	3.1
沙特阿拉伯	1980	3.0

资料来源：新加坡国际企业发展局统计数据，中商情报网，www.askci.com/news/finance/20160601/16160523784.shtml。

表 1 - 3　新加坡十大贸易伙伴出口额（2016 年 1～3 月）

国家和地区	金额（百万美元）	占比（%）
总值	75216	100
中国大陆	9435	12.5
中国香港	8942	11.9
马来西亚	8209	10.9
印度尼西亚	5929	7.9

续表

国家和地区	金额（百万美元）	占比（％）
美国	4910	6.5
日本	3624	4.8
韩国	3608	4.8
泰国	3218	4.3
中国台湾	2844	3.8
越南	2712	3.6

资料来源：新加坡国际企业发展局统计数据，中商情报网，url：http://www.askci.com/news/fina-nce/20160601/16142523782.shtml。

无论是出口贸易额还是进口贸易额，中国均位居新加坡贸易伙伴榜首，而且中国这一地位维持了很长一段时间。随着中国经济实力的持续增强，新中的贸易关系将日益紧密。为维系与中国的商贸关系，华文华语势将成为新加坡国民，尤其是华族国民必须要掌握好的语言。新加坡必须培养一批具备较高华文水平、对中华文化有较深入的认识、了解中国国情的华文精英，也需要有计划地提高普通国民的语言应用能力，以顺应21世纪环球经济多语时代的到来。新加坡在语言政策上必须正视21世纪是多语时代的事实，掌握双语或多语是国民赖以生存与发展的重要能力，不再是少数精英的专利。华文是促进经济发展的另一种重要国际语言，有着重要的功利性价值，国家必须予以正视。

（二）华文教学的文化性价值

虽然新加坡是一个以英语为共同语和行政语的国家，但英语对于大多数国民而言，依然只是一种工具性的语言。从新加坡多元文化的角度来看，各族之间的文化特性若无法延续至后代，国民将逐渐丧失文化底蕴，成为"无根的浮萍"，整个社会将逐渐失去亚洲文化的特质，最终导致"伪西方社会"的出现，不利于国家的长远发展。

没有文化底蕴的国民，将出现严重的身份认同问题，在面对危机时，没法从本身的文化传统中寻找力量，设法站在相近的立场以共通的思路面对时艰，共同克服危机。保留母族的语言文化传统能够增强民族自信，在面对西方文明时，不会失去信心；在与本民族的文化源头打交道时，也同样不会失去信心。因此，在重视华文的功利价值的同时，新加坡不能忽略语言的文化价值。新加坡的华文教学必须有能力协助下一代国民塑造文化个性、认同母族文化。换言之，新加坡的华文教学需要提高华族学生的文化适应度。

Schumann（1978）认为，文化适应度的强弱决定第二语言的学习成效。他是从社会心理学的角度去考虑语言学习与文化认识之间的关系的。他认为，社会群体对待各个语言、文化和生活方式的态度，影响了其对这一语言的习得，也影响了社会群体成员学习语言的态度。

在新加坡，随着英语背景家庭逐渐增多，对于新一代的大部分学生而言，华语越来越朝第二语言的方向发展。华族社群英语化的趋势也开始影响学生学习华文的心态。"华人的母语是华文，学好华文是天经地义的事"再也不能让他们信服。如果我们在教学上不注重培养学生对华族文化的兴趣，而一味通过各种方式迫使他们学习华文，就会使他们对华文产生反感，排斥这一语言及其所代表的文化，长远上看，这对继续传递中华语言文化不利。Bates & Joseph（1975）在他们合著的书《文化：人文发展的代理》（*Culture：The Humanizing Agent in Sociology*）中便提到，文化包容了思想概念的分享与交流，这些思想概念或直接或间接地表现在人们的行为举止上，影响着社会行为。一旦某些社会行为不再被某族群继续体现与强化，这些社会行为所分属的文化也必然迅速消失。因此，他们认为，文化既然是一族群共同拥有的思想概念，就应该被此一族群的成员在人际交往上广为应用。缺乏持续性的行为体现后，文化将被人们遗忘，或仅仅停留在历史的记忆中，不再对现有的文明经验有所影响。一种文化之所以不再存在，就因为它不再对人类的思想行为有着实际的影响。

故而，华文课程必须重视激发学生对中华文化的喜爱，让学生对这一文化产生认同，并乐意学习。新加坡的华文课程必须在培养学生的文化兴趣方面下功夫，使学生通过语言的学习感受华族文化的魅力，以华族文化为荣，在感情上主动地接受它并愿意继承它，进而将之发扬光大。

为此，新加坡的华文课程应当在教学上先让学生认识华族文化，通过参与文化活动接受文化，进而在生活中实践文化，促使文化自豪感的产生，改变当前华文被许多学生视为沉闷、乏味的一门考试科目的印象。
新加坡的华文教学要同时关注语言学习的功利性价值和文化性价值，二
者如果处理得好，就可以提高学习动力，有效提升教学效果。

三　加强华文教学的多层方略

（一）政策层面：《乐学善用：2010 母语检讨委员会报告书》的主要建议

秉持 21 世纪应遵循的教育理念，同时因应学习者性质日趋多元的教
学现实，新加坡的华文课程与教学在 21 世纪伊始先后进行了两轮课程改
革。2004 年开展的课程改革，重点在于正视家庭主要用语"脱华入英"
的趋势，要求华文教学必须根据学生不同的语言背景、学习能力、学习
需要制定差异性的课程并设计相应的教学策略。其主要目的在于"保底
不封顶"，即给学生通过华文课程应掌握的华文定下一个适当的基本水
平，让家中没有学习华文条件的学生，只要认真学习，就能达到要求；
对于有条件学好华文的学生，则不限定他们应达的水平，基本原则是鼓
励他们修读水平较高的华文，所能达到的水平越高越好。2010 年开始施
行的课改，在前一课改的基础上进一步加强华文课程的实用性，要求华
文学习跟学生的生活经验结合得更紧密，通过更灵活的课程设置与更重
视互动能力训练的华文教学，让学生感受到学习华文的乐趣并更愿意使
用这一语言，最终目标是让华文成为华族学生在生活中会使用的语言。

"保底不封顶"、重视语文的实用性是新加坡当前华文课程与教学的
走向。当前，新加坡的华文教学比任何时候都重视与生活的结合，并通
过多样的真实性学习模式，为不同语言背景和语言能力的学生提供在半
真实或真实的情境下应用语言的机会，把课内的语言学习和课外的语言
应用有机结合起来。

为了更好地规划母语课程，使学生有效地使用母语，加强学生与国
际各经济快速发展地区接轨的能力，《乐学善用：2010 母语检讨委员会报
告书》（以下简称《报告书》）列出了母语教学的三大目的（新加坡教育

部，2011）。

（1）沟通（communication）。掌握多种语言是一种宝贵的能力。新加坡的国民如能以英语和母语有效地与世界各地的人进行沟通，则能保持竞争优势。

（2）文化（culture）。母语植根于文化，有助于了解母族的文学和历史，产生文化认同感。学习母语是传承亚洲文化和价值观的重要管道。

（3）联系（connection）。掌握母语能和本区域乃至世界各地有相同语言文化背景的社群建立联系。

以上三个"目的"在于使下一代成为母语的使用者，乐于使用母语，使母语成为生活的语言，使他们能够在不同的情境下很自然地使用母语与他人进行有效沟通。母语教学必须以"乐学善用"为终极目标，只有"乐学"才能"愿意学""爱学"，最后才能学以致用，"乐学"是过程，"善用"是目标。为达到此目标，《报告书》从以下四个面向制定了指导原则（新加坡教育部，2011）。

（1）调整母语教学与评估的方式

a. 教学：重视学习者的差异性，为不同能力和语言基础的学生设计不同的课程与教学方案。对于基础较弱的学生，应更有系统地教导口语词汇和句式，为其打下扎实的语言基础；对于有一定基础的学生，则在口语的基础上培养读写能力。鉴于使用信息科技沟通已经成为人们生活的重要部分，母语教学应加大使用信息科技的力度。

b. 评估：改变考试方式，重视对语言实际应用能力的评估，将口语和书面语互动能力列入考试范围。

（2）为能力不同的学生提供教学资源，强化母语的学习

母语课程应重视培养一批双语双文化精英，带领新加坡与国际接轨。对未来的双语精英，教育部须提供更多样化的课程与资源，创造有利于提升母语能力和文化知识水平的环境。但对学习母语有困难的学生，教育部也要提供足够的资源，帮助他们奠定一定的母语基础，让他们在日后有需要时，能在这一基础上继续提高母语水平。

（3）营造有利于母语学习的环境

母语的学习不应停留在课堂内，应结合学校、家长和社区资源，促

使学生在课外继续使用母语。母语活动应尽量善用社区资源，通过学校和社区之间的双向流动营造母语学习的环境。母语的学习必须从家庭开始，因此，必须通过各个文教组织，为家长主办活动，开展关于有效学习母语方式方法的研讨活动，从家庭的层面协助孩子学习母语。

（4）增加母语教师人数

新加坡需要更多熟悉在地情况的母语教师，也要加强母语教师的专业发展。

"学以致用"是新一轮华文课程与教学改革的主导思想，华文教学将比任何时候都更重视实用性。华文教学将充分调动独立建国以来历经几十年的努力建立起来的活的双语环境，促进华文的教与学。学生会有更多机会在华文教师的引导之下，利用学校所处的社区的资源进行语言的输入和输出。华文课程应走向"多元课程"，在保证达到基本语言能力的前提下，让学生在力所能及的范围之内，达到个人可达到的最高程度。但不论何种课程，"学以致用"依然是主体设计理念。

（二）课程层面：顺应学习者能力制定多层次课程

1. 学习者的层次特点

根据学习者的性质，新加坡官办学校的华语学习者主要可以分为母语学习者、非母语学习者和外语学习者。母语学习者主要是家中以华语为主要语言的孩子以及来自中国大陆、中国台湾和马来西亚的新移民的下一代。外语学习者则主要是本土的非华裔孩子以及来自其他非中华文化地区的移民等的孩子。而人数最多的非母语学习者则是新加坡土生土长的华族子弟，他们的家庭语言环境比较复杂，包括纯英语家庭和双语家庭，而双语家庭又可以依据家中成员使用双语的机会和比例，分成好几个语言层次。

新加坡不同语言背景的学生其实处于一个语言光谱上的不同位置，有着不同的语言起点和语言水平，也有着不同的语言学习需要。新加坡的华文教学是以多元的社会语言环境为基础的多层次、多水平、多功能的教学，是一个语言光谱上受社会语言生态和家庭语言环境制约的多元化语言教学。其中又以非母语学习者所处的光谱范围最为复杂，也最不容易处理好。面对 21 世纪大华语时代的到来，新加坡的华文教学不仅有传统上培养语言技能、传承华族文化的教学意义，更与国家未来的生存与发展以及国际竞争力息息相关，需要从国家战略层面做全方位的思考。新加坡除了需要足够数量的双语双文化精英作为国家政治、经济、军事、外交等重要部门的领导和文化、贸易等重要领域领袖的接班人外，还要有具备核心文化价值观和基本语用能力的普罗大众，方能在变幻莫测的环球时代立于不败之地。

2. 多层课程目标与课程重点

学习者家庭语言的多元并存，致使新加坡的华文教学内涵复杂。华文课程需要为不同语言能力和背景的学生编写适合的教材，满足学生的学习需要。基于学习者多层性的特点，新加坡教育部根据《报告书》的建议，制定差异化华文课程，根据教学对象的能力设定多层目标，并规划不同的教学重点。

为满足差异课程"因材施教"的要求，《小学华文课程标准》分成两个阶段设计课程，小一至小四为"奠基阶段"，小五和小六为"定向阶段"。在奠基阶段，华文课程分成华文和高级华文课程，以满足具有不同家庭语言背景的学生的学习需要；在定向阶段，另外增加一个基础华文课程，供学习能力比较弱的学生学习。各种课程在不同阶段的学习重点如表 1–4 所示。

表 1–4　小学华文课程的学习重点

课程	学习阶段	学习重点
华文	奠基阶段（小一至小四）	·培养基础阅读和写作（写话、写段）能力 ·着重聆听、口语互动、识字和写字的训练
	定向阶段（小五至小六）	·综合发展各项语言技能，着重口语互动、阅读、写作和书面互动的训练
高级华文	奠基阶段（小一至小四）	·培养基础阅读和写作（写话、写段）能力 ·着重聆听、说话、口语互动和阅读的训练
	定向阶段（小五至小六）	·综合发展各项语言技能，着重阅读、写作和书面互动的训练

续表

课程	学习阶段	学习重点
基础华文	定向阶段（小五至小六）	·培养基础阅读和写作（写话、写段）能力 ·着重聆听、说话和口语互动的训练

资料来源：课程规划与发展司，2015。

本文执笔时，中学华文课程仍未开始新一轮的课程规划，新的《中学华文课程标准》尚未编制，故略过不谈。

（三）教学层面：重视语言沟通能力的培养

Krashen & Terrell（1983）认为，语言教学的目的，就是促使学习者了解课堂以外的语言并在环境中使用语言。语言教学应提供机会，让学生把课堂所学和课外的实际使用联系起来。Pegrum（2000）认为，把课堂以外的真实世界作为语言学习资源好处很多，例如能让学生接触真实的语言，获得大量可理解输入（comprehensible input）。利用生活资源学习语言，能激发学习语言的内在动机，使学生成为独立自主的学习者，从而在目标语的环境中自如地使用语言。Larsen-Freeman（2003）建议把语言的教学和真实情境中的语言表达更好地进行衔接，认为这样才能提高教学效果。Polio（2014）认为，除文本材料以外，也应采用社交媒体、传媒、影视节目，或布置任务让学生在真实的情境下应用目标语与这一语言的母语用户进行沟通交流，在互动中掌握语言。基于这一"学以致用"的教学理念，新加坡当前的华文教学采取了以下策略来强化学习。

1. 开展探究式学习

教师在课堂上建构语言环境，为学生提供足够多的有意义、有趣味、可被理解的输入，结合任务让学生在沟通中探究、感知和把握语言规律，发展语言能力。例如高级华文中学一年级的教材设置了一个专题研习活动，以生活中接触到的广告为素材，让学生结合数码教材以小组协作的形式，根据一定的研究步骤完成学习任务，并做自我评估。

2. 拓宽学习管道

教师利用家庭和社会的双语资源，结合生活实际需要，设计运用华语的任务。例如通过翻译，把英文的健康信息手册转换成华文手册；在以英语采访友族同胞的节日庆典之后，制作华文简报。语言程度较高、学习能力比较强的学生，还能在教师的引导之下，深入了解国内华人社群和国外中华文化圈的生活、政治、经济、史地、文化等，开拓视野，认识到华文其实是认识国家与世界的重要工具，培养跨文化意识。例如在特选学校修读双文化、中国通识课程的学生，在教师的指导之下，完成介绍当代中国的某一方面的小论文，或就某一研究课题，比较中国和新加坡的异同。

3. 发展自主学习

教师创设情境，引导学生发现问题、分析问题、解决问题，通过自主收集、筛选、整理及运用资料完成和生活密切相关的任务，培养学生自主学习的能力。新加坡华文教研中心和合作学校共同开发的基于真实情境的专题作业（情境探究专题作业），就是结合课文主题，布置专题任务，让学生以小组协作的方式，在真实或半真实的情境中应用课堂上所输入的语言元素与目标语用户进行沟通对话，收集与整理信息，再以华文呈现成果的一种自主学习模式。

4. 多元教学资源

华文教学的资源不限于教科书，也包括数码教学课件、图书与报刊、网络信息、真实生活语料（如海报、宣传手册、广告等）、电影、电视节目、图书馆资料、博物馆资料等，教师可以采用各类资源，利用各种场合，创造学习华文、使用华文的机会。例如新加坡华文教研中心受教育部课程司委托，拍摄了 10 个配合华文 B 课文主题的短片，供具有英语背景的学生通过观赏轻松有趣的短视频，掌握华文的基本词汇与句型；新加坡华文教研中心也和国立教育学院合作，利用动漫资源，帮助小四至小六学习华文的学生学习成语。新加坡华文教研中心也和《联合早报》合作，集合多位教学经验丰富的前线教师的专业知识，利用报章新闻编写华文教材，协助学校教师更好地落实报章教学。把接近学生生活的真实材料作为教学资源，已成为新加坡华文教学的普遍现象。

5. 利用信息科技强化学习

华文教学适当运用各种多媒体资源和平台为学生提供展示学习成果的机会，也借助信息平台提供的功能为学生提供协作、交流的空间。通过分享、交流与反思提高学生听说读写和综合运用语言的能力，不仅能提高学生理解和运用华文的水平，也能促进高阶思维能力的发展。例如新加坡教育部开发的"乐学善用母语互动学习平台"（iMTL Portal），为学生提供了丰富的学习材料和协作空间，促进学生课外自学；又如新加坡华文教研中心自主开发的自动化作文评改系统，为学生提供了课外自主写作与评改的平台，协助学生增强书面表达的信心。

（四）活动层面：借助社区资源辅助华文的学习

学习语言是为了使用。新加坡以华语为主要语言的华族家庭依然很多，华文华语在社区里使用很广，因此，新加坡有足够条件调动社区资源来辅助华文的学习。

新加坡教育部于 2005 年成立了"推广华文学习委员会"，该委员会制订计划，调动社会资源，通过举办多姿多彩的活动在全国范围内促进华文华语的学习。《报告书》也提出让华文的学习"从学校走向社区，从社区进入校园"，建议学校通过主办"母语双周"活动，在校园里营造学习华文的氛围。在公私机构的积极配合和民间力量的支持下，华文学习取得了令人鼓舞的成绩。

1. "推广华文学习委员会"的职能与组织架构

推广华文学习委员会成立于 2005 年，其宗旨是为学生营造一个学习与应用华文的社会环境，委员会积极争取社会对华文教学的支持，希望能够通过加强学校、社区组织和媒体之间的合作，改善华文的生态环境，为学生提供接触与学习母语的多元方式。

委员会下设五个工作小组，分别规划与开展多形式、多层次的活动。现简单地介绍各个小组开展的活动。

（1）文化组

文化组通过为学生主办文化活动，培养学生的文化素养，提高中小学生对中华文化的认识。主要的活动如下。

①"文化随意门"

委员会为学校提供资金，鼓励学校组团带领学生观赏与华文华语有关的文化表演。通过观赏演出，学生对相关文化、文学和历史有了更深切的认识；更希望经过长期的积累，学生能对自己的文化产生亲切感和认同感。"文化随意门"自 2009 年推出后，每年有超过 250 所中小学与初级学院的学生观看各类华文文化演出。

②"走出校园，走入文化"

文化组于 2016 年与新加坡宗乡总会联办"走出校园，走入文化"活动，目的在于鼓励新加坡学生进一步认识与发掘本地的历史文化，加深他们对新加坡宗乡会馆的了解。此活动获得了学校的积极支持，自活动立项以来，每年都有多所学校组织学生参观新加坡本土的多个华族文化地标、宗教景点、宗乡会馆等。

（2）写作组

写作组规划的活动，目的在于培养学生对华文文学的兴趣以及发掘与培养华文写作界的接班人。主要活动有两个。

①驻校作家计划

写作组从 2007 年开始推出"驻校作家计划"，与新加坡作家协会合作，邀请本地知名作家到校指导对写作有兴趣的学生，以增强他们的中文写作信心，激发他们鉴赏与创作文学作品的兴趣。该计划推出后获得了学校的积极响应，参与学校逐年增多。写作小组每年也把参与驻校作家计划的学生的文学作品结集出版，并分发给全国的中小学生。

②"文学四月天"

写作组在每年 4 月主办"文学四月天"文学论坛，面向社会大众推广华文文学。写作组每年邀请中国及马来西亚等地著名作家担任文学论坛的嘉宾，为公众人士举办文学讲座。曾受邀演讲的著名作家包括赵丽宏、黄春明、郑愁予、陈若曦、韩少功、张大春、王润华、陈再藩、黎紫书、新井一二三和白雪莉等，皆在学生与公众中具有较好的声誉。

（3）阅读组

为培养学生的阅读兴趣，唤起社会对阅读华文书籍的重视，推广华文学习委员会阅读组自成立以来，规划并推行了多项常年性活动。

①世界书香日

阅读组与各大社区组织联办世界书香日，唤起大众对阅读的重视，并让学校与社区读书会利用这个平台开展导读活动。世界书香日的活动包括读书讲座、各读书会举办的导读活动、校园书香日活动以及阅读成果展等。

②中小学阅读大使计划

阅读组通过培养校园阅读大使，成立华文阅读种子学校，在学校推广华文阅读活动。推广华文学习委员会为校园阅读大使提供一系列培训课程和购书经费，也为学校提供交流学习、参与社区阅读活动和分享阅读成果（如参与阅读成果展）等的平台。

③社区华文阅读计划

阅读组与华社自助理事会和其他非营利社区读书会合作，开展社区华文阅读计划，携手培养华文阅读风气。阅读组每年举办多堂导读课和多场亲子共读活动，邀请对阅读有心得的学者和资深教育工作者，为孩子与家长导读故事，并设计亲子阅读活动，深受学生和家长的欢迎。

（4）学前组

学前组为肯定学前华文教师在教学上的贡献以及提升他们的专业能力，规划和主办了多项活动，其中两项已主办多年，获得热烈反响。

①杰出学前母语教师奖

学前组每年都请各个学前教育业者和中心推荐优秀的学前母语教师参加甄选，向获选者颁授"杰出学前母语教师奖"，褒奖学前华文教师对学前教育所做的贡献，提高学前华文教师的专业水平和士气。

②学前华文教学研讨会暨工作坊

学前组每年主办"学前华文教学研讨会暨工作坊"，邀请海外专家学者来新加坡为本地的学前华文教师做专题演讲，也邀请"杰出学前母语教师奖"获得者和资深学前教育工作者主持教学工作坊，提供平台让学前教师吸收新的幼教知识，学习新的教育理念，并且把所学贯彻到日常教学中。

（5）宣传与交流组

宣传与交流组自 2012 年起和教育部联合主办"母语学习论坛"，向家长和公众人士展示中小学鼓励学生学习母语的方式、提高母语教学效果的策略与方法以及学校自主开发的学习资源，增强家长对学生学习母语的认识，帮助家长了解学校在推动母语教学上所注入的心力，促进家长、社会人士和学校的互动。论坛上也有多场讲座与介绍会，协助家长了解母语学习的问题和解决方法，也提供学习母语的资源信息。论坛上也有书本展卖会，集中展示有助于孩子提高母语阅读能力的绘本和儿童读本，供家长和学生选购。

华文华语的学习需要家长、学校和社区组织携手合作，推广华文学习委员会长期耕耘，通过多渠道、多平台为学生和家长策划与推出多元活动，希望能维护好有利于华文学习的社会环境。推广华文学习委员会任重而道远，需要整个社会的通力合作与支持才能完成使命、取得成果。

2. "母语双周"的实施

新加坡教育部于2011年倡导在所有中小学和初级学院主办"母语双周"活动，从而在校园内营造学习母语的环境。在"母语双周"活动的推动下，每所学校每年有意识地连续两周为各年级学生安排内容广泛、形式多样的与母语及其文化相关的活动，活动经费由教育部提供。

（1）"母语双周"的活动目的

"母语双周"活动旨在为学生提供多个平台来学习母语和母族文化。活动尽量与学生的生活经验和兴趣发生联系，使学生在真实而自然的情境下接触自己的母语，了解自己的文化。

（2）"母语双周"的活动内容

学校在规划与设计"母语双周"活动的时候，会考虑学生的需要以及可以获得的资源。学校每年都会推出有针对性的活动，以切合不同家庭语言背景和学习年级的学生的需要，也推出推广活动，让全体学生共同接触母语、感受母族文化。活动形式非常多样，包括工作坊、语言游戏站、讲座、知识竞赛、语文比赛、广播制作、展览等。

（3）"母语双周"活动的合作伙伴

"母语双周"活动由学校的母语部门策划，活动组织者除母语教师外，也包括其他利益相关者如家长和校友，此外，在"学校走入社区，社区进入学校"的理念下，学校也可以邀请社区伙伴进入校园为学生主办活动；校群也可以联合主办活动，分享资源。

（五）师资层面：提供进修管道、建设学习社群

为应对语言背景持续英语化的学习群体的学习需要，新加坡通过采取提供多元在职进修管道和鼓励教师成立专业学习社群两大策略，不断加强华文教师的授课能力。

1. 多元在职进修管道

为顺应国际教育专业化的趋势，新加坡教育部把建立一支研究与反思型教学队伍作为师资培训的长远目标。除了通过国立教育学院按照师范教育的基本要求培养职前教师之外，教育部近年来通过多重管道，为在职华文教师提供学历教育或非学历教育的机会，全方位提升师资水平。

（1）学历教育

在学历教育方面，非本科学历的华文教师在传统上可以通过申请教育部奖学金前往国外学府深造，而于 2005 年成立新跃大学后，有更多的华文教师通过这所以成人教育为主的开放大学修读本科学历。华文教师可以在 4~8 年以兼读方式完成课程，获颁本科学历，之后薪金可调整至本科学历教师的水平。在修读本科课程期间，只要是新加坡公民，都可以获得 40% 的学费补助。

有本科及以上学历的教师，也可以向教育部申请奖学金到国内外学府全职修读高级学位课程。未能获得奖学金的华文教师，在完成了一定年资的服务之后，亦可申请半薪假期或无薪假期，到国内外学府全职修读高级学位课程。华文教师也可以以部分时间修读本地或国外大学的高级学位课程。华文教师成功完成课程并获得高级学位后，新加坡教育部也会考虑发放一次性奖金，肯定他们的努力。

（2）非学历教育

在非学历教育方面，新加坡内阁于 2009 年成立新加坡华文教研中心，其中一项主要任务便是培训在职华文教师。为有效落实国家赋予中心的使命，新加坡华文教研中心在规划培训课程的时候，从培训课程的服务对象的角度思考，设置灵活的培训机制。除了在中心开办多门在职进修课程，让华文教师到中心上课外，教研中心也在校群和校区设立培训站，让忙碌的华文教师就近学习。教研中心也针对个别学校的需要，为学校

教师开办专项课程或提供专业咨询，协助教师提升专业水平。服务年资足够的华文教师也可以向教育部申请"专业发展假期"，到中心学习，在中心讲师或特级教师的指导下，完成个人感兴趣的研究课题。

2. 专业学习社群

教师作为教育工作者，首先必须是一名终身学习者。当代社会的快速发展致使独立工作的教学运作跟不上理论和实践的发展，因此，当代教育改革倡导互惠式的教师合作（易晓佩，2011），"教师专业学习社群"应运而生。

"教师专业学习社群"是提升教学素质的重要形式，是提高教师专业水平的重要途径。学习社群由一所或多所具有共同教学任务和学习目的的学校的教师组成。学习社群的每个成员都"有着共同的价值取向，向着同样的目标，相互以民主平等的关系在各种正式或非正式的场合中分享着彼此的教学经验"（易晓佩，2011）。"教师专业学习社群"的核心价值观是学习与反思，具有专业工作、共同目标、合作学习、知识分享、力行实践、结果导向和持续精进七大特征（谢传崇、吴元芬，2013）。学习社群通过群体协作，针对教学中发现的学生在学习中存在的问题进行专业探讨，在协作共进的过程中持续发现与重塑教学观念，改进教学实践（NCTE，2010）。学习社群能够联系研究与实践、创造空间让教师集体为教学问题寻找有效的解决方法，并在专业学习的过程中更好地连接教学法和专业知识，提升了教师素质，最终促进了学生的学习（NCTE，2010；Pirtle，2012）。不少学者的研究显示，专业学习社群提供的有效、聚焦学习的探究过程，促进了学校和校区的教与学（Cowan，Joyner & Beckwith，2012；Harris & Jones，2010；Hord & Tobia，2012；Resnick，2010；The Wallace Foundation，2013）。一系列研究也显示，专业学习社群的有效运作与教师的专业成长和教学以及学生的学习有很强的正相关（Carroll，Fulton & Doerr，2010；Louis，Leithwood，Wahlstrom & Anderson，2010；Vescio，Ross & Adams，2008）。

新加坡主流学校的华文教师面对的是语言背景和学习动机有极大差异的学生，他们在同一学年里需要同时准备教学目标不同、水平要求不同、教学重点不同的华文课程，备课压力大，作业批改量大，教学挑战严峻。如果继续使用"单打独斗"的备课方式，教师肯定无法长期应付教学上的要求。因此，分享专业知识、交换教学心得，甚至集体协作备课就成了顺应当前教学需要的重要策略。将华文教师组织起来就共同面对的教学困难展开协同探讨，借鉴集体的经验与智慧制定教学方法，在学校实践之后定期进行专业交流的专业学习社群活动，是近年渐趋普遍的专业活动。新加坡华文教研中心联合教师学院，在特级教师的带领下，近年来先后为中小学和初级学院（高级中学）的华文教师成立了多个专业学习社群，创造空间促进专业探讨、分享有效的教学方法，持续提高华文教师应对差异性课堂和学生的专业能力。表1-5是近几年成立的部分华文教师专业学习社群。

表1-5　新加坡华文教师部分专业学习社群

教学阶段	专业学习社群数目	学习社群名称
小学	5个	· 主导教师/高级教师学习社群 · 道德教育学习社群 · 种子网 · "乐学善用母语互动平台"（iMTL Portal）学习社群 · 阅读教学学习社群
中学	4个	· 主导教师/高级教师学习社群 · "乐学善用母语互动平台"（iMTL Portal）学习社群 · 阅读教学学习社群 · 普通学术源流课程学习社群
初级学院	4个	· H1 华文学习社群 · H1 华文通识课程 · H2 语言特选课程学习社群 · H2 理解与写作课程学习社群

按照学习社群的成员、目标和课程，华文教师专业学习社群分成三类，即基于职务的学习社群，如主导教师/高级教师学习社群；基于兴趣的学习社群，如阅读教学学习社群、道德教育学习社群、"乐学善用母语互动平台"学习社群；基于科目的学习社群，如初级学院的四个学习社群。基于职务的学习社群集合具有专业领导任务的教师，一起学习和分享领导知识、技能和所需的专业知识；基于兴趣的学习社群以探讨教学方法和策略为主；基于科目的学习社群则以探讨和分享各个科目的教学经验为主。

四　未来华文教学与人才培育刍议

新加坡必须在功利性价值和文化性价值两个方面为华文教学明确定位，并制订长远计划，培养国民满足 21 世纪国际政治、经济新形势所需的华文能力，以巩固与加强国家在 21 世纪的生存与发展能力。在培养华文能力和华文人才方面，新加坡需要尽快调整集中资源培育少数双语双文化人才的教育政策，在继续培养华文精英的同时适度提高主流学习者实际应用华文的能力，加强主流学生对母族文化的认识，提升学生的文化适应度，培养学生的文化自豪感。精英教育与普及教育并重，学习华文从娃娃开始，发挥家长在孩子学习华文过程中的作用是未来华文教学与人才培育的重要策略。

（一）精英教育与普及教育并重

新加坡的教育体制应提供公平合理的学习机会，为具有不同语言能力的学生提供不同的学习机会，让学生在个人所具有的水平之上提高与发展双语能力。新加坡的华文教学应首先做到在语言能力发展的最佳时期，通过适切性的教学策略打好学生的华文基础，促进儿童语言能力的平衡发展，并缩短起点不同学生之间华文能力的距离，然后在众多的学生中让华文人才的苗子自然涌现，并予以重点栽培。对于双语能力强、综合学术水平高的学生，应全面提升他们的语言水平和文化高度，栽培他们成为双语精英；对于能力一般的学生，应培养较平衡的华文能力，使他们保留华族的文化特质。

华文精英的培养可以从初中开始，通过目标明确的人才培养体制，集中发展学生的语言潜能。例如在初中教育中设立语言专门学校，培养双语甚至多语人才。新加坡目前已经有好几所由教育部或其他政府部门设立的专门学校，例如教育部下属的新加坡国立大学附属数理中学、新加坡科技学校、新加坡艺术学校以及社会与家庭发展部下属的体育学校等。增设一所语言专门学校在资源上是国家能够承担的，在 21 世纪所需人才的培育上是必要的。

　　作者构想中的语言学校必须具有中学直通大学的机制，学生的英语和母语都以在语言发源地受过高等教育（本科及以上）的国民的母语水平为目标，第三语言可以是欧洲、东亚、中东乃至东南亚地区的其中一种其他语言，以能达到专科水平为目标。除了语言科目，学生也修读和语言相关的人文科目，同时具备基本的数理知识。21世纪是全球化时代，各个行业都需要多语人才，语言学校培养的语言专才出路十分广。设立语言学校的另一层意义，是促进国际语言人才的交流。新加坡有相当完善的教育体制，学校国际化程度相当高。语言学校若办得成功，能吸收东南亚国家乃至更广泛地域的学生来新加坡学习，促使新加坡成为本区域语言人才的培养中心，这对提高国家的国际竞争力有积极的作用。

　　在普及教育方面，新加坡的学校课程应增加以华文华语为教学语言的科目或在华文课程中增加文史元素。可以考虑把目前只开放给少数语言水平较高、学习能力较强的学生的以华语授课的课程改编成简易版，开放给主流学校的学生选读。这些课程包括初中的中华文史知识、华文文学和双文化课程，高中的中国通识课程、双文化课程等。另一做法是把这些课程的内容进行整合，选其精华合为一门用华文学习、用华语授课的人文科目，要求所有学生修读。作者并不十分赞同一些教育家的以华语作为中小学体育、美术与音乐课的授课语言的建议，原因主要有二：一是需要有足够多能以华语授课的教师，二是以母语授课的科目应为学生提供进一步了解母族文化、用语言做深层思考的机会，让学生能不断思索其中的文化价值及其对个人的意义。

　　这一精英教育与普及教育并重的教育体制，既保证了华文人才的培养，也为华族语言文化在新加坡的持续性发展打下了扎实的社会基础，从长远上看，对提高新加坡在亚太世界的竞争力、有效传承华族语言文化具有正面的影响，对国家的生存与发展十分有利。

（二）学习华文从娃娃开始

　　语言的学习必须从小开始，在孩子刚开始说话的时候就要对他们加强语言教学。在英语逐渐成为年轻家庭父母和孩子的沟通语言的情况下，孩子学习华文的最宝贵时间就是在校时间。因此，新加坡的学前教育需要更加重视华文的教学，应大胆借鉴少数幼儿园以华语为主要教学语言的做法，在孩子一上幼儿园就为他们提供一个学习正确华语的环境，通过多姿多彩的学习活动，培养孩子学习母语的兴趣，为孩子打下坚实的母语基础。实际上，新加坡目前几所由私人开办的母语幼儿园，如历史悠久的南洋幼儿园、由福建会馆数年前开办的福建会馆幼儿园的学额均供不应求，是许多家长的首选。

此外，由于幼儿教育长期以来都未能纳入国家的正规教育体系，幼儿教育的主要从业者均各自为政，制定语言水平和教学内容不同的幼儿华文课程。不同华语水平的学前教育课程直接导致小学一年级的新生在入学的时候就客观存在母语能力的差异，给华文课程的开发、教材的编写、课堂的教学带来极大的挑战。统一学前教育母语课程、确定相近的华语水平，是教育决策者必须关注的问题。

考虑到家庭语言背景的差距，学前课程也可以按照幼儿的家庭语言背景提供不同比重的双语授课时间，让以英语为主要家庭语言的孩子在幼儿园有更多时间接触与学习母语；也让以华语为主要家庭语言的孩子，有更多时间接触和学习英语。学前教育必须有意识地在孩子学习语言的起始阶段，就缩小不同语言背景孩子的语言差距，从而为孩子进入小学学习双语做好准备。

近年来，新加坡教育部已经认识到学前教育在儿童学习双语上的重要性，开始有计划地把学前教育纳入教育部的体制。例如教育部已经设立了多所附属于政府小学的幼儿园，也颁布了新的学前教育大纲和华文课程标准，并编写了一套学前教材。教育部也开始委托新加坡华文教研中心，为下属的学前中心培训华文教师。希望教育部的这一系列举措，能够为学前教育阶段的华文教学制定新标准，并以此标准作为全新加坡学前中心华文课程的参照标准。

（三）协助家长辅助孩子学习母语

新加坡的年轻华族家长都是建国之后出生的国民，从小就接受华英双语教育，应有能力负起辅导孩子学习华语的责任。新一代家长在态度上并不排斥华语，但受到教育背景和工作习惯的影响，他们倾向于用英语作为思考与表达的语言。年轻的家长经常在为孩子选择适合的华文读本时遇到困难，也缺乏辅导孩子学习华文的方法。因此，为家长提供所需信息、指导他们掌握协助孩子学习华文的方法是他们迫切需要的援助。在提供适合孩子阅读的读本方面，可以鼓励新加坡的出版企业和文教机构编写大量的华文读本，通过科学的方法把读本加以分级，供家长选择。在辅导孩子学习华文方面，资深教育工作者和华文教学专家可以面向家长主持各种亲子教育工作坊，和他们分享如何寓教于乐、辅导孩子阅读华文绘本或分级读物。政府的主要任务就是提供开发语言学习资源所需的经费。新加坡教育部在数年前已经成立了"李光耀双语基金"，供团体和个人申请。申请成功者可以获得政府拨款，开发能促进初小和学前儿童学习母语的各种资源。新加坡需要加大产学政合作的力度，协助家长得到所需的援助，从而更好协助孩子学习华文。

五　总结

要加强新加坡的华文教学，必须多管齐下，整合国家、学校、家庭和社会的力量，制定并坚定落实各种方案，不间断地长期推行，这样才有可能重塑学习华文的生态环境，整体提升国民的华文程度，培养一批双语双文化精英，实现华文教学的理想。

在加强华文教学上，新加坡需要与时俱进的母语教育政策，并据此绘制从学前到高中的教育蓝图，在各个教育阶段促进母语的学习。新加坡也需要充分利用建国多年来所积累的社会资源与双语家庭环境，在教育部的集中统筹下，策划多层次、多种类的语言文化活动，把华文的学习和学生的兴趣与生活经验联系起来，在巩固学生华文能力的同时，培养学生的文化认同。在信息发达的 21 世纪，无论是学习方式还是学习资源都瞬息万变，华文教师需要及时掌握新的学习方法，不断更新教学资源，才能跟上时代的步伐。因此，忙碌的华文教师需要在教学资源的开发上得到更多的援助。此外，家庭因素对孩童学习母语的态度和效果有重要的影响，在辅导孩子学习母语方面，家长也需要得到更多的资源。因此，新加坡必须进一步促进产学政的合作，通过各个利益相关者的有效分工，开发优质资源。在这方面，政府可以提供资金，供大专学府或有能力的机构单位研发实际有用的母语教学资源，再通过产业界加以推广，并普及使用。华文教学的成功需要良好的专业架构，这一架构必须涵盖语言教学的主要专业领域，包括课程、教材、教学与师资培训。建国以来，为顺应社会语言环境的改变以及国际大环境的变更，新加坡的华文教学经历了五轮重要课改，而每一轮课改都提出了非常具体、有前瞻性的方略，使各个阶段的改革取得了成果、达到了目标。可以预见，新加坡将继续不断地修订课程，编写适合不同语言能力学生学习的教材。不过，优秀的课程与教材并不能保证华文教学的成功，提高教师的专业素养和发扬语言文化的使命感是更为重要的因素。为此，新加坡必须继续重视华文师资的在职培训，师资培训的课程应配合专业发展的需要定期更新，培训方式也应更为多元，以满足不同职务和教学经验的华文教师的进修需要。

只要各方持之以恒地努力耕耘、密切合作，发挥各大板块的作用，新加坡的华文教学在新的时代就会展现不同的风貌，开启新篇章。

参考文献：

课程规划与发展司：《小学华文课程标准》，新加坡教育部，2015。

《乐学善用：2010 母语检讨委员会报告书》，新加坡教育部，2011。

谢传崇、吴元芬：《专业学习社群：提升教师教学效能——以台湾新竹教育大学附属实验国民小学语文社群为例》，《中小学管理》2013 年第 11 期，第 33 ~ 34 页。

谢泽文：《新加坡华文第一语文的课程设计》，载《新加坡华文教学论文三集》，新加坡华文研究会，2003，第 99 ~ 108 页。

《新教育制度与新加坡》，新加坡大学学生会，1980。

易晓佩：《互惠式教师学习社群：内涵、意义及建构策略》，《教育与教学研究》2011 年第 9 期，第 13 ~ 16 页。

周清海：《华文教学应走的路向》，南洋理工大学中华语言文化中心，1998。

Bates A. P., Julian Joseph, *Culture: The Humanizing Agent in Sociology* (Boston: Houghten Mifflin Company, 1975).

Carroll T. G., Fulton K., Doerr H., *Team up for 21st-century Teaching and Learning:*

What research and practice reveal about professional learning (Washington, DC: National Commission on Teaching and America's Future, 2010). [Retrieved from http://nctaf. org/wp-content/uploads/2012/01/ TeamUp-CE-Web. pdf]

Cowan D. , Joyner S. , Beckwith S. , *Getting Serious About the System: A fieldbook for district and school leaders* (CA: Corwin Press, 2012).

Harris A. , Jones M. , "Professional Learning Communities and System Improvement," *Improving Schools* 13 (2010): 172 – 181.

Hord S. M. , Tobia E. F. , *Reclaiming Our Teaching Profession: The power of educators learning in community* (New York: Teachers College, 2012).

Krashen S. , Terrell T. , *The Natural Approach: Language Acquisition in the Classroom* (Oxford: Pergamon, 1983).

Larsen-Freeman D. , *Teaching Language: From Grammar to Grammaring* (Heinle: Cengage Learning, 2003).

Louis K. , Leithwood K. , Wahlstrom K. , Anderson S. , *Learning from Leadership: Investigating the links to improved student learning* (New York: The Wallace Foundation, 2010).

National Council of Teachers of English (NCTE), "Teacher Learning Communities," *The Council Chronicle*, 11 (2010). [Retrieved from https://ncte. org/membership/council-chronicle/]

Pegrum M. A. , "The Outside World as an Extension of the EFL/ESL Classroom," *The Internet TESL Journal* 6 (2000). [Retrieved from http://iteslj. org/]

Pirtle S. S. , *Examining the Lived Experiences of Principals Who Use Literacy as An Intentional School Improvement Effort* (Ph. D. diss. , Texas State University, 2012). [Retrieved from https://digital. library. txstate. edu/ handle/10877/4905]

Polio C. , "Using Authentic Materials in the Beginning Language Classroom," *CLCAR News* 18 (2014): 1 – 5.

Resnick L. B. , "Nested Learning Systems for the Thinking Curriculum," *Educational Researcher* 39 (2010): 183 – 197.

Schumann J. , "The Acculturation Model for Second Language Acquisition," in Gingras R. C. , ed. , *Second Language Acquisition and Foreign Language Teaching* (Arlington, Vir: Centre for Applied Linguistics, 1978).

Singapore Department of Statistics, *Census of Population* 2010 *Statistical Release* 1: *Demo-*

graphic Characteristics, *Education*, *Language and Religion* (Singapore: Ministry of Trade and Industry, 2010). [Retrieved from http://www. singstat. gov. sg/publications/publications-and-papers/cop2010/census10_ stat_ release1]

Singapore Department of Statistics, *Census of Population* 2000 *Statistical Release* 2: *Education*, *Language and Religion* (Singapore: Ministry of Trade and Industry, 2000). [Retrieved from http://www. singstat. gov. sg/publications/publications-and-papers/cop2000/cop2000r2]

The Wallace Foundation, *The School Principal as Leader*: *Guiding schools to better teaching and learning* (*Expanded ed.*) (New York: The Wallace Foundation, 2013). [Retrieved from http://www. wallacefoundation. org/knowledge-center/school-leadership/effective-principal-leadership/Documents/The-School-Principal-as-Leader-Guiding-Schools-to-Better-Teaching-and-Learning-2nd-Ed. pdf]

Vescio V. , Ross D. , Adams A. , "A Review of Research on the Impact of Professional Learning Communities on Teaching Practice and Student Learning," *Teaching and Teacher Education*, 24 (2008): 80 – 91.

结合生活资源的华语文教学范式

——新加坡的经验[*]

一　新加坡华语文的教学背景

新加坡自建国以来便推行双语教育政策（新加坡大学学生会，1980）；到了 20 世纪 70 年代末，更是从政策上决定以英文作为所有学生统一修读的第一语文和学校主要的教学媒介语，母语作为所有学生必须修读的第二语文（Goh，1978）；到了 20 世纪 90 年代后期，政府又进一步制定政策，将母语定位为传承文化的重要科目，并鼓励更多学生修读接近第一语文水平的母语课程（李显龙，1999），希望通过母语课程让传统道德文化与价值观代代相传，使新加坡社会继续保有亚洲社会的特质，并加强国民的凝聚力。实行了多年的双语教育政策，也确实给新加坡培养了一批双语人才，他们能用熟练的两种语言同时与东西方沟通，提高了国家的竞争力。

然而，成功推行的双语教育也对新加坡语言学习的环境产生了影响。最显著的影响便是以华语为主要家庭用语的华族人口迅速减少，以英语为唯一或主要家庭用语的华族人口迅速增加。官方公布的数据显示，在 1988 年入学的小一华族新生当中，只有大约 20% 的孩子家中的主要用语为英语；到了 1999 年，家中讲英语的小一华族新生占了同年孩子的 43%

* 本文于 2013 年发表于高雄师范大学出版的《"修辞学与语文教学国际学术研讨会——从台湾文学出发"论文集》（pp. 53 – 87）。

（谢泽文，2003）；到了 2010 年，以英语为主要家庭用语的小一华族新生已达 59%（新加坡教育部，2011）。

家庭用语的改变对华文教学产生了强烈的冲击。政策规定华族学生在小学至初中的基础教育阶段必修和必考华文，在家庭语言环境不足的情况下，学生为了通过考试而苦学华文。华文华语对大多数学生而言，只是课堂上的语言科目，离开了华文课堂，华语文就不再是学生使用的语言。由于缺乏使用的机会，学生不觉得学习华文有任何好处，只把华文视为虽不感兴趣却不得不学的考试科目，没有强烈的使用动机，只有应付考试的动机，学习效果必然不彰。

家庭语言环境的"脱华入英"虽是一个不可改变的趋势，但华文华语仍然是社会上通行的语言，新加坡社会依然是一个活生生的多语社会，这为华语的使用提供了很好的社会空间。天然的社会语言环境给华语文的学习者提供了广大的实践空间，生活中处处存在输入与输出华语文的机会等待华语文教学工作者去挖掘与经营，关键在于我们如何去调动这些积存已久的社会资源并让它们为华语文的学习服务。如果我们正视这样一种社会资源的存在，如果我们确信结合社会资源的教学会对学生的学习动机和学习成效有积极的作用，那么，我们就必须改变华文教学的教学思想、教学观念，也就是说，我们需要改变既有的华文教学范式，寻找顺应当前语言学习需要的新范式，华语文在新加坡的教学来到了范式转换的临界点，等待我们共同探索和开发。

二　教学范式的概念、定义与新加坡华文
教学范式的转换

（一）"教学范式"与"语文教学范式"

"范式"原指在社会科学的研究中，人们建立在本体论、认识论和方法论之上的对事物的基本概括或基本看法的体系，也是人们看待同一领域内的现象或问题的基本原理（陈晓端，2004；Denzin & Norman & Lincoln et al.，1994）。它是从事某一科学的研究者群体共同遵从的世界

观和行为方式（林协蓁，2010）。接受或掌握共同范式的成员形成一个科学共同体，以一致的思考方式来研究同一领域的特定问题（桑元峰，2008）。

"教学范式"是教师群体共同接受的教学思想和教学观念，是人们对教学这一特殊现象和复杂活动的最基本的理解或看法，即人们对教学所做的最基本的界定或解释（陈晓端，2004）。"语文教学范式"则是语文（语言）教师群体对语文教学共同的认识、公认价值和常用技术的总称（李冲锋，2006）。

（二）新加坡华文教学范式的走向

近 20 年来，新加坡的华语文教学无论是在教学理论还是在教学实践上，都呈现一种范式的转变，华文教学范式的转变主要可以从教学方法和学习方式两个层面看出。

1. 教学方法从"艺术范式"向"复合范式"转换

新加坡的华文教学，从 20 世纪 80 年代开始，先后经历了数次课程与教学改革。每一次的改革，虽然都关注到家庭语言背景对华文学习的影响，但对于华文课程与教学的定位，始终设定在通过华文教学"灌输亚洲传统文化与价值观"和"训练学生语言四技"的层面上，凸显华文课程的"文化性目标"。因此，华文的课程内容都是以介绍与传扬华族或亚洲的传统文化与价值观为主线，简而言之，就是传统儒家的"修身、齐家、治国、平天下"的思维。根据这样的思路选择的华文教材，自然免不了"文以载道"的味道，水平较高的学生修读的高级华文（母语水平课程）和能力一般学生修读的华文（第二语言水平课程）之间的差异，很多时候只反映在语言程度上，在课程主题和教学题材上并无本质区别。

在这样一种课程理念下，华文教师自身的语言能力和文化素养就显得非常重要。华文教师不但要有极高的语言水平，还须对中华文化有足够的认识，以便授予学生所需的语言能力和文化知识。华文教师需要有扎实的专业知识，对教学充满热忱。这种教学没有固定的教学程序，强调教学的灵活性、创造性和情感性，教学中充满不确定性和偶然性，教学效果取决于教师的修养和对学生能力及程度的判断，是一种倾向于

"教学是一门艺术"的教学范式，教学效果因教师而异。这种被学者界定为"艺术范式"的教学范式，在 20 世纪 80 年代以及 90 年代前半段，是能够顺应学生语言背景的教学方式。因为，在这段时期，新加坡华族家庭中大部分以华语为主要家庭用语，家庭的语言背景以及主要接受华文教育的家长对华族文化的足够认识，有助于学生学习华文。

　　20 世纪 90 年代后半段以及 21 世纪伊始，家庭语言背景急剧改变，以英语为主要家庭用语的华族家庭迅速增多，大部分华族家庭欠缺学习华语的条件，年轻一代的家长对华族文化虽然不是一无所知，但无论是深度还是广度，都比不上他们的父母或祖父母。在毕业自传统华文学校的上一代华文教师因年事已高逐渐离开教学岗位，而年轻一代的本土华文教师基本上在求学时期接受的都是英文教育，除少数以外，无论是语言水平或是文化修养，都比不上上一代华文教师的情况下，不能再继续依赖华文教师的个人素养和魅力来进行语言教学和文化传扬。华文教学须讲求程序性、规律性和系统性，教学必须有目的、有计划、方向明确并且结构紧凑。华文教学既要遵循"科学范式"，即从规律性和原则性上解释教学，有一定的程序，教学有章可循；也要接纳"系统范式"，建立教师、学生、内容、教法四个基本因素在教学系统中的地位，突出环境在教学中的作用；还要采纳"反思范式"，重视发展教师，关注教师对教学的自我反思，从而通过反思性实践，不断提高教师的教学能力及专业水平。教师必须摆脱简单的教学经验总结，在教学实践中对所采用的方法、策略乃至所依托的教学思想做自我反思，不断提升专业高度。行动研究、课例研究等近年在国际教学界普遍推行的教师研究自己教学的校本研究模式，便是"反思范式"的代表。新时期的华语文教学，不能再把"艺术范式"作为唯一的教学思想，而须采取多元的范式，综合交叉使用。"当代教学既不是一元的，也非二元的，而应该是一种多元复合范式的活动"（陈晓端，2004），因此，华文教师须"从复合范式的角度，用动态的眼光，才能从不同层面、多重视角理解教学"（桑元峰，2008）。新加坡的华文教学方法必须从"艺术范式"向"复合范式"过渡。

　　2. 学习方式从"接受范式"向"导学范式"转换

　　在 20 世纪 80 年代及 90 年代初以"文以载道"为指导思想的华文课

堂里，华文教学基本上以华文教师的传道授业为主，字词句段及文章背后所隐含的文化或所传达的微言大义，无一不有赖于教师的讲解，教师是高水平语言的示范人，也是知识的唯一来源。这一时期信息科技还不发达，学生的知识主要来自课堂里教师的教学，对华族文化的认识与了解，也是以教师的单向传输为主，辅以课外阅读。在学生学习华文的过程中，教师被视为华族语言和文化知识的权威，学生在课堂上通过教师的传道授业掌握阅读与写作技能，并吸收大量的文化知识。华文的学习是以阅读能力的发展带动写作能力的提高，不关注语言的自然使用，因为当时的家庭语言环境给学生提供了很好的使用平台。这样的一种学习方式，从师生关系上看，属于"接受范式"。教师必须自己先有一桶水，才能为学生提供所需的水，教师必须储备足够多的水，才能填满学生接受知识的容器（李冲锋，2006）。

进入 21 世纪，信息科技空前发达，互联网发展迅速，在不到 10 年的时间里，从 Web 1.0 迅速演进到 Web 3.0，网络学习成为划时代的学习模式。学生的知识源日趋多元化，互联网上随时可以获得最新的信息，教师的口授心传不再是唯一的来源，教师知识权威的地位受到了严峻的挑战。

互联网时代的降临，必然改变了学生的学习方式。在互联网时代，学生从被动吸收转变为主动参与，通过发现与探索建构知识，并借助网络自我学习。学生开始成为学习主体，情境创设、问题探索、协作学习、意义建构逐渐成为新的学习方式。在这种现代教育技术的发展洪流下，教师必须扮演好引导人的角色，通过组织活动、监管活动来指导学生学习。从师生关系上看，属于"导学范式"。在学习过程中，学生越来越像演员，教师越来越像是导演，导演是引导者、指导者，要和演员协调配合，促使"演出"成功（李冲锋，2006）。新加坡的华文学习方式必须从"接受范式"向"导学范式"转换。

新加坡华语文的教与学都需要顺应时代而改变，把华文的教与学统一起来以提高华语文的教学效果，直接关系到教师教学思想和教学观念的改变，也就是教学范式的改换。然而，在新加坡，语言政策是一个不可回避的政治课题，范式的改换需要在语言政策决策者、课程规划者和教学人员之间形成共识，才能凝聚力量，产生推动力。因此，寻求各方共识是范式改革的第一步。为此，新加坡教育部于 2010 年成立了"母语检讨委员会"，由教育部教育总司长领导，成员包括教育政策专家、课程规划专家、教育学院教授、校群督导、学校校长、母语特级教师、母语部门主任和教师等，涵盖语言政策制定者与执行者、课程专才、教学专家、师培专家、前线教师和校领导等母语教学的利益相关者。委员会针对如何顺应当前语言现实和语言环境的改变进行讨论，提出下一阶段的母语教学发展目标。有了明确的目标之后，课程规划专家便能从不同的维度做进一步的探讨，为母语教学定下基本原则与理念，然后建立教学范式，再通过师资培训与再培训单位，有计划地引导华文教师重新理解华文教学在新加坡的价值与意义，并使华文教学这一复杂活动取得基本共识，为新时代的华文教学做好准备。

三　顺应 21 世纪需求的新加坡华文教学范式的提出

2011 年 1 月，新加坡教育部发表了《乐学善用：2010 母语检讨委员会报告书》（以下简称《报告书》）。《报告书》的主轴精神是母语教学（包括华语文教学）必须以"乐学善用"为最终目标，要求母语教学必须做到以下几点。

- ·培养学生学习母语的兴趣。
- ·为学生提供愉快的学习过程。
- ·使学生对母语产生认同感从而乐于在生活中善加使用。
- ·与学生的生活经验、兴趣相联系。
- ·提供真实情境，让学生在实际生活中使用华文华语，促进自学能力的发展。

根据《报告书》的主要精神，新加坡下一阶段的华文教学将以培养学生在生活中实际运用语言的能力为主要目标，让学生在真实的生活情境中充满信心地使用华语与人沟通。《报告书》建议母语的教学应该结合学生的生活与兴趣，通过各种方法和策略，引导学生高效地学习母语。

这一思路与当前国际上语言教学的方向相契合。当代的语言教学强调以学习者为中心（Tarone and Yule，1999），重视培养学生实际应用语言的能力。越来越多语言教学领域的学者们相信，有效的语言学习必须"学以致用"，要把课堂上所学的语言知识与技能，通过生活情境中的实际应用加以巩固与加强（Benson，2001；Tarone and Yule，1999；Nunan，1990）。要落实语言学习，特别是第二语言学习的"学以致用"并不容易。语言教师必须结合课堂教学的内容与课外的学习资源规划方略，有意识地促进学生产生自主学习行为，才能产生效果。

20世纪最后20年是新加坡华文教学史上课程与教学法变换最多最快的改革阶段，可以说，《报告书》为过去20年的新加坡华文课程与教学做出了历史性总结，同时提出了前瞻性的发展目标——"乐学善用"。它指出了包括华文在内的新加坡母语课程与教学的走向，即母语教学必须坚持以传扬文化作为主轴的教学范式，应更加重视语言实际应用能力的培养，要求将语言的学习置于尽量真实的环境之中，建立教师、学生、学习内容和教学手段的有机联系。新加坡的华文教学应结合各个范式的特长，在教学设计上做多元思考，从而正确面对家庭语言环境改变的事实并充分认识教师教学地位的转换，重新梳理师生关系，最终建立实际有效的复合范式。

下面作者将先提出此一复合范式应具备的要素，并对各个要素的特点以及体现要素特点的教学构想做逐一阐述，之后将以一个校本研究项目为例，具体说明实施此一范式的教学历程及预期效果，最后用一个模式图配合研究项目加以说明，凸显这一范式的教学效能。

四　结合生活资源的华文教学范式

作者认为，要想有效地实现"乐学善用"的课改目标，新加坡下一阶段的华文教学范式就必须具备以下四个要素。

· 以学习为中心

· 以任务为主轴

· 以互动为原则

· 以技术为手段

　　具备这四个要素的"教学范式"，应当能够较好地把新加坡的华文教学与其他地区的华文教学区别开来，凸显新加坡华文教学的特色。以下对这四个要素进一步加以阐述。

（一）以学习为中心

　　"乐学"涉及学习过程的设计以及在学习过程中教师对学生的语言做有效处理的方法。语言学习必然牵涉语言的输入、转换和输出。语言学习的过程，包括了语言的接受、引导和对话三个阶段。这三个阶段在语言学习的过程中循环往复，教师在其中扮演重要但不相同的角色，并在学生所达到的基础上逐步提高要求与难度。

1. 接受

　　在"接受"阶段，主要的活动是"教师讲解，学生接受"。教师首先通过讲解语言知识进行语言输入。在这一阶段，教师是教学主体，学生是学习客体，师生关系是"主客体关系"。为使学生容易理解教师的语言输入，教师在讲解的时候应提供较多的示例，让学生明白。

2. 引导

　　在"引导"阶段，主要的活动是"借助鹰架，模仿运用"。教师作为学习的引导者，须提供适当的转换鹰架，让学生主动学习、掌握学习内容。在这一阶段，学生是学习的主体，教师是教学客体，教师为学生提供学习所需的鹰架支持学习主体的学习。在语言教学，特别是第二语言教学上，为协助学生掌握所学，教师须为学生提供大量模仿运用的机会，让学生学习有所依循、有所仿照，在信心不足的时候有所支撑，按照提供的程序、步骤，或形式、方法自我学习。

3. 对话

　　在"对话"阶段，主要的活动是"平等参与，积极表达"。教师提供大量的机会，带动学生积极参与。在这一阶段，教师不再是"教练"，而是学生的学习伙伴，师生都是学习主体，师生关系、生生关系均是主体间的关系。师生之间进行多向对话、多向交流、多向参与，通过主体间的积极对话创造学习机会，学生在各种学习情境下进行语言实践，进而提高语言的表达能力。

（二）以任务为主轴

以语言习得理论中的输入和输出假说以及认知心理学理论中的互动假说（Krashen，1982；Swain，1985）和建构主义理论为核心理论的"任务型教学"，重视使学生在实际运用中学习语言，从而学会运用语言。

"任务型教学"共分成三个环节：前任务、任务环、后任务。在"前任务"环节，教师引入任务，把与学习主题和任务相关的知识介绍给学生。在"任务环"环节，教师布置任务，决定完成任务的形式（结对、小组或大组），引导学生计划任务，并提供必要的支持（如提供学习鹰架）；学生执行任务，并在任务结束之后向全班汇报情况。在"后任务"环节，教师引导学生分析各组完成任务的情况，并针对学生在执行任务或汇报任务的过程中出现的语言问题或错误进行归纳总结，并按照需要提供补救方法或强化练习。

语言学习需要通过任务来完成，学生在完成任务的过程中使用语言（刘玮，2011；邓妍妍、程可拉，2010；朱耀华，2007；程可拉，2006；魏永红，2005）。语言活动应服务于任务，学生应在使用语言完成任务的过程中学会语言，即"完成任务，习得语言"。任务型的语言学习需要社会环境的互动与合作，需要协助学习者理解情境下说话者的话语，也指引学习者恰当地生成话语。学生在使用目的语完成任务的过程中，能够加深对目的语系统的理解。在使用目的语执行任务的情境下，学生能够适时对所犯的语言错误做出自我调节，是一种假设和验证假设的过程，在语言的学习上具有积极的作用。

为了达到"活学活用""学以致用"的课改目标，新加坡的华文课程要努力促使学生在自然的环境中学习和使用华文。因此，提供与学生生活相关的真实或半真实情境，有利于意义的建构，并能够促进语言知识、语言技能和语言体验的连接（程可拉，2006）。

在当前新加坡客观存在的多语社会环境下，华文教学适合以任务为主线，通过一套组织严密的任务贯穿教材，让学生完成一项又一项与他们生活相关的任务，并在执行任务的过程中，掌握华语文，养成用华语文思考与表达的习惯。最重要的是，要在华文教学中让学生感受到这一语文和他们生活的密切关系，让他们体验到生活中处处可以使用这一语言来获得真实信息、解决实际问题。华文教学要让学生感受到"学习即是生活，生活也是学习"（刘玮，2011）。只有这样，才能让学生有机会接触和加工真实生活中的语言信息，使他们在课堂上所掌握的语言技能能够在实际情境中得到有效的应用（赵越，2010）。

在要求学生用华语完成任务之前，教师必须先对任务相关的语言点进行设置。张思武（2008）认为有以下两种配合任务设置语言点的方式。

1. 结构导向

教师指定语言点，根据学习目标设置任务，是一种"结构导向"的处理方式。学生为了完成一项任务，必须而且只能运用预定的某种语言形式。使用指定语言点的好处是使学生必须在完成任务的过程中尽最大努力使用指定的语言，其不足是使语言的运用失去了"自然性"。

2. 交际驱使

教师不提供特定的语言点，而是直接把任务交给学生，让任务来创造语言变化的需要，使学生在自然的状态中运用语言。这种处理方式使语言的运用显得自然，缺点是不能保证语言学习的"必然"发生。

"结构导向"可以作为任务型学习初始阶段的处理方式。但真正意义上的任务型学习，必须在"结构导向"和"交际驱使"之间取得平衡，即在加强"自然性"的同时促进"必然性"的发生，让学生在真实或半真实情境中解决问题、完成任务。

（三）以互动为原则

学习语言的目的是能用目的语与人沟通传意。

"乐学善用"是新加坡华文课程的终极目标，目的是能"用"，而且希望能够在各种真实的情境中，主动积极地使用华语（新加坡教育部，

2011）。华文教学要加强学生语言互动能力的训练，让学生有机会进行交流和互动，特别注重口语和书面语互动能力的培养（新加坡教育部，2011）。

互动是成功的语言教学的重要原则，也是学会用目的语与人交际最有效的方法。在华文作为第二语言的教学中，创造情境让学生锻炼口语和书面语的互动能力非常重要。

交际互动的形式主要可以分成四类（Soller & Lesgold，2010）。

1. 建构互动（Construction）

在互动的过程中，学习者经由相互提问和回应建构新知。新知的建构建立在协作成员的既有知识以及对成员提问的回应上。通过提问和回应，学习者经历了对知识的提取、交换、吸收、互补和建构的过程。

2. 批判互动（Criticism）

在互动的过程中，学习者的任务是针对伙伴的想法和意见提出批评。通过交际互动，挑战同伴的论点，指出观点中的不足、矛盾和疏漏之处。学习者经历了质疑、辩解、辩驳、争论的过程。

3. 积累互动（Accumulation）

在互动的过程中，学习者追查和吸收重要的知识。学习是协作者寻找与积累一点一滴知识的过程。一旦学习者积累了足够多的知识，就把知识公开，并与人分享。学习是知识的追查、吸收、积累和公开的过程。

4. 动机互动（Motivation）

在互动的过程中，学习者希望在完成活动的过程中得到别人的配合。学习者在互动的过程中，提供显性的鼓励，主动赞美别人的表现，也希望得到别人的肯定。协作团队互相配合、相互鼓励，促使学习取得成功。

这四类互动方式分别侧重四种交际活动：解释、批评、分享、鼓励。

在以互动为原则的华文教学中，华文教师应关注学生的交际活动，如发现学生对一个概念或观点的看法有限甚至错误时，应有意识地提醒学生追查知识点或知识链（积累互动），再通过彼此提问与回应加深对概念的理解（建构互动），之后再做分享；又如观察到某一小组的学生一直在依赖少数几个同学对文本的解读时，华文教师应鼓励他们挑战同学的看法，挑出问题或勇敢地提出不同的看法或观点（批判互动），发现意见或提出观点的分歧之处，再要求他们通过交流讨论，得出多数同学都能接受的看法并加以解释（建构互动）。

合作学习（Cooperative Learning）、协作学习（Collaborative Learning）、探究性学习（Inquiry-based Learning）、任务型学习（Task-based Learning）等学习模式，都能促进语言互动能力的发展。实际上，在第二语言教学中，教学设计者经常把这些模式与各自产出的教学策略相结合、优势互补，为语言教学的目的服务。

（四）以技术为手段

新加坡的华文教学要顺应学生熟悉并经常使用信息科技的能力特点来激发他们学习母语的兴趣（新加坡教育部，2011）。从教育经费的投入和信息科技软硬件设备的普及性角度看，新加坡是一个教育信息科技比较发达的国家。在学校和家庭软硬件设备齐全的情况下，新加坡华文教学应善于使用教育信息科技辅助学生学习。

在实现"乐学善用"华文教学目标的前提下，教育信息技术不能只停留在提供知识的程度，而应积极促进学生学习，充分利用学生所钟爱的信息技术培养学生掌握各种顺应时代的学习方法、沟通技能。基于信息技术的教学要努力达到"今天的学习方式就是明天的生活方式"（吕世虎，2005）的培养目标。

教育信息技术在以任务为主轴、以互动为原则的华文教学中可以发挥三大作用。

1. 促进学习

信息技术能为学生提供学习所需的信息，包括静态信息和动态信息。静态信息包括文本信息、图像信息、图表信息等，动态信息包括影像信息、声音信息、动漫信息等。大量的信息给学生提供了各种可选的学习素材，在提高学生学习兴趣的同时促进学生学习。

信息技术能搭建对话平台，学习者在完成任务的过程中可以及时或适时同步或异步交流，有利于学生在执行任务的过程中完成意义的协商。基于网络的学习平台能让师生互动、生生互动随时随地进行。在学生对话交流的过程中，教师可以适时监控与管理学生的学习行为，观察学生的互动方式，根据讨论情境和交际需要，提供必要的引导，促使解释、批评、分享、鼓励四类交际活动适时加强或减弱，从而促进学习。

2. 提供学习支持

在以任务为主轴、以互动为原则的教学范式下，信息技术作为一种教学手段，能够为学习过程中的信息获取（输入）、信息转换（协商与建构）和信息产出（输出）提供适时又灵活的支持。

在引导学生学习的过程中，教师需要向学生提供学习所需的鹰架，引导学生学习。教师可以利用网络学习平台，根据学习需要和学生的程度与能力，为学生提供三种学习鹰架。

（1）接受鹰架。"接受鹰架"是为学习者提供学习所需资源、协助学习者调动已有知识的支架，帮助学习者开展学习活动。例如：在线工具（词典、术语解释、翻译器、播读器、搜寻器等）、协作技巧指引、任务时间表、与学习课题相关的网页等。

（2）转换鹰架。"转换鹰架"是引导学习者将所提取的数据进行加工、转变为新的形式的支架，协助学习者进行知识的统整、转换与建构。如思维导图、脑图、表格等。

（3）输出鹰架。"输出鹰架"是协助学习者清楚而有序地组织与呈现成果的支架。例如：成品样例、模版、应用软件、多媒体素材（如图库、音库）等。

3. 照顾学习差异

学生的学习进度、学习语言的天分和家庭语言环境都不相同。因此，华文教学必须因材施教，照顾不同学生的学习需要。以任务为主轴的新加坡华文教学范式，应配合学生不同的学习需要，因材施教，其具体的教学实施便是"差异教学"。

网络技术的迅速发展，为差异教学的实施创造了许多条件。教师可以根据教学目的与培训目标，为学生提供同步学习或异步学习的活动。多位学者认为，基于网络的差异教学，有以下几个方面的优点（钟志贤，

2006；李芒，2006；冷波，2006）。

（1）提供丰富的学习资源；

（2）可以自主选择学习方式；

（3）学习不受时空限制；

（4）学习平台的虚拟空间促进多向度的交流对话，信息和想法能及时、迅速地交换、检验、矫正；

（5）学生的学习情况和进度得到有效的监控和管理；

（6）学习活动获得及时的评价与指导。

学者建议，借助网络的基于教育信息技术的差异教学，可以通过异教材、同要求、异进度、异方式的途径来实现（冷波，2006）。每个学生都要在一定的时间段内达到教学目标的要求，但完成目标的进度可以不同，基础较好的学生在较快完成目标规定的任务之后可以继续选择感兴趣的主题深入学习，基础较不好的学生可以根据自己的情况调整学习进度，例如用比较长的时间完成目标规定的任务。

在新加坡的华文教学范式下，不同程度的学生可以学习不同的教材，但所培养的能力、技能应相同。例如同样是完成专题访谈的学习任务，可以要求程度较好的学生访谈得更深入、收集的数据更全面、访谈的对象更多元，程度稍弱的学生访谈的问题可以较为表面、收集的资料较为简单、访谈的对象较为单一。访谈前所阅读的信息难度可以不一样，所设计的问卷详略可以有所不同，但都要通过访谈这一活动，运用华语与访谈对象沟通交流，在小组协作中以华语对话，并用华语做访谈汇报。

教育信息技术在当代的学习中起到不可替代的杠杆作用，使学习具有主动性、合作性、真实性和建构性，使学习更有意义。

教育信息技术能够协助新加坡的华文教师更好地根据学生的学习差异设置任务，充分利用网络提供的空间促进及时性和适时性的交流互动，引导学生根据学习目标完成一个又一个任务，从而不断提高语文水平。

五　结合生活资源的教学范式实践

配合范式的提出，作者将以新加坡华文教研中心已经完成的一个校本教学研究项目——"成语，动起来"为例，来说明基于此范式设计的教学构想、教学组织和教学效果。本文的重点在于说明这项教研个案所展现的范式元素，不再进行详细的数据分析。

（一）个案展示：基于生活经验的高小"成语，动起来"活动

1. 教学构想

这是基于所拟议的教学范式，根据"促成性无缝学习"历程（黄龙翔、陈之权，2014）设计的教学活动，主要目的在于促进课内和课外学习的结合，让学生把在课堂上正式学得的知识，在课外的非正式的学习情境中进行应用，从而达到巩固学习的目的。教学内容为新加坡小学华文教材中的 48 个成语。此一学习历程共分为五个阶段（详见表 2－1），教师在每个阶段都先协助学生掌握成语的含义以及使用情境，再按部就班组织小组学习活动，引导学生把所学的成语转移到实际的生活情境中加以应用。教师给学生提供了配合学习内容的成语动漫网，学生可以通过手机在该网站上随时浏览课堂教学中所学成语的动漫短片，以加深对成语意义和使用情境的理解。在学习的第四阶段和第五阶段，教师提高要求，要学生利用手机把生活中观察到的能够与课堂上所学成语发生联系的情境拍下来并造句，把照片和句子实时上传至班级维基平台的共享区，再在课堂上或课堂外上网，针对照片情境和句子与其他同学分享讨论，从而加深对成语的意义和使用情境的了解，教师再于课堂上进行学习点评和整合。

2. 教学组织

"成语，动起来"教学共分为五个阶段，各阶段的学习目标、课堂教学活动、课外学习活动如表 2－1 所示。

表 2 – 1   "成语，动起来"五阶段课内与课外活动规划

阶段	学习目标	课堂教学活动	课外学习活动
一	·激发学生对动漫的兴趣 ·通过观赏动漫，学习成语的意义与使用情境 ·提高学生自行判断成语使用准确度的能力	·教师利用成语动漫讲解成语的含义、感情色彩（褒贬义、中性义）、使用情境 ·检查学生对成语的理解程度	·提供若干句子，请学生判断句中所用成语的准确性 ·活动设置时限，学生需要在时限内说明某个成语使用错误的原因，并和同学展开讨论 ·提供评分标准，各组根据整体和个人的表现自评与互评 ·时限过后，教师在网络上公布参考答案，并给各组打分
二	·加强学生对成语情境的认识 ·根据所提供的情境，利用成语造简单的句子	·教师利用成语动漫讲解成语的含义、感情色彩（褒贬义、中性义）、使用情境 ·检查学生对成语的理解程度	·提供数帧静态照片，学生根据对照片中情境的了解，选择最能表现情境的成语 ·学生根据照片情境，使用所选成语造句，并把句子上传至班级平台的小组讨论区 ·小组内部进行讨论，选出造得最好的句子 ·各组做出决定之后，把代表句上传至班级平台共享区，开放给别组同学观看，他组同学可以针对各组的代表句提出修改建议 ·提供评分标准，学生跨组互评 ·教师在时限后公布参考答案，根据评估标准给各组评分，并进行句子评讲
三	·指导学生同时使用几个课堂上学过的成语，串成小段，呈现一个情境	·教师利用成语动漫讲解成语的含义、感情色彩（褒贬义、中性义）、使用情境 ·检查学生对成语的理解程度 ·教师创设一个情境，并示范呈现应用数个成语的情境	·教师提供图片/照片或动态元素，呈现一个情境 ·教师提供数个学生学过的成语，要求学生使用成语描述情境 ·各组通过班级平台上的组内讨论区讨论（须进行适当分工），用一段文字描述情境 ·各组把完成的情境描写段上传至班级平台的共享区，开放给别组同学观看，他组同学可以针对各组的情境段提出修改建议 ·提供评分标准，学生跨组互评 ·教师在时限后根据评估标准，给各组情境段评分，并进行评讲

续表

阶段	学习目标	课堂教学活动	课外学习活动
四	·指导学生根据所学成语，在生活中寻找素材，完成情境描写句	·教师利用成语动漫讲解成语的含义、感情色彩（褒贬义、中性义）、使用情境 ·检查学生对成语的理解程度	·教师把学生分成主题组（如节日组、风景组、聚会组等） ·各组根据所分派的主题，在平台的小组讨论区通过组内讨论，集体寻找或创造切合主题的情境，并选择适当的成语对情境进行描述、修改、修订，完成情境段 ·各组把完成的情境段上传至平台的班级共享区，开放给别组同学观看，他组同学可以针对各组的情境段提出修改建议 ·提供评分标准，学生跨组互评 ·教师在时限后根据评估标准，给各组情境段评分，并进行评讲
五	·引导学生在生活中发挥观察力、想象力、创造力，创设情境，并利用所学成语描述情境	·教师利用成语动漫讲解成语的含义、感情色彩（褒贬义、中性义）、使用情境 ·检查学生对成语的理解程度	·教师组织"情境设计"比赛，激发学生的竞争意识，每周提供竞赛主题，引导学生尽量在生活中寻找素材，完成学习任务 ·学生以小组形式，集体寻找或创造情境，并利用所学成语对情境进行描述、修改、修订，完成情境段 ·所用成语可以包含其他年级学习过的成语 ·各组把完成的情境段上传至平台上的班级共享区，开放给别组同学观看，他组同学可以针对各组的情境段提出修改建议 ·提供评分标准，学生跨组互评 ·教师在时限后根据评估标准，给各组情境段评分，并进行评讲 ·通过集体票选与教师评选相结合的方式，选出优秀小组，并给予适当奖励

3. 教学效果

这个基于生活经验的教学研究历时 14 个月，共产出 857 套"照片—句子/语段"组合。教师和研究人员观察到几乎所有学生都非常积极地观察生活事物，思索后才进行取景拍摄与造句。教师从学生所写的作文中发现，学生对于成语的使用频率经历了从研究初期的寥寥无几、中期的滥用与误用到后期的多而准确的过程，学生的成语应用能力得到明显的提升。我们对前后测进行了同组 t 检验，证实完成学习后，学生使用成语的能力有显著的提升（$t = 8.37$，$p < 0.01$）。关于这一无缝学习的详细文献，可以参阅黄龙翔、陈之权合著的《语言学习，动起来——无缝与移动语言学习探索》。

（二）个案所展现的教学范式元素

本文所分析的顺应当前家庭语言环境和社会转型形势的教学范式，将当前国际第二语言教学所重视的四大要素加以统整，并进行有机互补，目的在于改变新加坡学习华文的学生觉得"华文无用"的态度，让他们感受到华语文和他们的生活是息息相关的，并为他们提供足够多的机会"学以致用"、以目的语和他人沟通交流，且充分借助信息技术培养学生的自主学习能力，培养时代所需的终生学习习惯。图 2 - 1 显示了由此四大要素统合而成的"复合教学范式"各要素之间的关系。

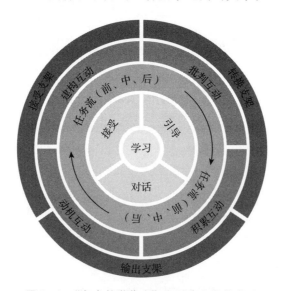

图 2 - 1 "复合教学范式"各要素之间的关系

这一同心圆模型犹如一个可以灵活转动的圆盘，由教学设计者根据需要转动每一圈的节块，组成多种排列组合以顺应教学要求。

（1）以学习为中心。每一堂语言课都是一个完整的语言学习过程，都应确保学生掌握一定的学习内容、一定的语言点。第二语言的学习以应用语言进行沟通交流为主，旁及文化与情意目标。每一个学习过程都必须有语言的输入、转换与输出，分别是语言学习的接受、引导和对话。教师先给学生进行语言输入，然后引导学生模仿应用，掌握语言点，再通过多向对话与交流创造语言的使用机会，促使学生进行语言实践、提高表达能力。在"基于生活经验的高小'成语，动起来'"活动中，教师在课堂上对每一条成语的讲解，以及给学生布置的小组活动，便遵循了"接受—引导—对话"三循环的流程。

（2）以任务为主轴。在掌握了一定的语言知识和词汇句型之后，教师便可以开始布置学习任务，要求学生在一定的时间之内按照一定的要求完成。视学生所具备的语言能力以及任务的需要，教师在"前任务"环节除了提出根据"结构导向"或"交际驱使"设置语言点之外，也要把学习主题和与任务相关的知识介绍给学生，让他们做好充分的准备。在"任务环"环节，教师开始布置任务、决定任务的形式（以个人或小组为单位），并协助学生制订计划、准备任务所需工具、计划任务的产出，如有必要，也要让学生预习（如预习调查、访谈）。任务完成之后，学生以各种形式汇报结果，并回答问题。在"后任务"环节，教师则和学生一起回顾学习历程，分析学生表现，并针对完成任务过程中出现的语言问题归纳总结，或制定强化练习。

在"基于生活经验的高小'成语，动起来'"活动中，学生的任务便是从个人的生活经验中发现有趣的情境，并用所学成语描述情境。教师根据五阶段的教学蓝图，渐进式地控制学生的语言点——使用成语的数量和形式，也根据阶段的提升加强任务难度，让学生循序渐进地将课堂上所学的成语按部就班地与生活经验相结合，并做网络互评。在每一次的学习流程结束后，教师都带领学生整合所学，评点学生表现，对误用成语的情境做归纳分析，强化学生对成语的敏感度。

（3）以互动为原则。这一原则与任务型学习必须密切结合。互动是学习语言的重要途径，但互动的情境应尽量与语言在真实生活中的使用情境相结合。当前许多任务型教学所布置的任务都在课堂里模拟交际情境，让学生使用语言。如果是在一个学习语言的社会资源比较缺乏的环境下，这样的处理方式就无可厚非，但在目的语的使用有强大的社会资源作为基础的环境下，我们要想方设法让语言的互动能够在真实的情境下实现。如前所述，多年的双语教育政策已经给新加坡创造了一个使用华语的社会环境，如能加以利用，定能提高华语文学习的效果，关键在于我们如何去使用这些社会资源。在完成任务的过程中，教师要通过"建构互动"促进学生新知的建构，通过"批判互动"提升学生的自评与互评能力，通过"积累互动"搜寻与分享知识，通过"动机互动"提高学生的学习动机并加强团队的合作。互动可以发生在任务型学习流程的任何一个阶段，而四种互动方式则由教师根据学习现场的情况灵活使用，目的就是在尽量接近真实生活的情境下提高学生使用目的语进行交流沟通的能力，通过不同的互动类型增强学生的学习信心。

在"基于生活经验的高小'成语，动起来'"活动中，学习小组首先必须对所观察到的生活情境是否适用于某一或某一组成语做出判断，并通过句子或语段呈现情境，如果无法在生活中找到适合的情境，学生还须自行设计并将情境表演出来，再进行句子或语段的创作，这就必然经历了"建构互动"的过程；学生还须对其他组同学上传至平台的照片和句子提出修改或扩展意见，讨论的过程经历了"批判互动"；在人手一机的学习条件下，学生在任何时候如果想要对所学成语加以复习，或检查成语的使用情境，都可以随时进入教师提供的动漫网，点选并浏览相关成语动漫，并与同伴进行讨论，实现"积累互动"。整个动漫学成语的历程在于通过采用无缝学习的模式，把学生的生活经验和学习结合起来，这样的学习历程本身就有较强的学习动机，而学生在和同伴分享照片和句子或语段的时候，也有极大的满足感，学习动机得到了加强。

（4）以技术为手段。信息技术在当今的语言学习中已经成为提高学习效果、加强学习兴趣、促进学习动机的不可或缺的手段。而使用信息技术辅助学习，在过去20多年也经历了从以计算机软件为导师、以计算机技术为学习工具到以信息通信技术为学习系统的历程，随着第三代网络科技的日益完善，信息技术在可预见的未来还将扮演越来越重要的角色。在此华文教学范式中，信息技术是作为一个学习支持系统而存在的。

作者希望利用信息技术，特别是网络通信技术，促进学生的学习，希望借助网络通信技术，为学生提供学习历程中所需的学习鹰架，从而照顾学习差异、发展学生的自主学习能力。

在"基于生活经验的高小'成语，动起来'"活动中，学生从指定的网站上下载成语动漫，并借助多媒体技术学习成语的读音、意思、书写，也从动漫所展现的生活趣事中理解每一条成语的使用语境，动漫网站为学生提供学习所需资源。教师则可以通过维基平台为学生提供每个成语（或大部分成语）的语境（照片）和例句，供学生参考。为协助程度较一般的学生在最小压力的情况下完成任务，教师可以提供照片，并把与照片相关的句子开个头，让学生完成句子；或根据一组照片的情境，为学生提供一个简单的故事情节（情节中不使用成语），让学生一边看照片，一边改动故事情节的表达方式，把适当的成语加进来。这样的一种教学，能向学生提供转变叙述的多元支架，逐步提高学生的造句能力。在成语教学的第二阶段和第三阶段，教师可以向学生提供照片库和句子库，让学生根据照片所显示的情境选择句子，或根据一个语段，排列一组照片，协助学生产出"照片—句子"组合或"照片组—语段"组合。在成语教学的第四、第五阶段，教师完全可以在平台上提供优秀样例，并做点评，简单分析某个"照片—句子"组合或"照片组—语段"组合的精彩之处，供学生参考。总之，以技术为手段可以很有效地在不同的学习阶段根据学生的学习需要提供各种鹰架，信息技术在当代的华语文教学中必将扮演越来越重要的角色，是促进学习的有效手段。

在这本书中，作者也分享了其他华文教学研究成果，当中的几个研究项目实际上也遵循的是本文论及的"复合教学范式"，涉及此范式的四个要素。

六　结语

在语言教学中，要使语言的互动产生意义，教师需要创造条件，使语言的学习与真实的生活发生联系，让学生"将其拥有的语言全部用于真实生活的交际"（魏永红，2005）。新加坡的华文教学须把"以学习为中心"作为教学设计的主要理念，既不能忽视教师作为学习主导者的地位，也不能限制学生作为学习主体者的全面参与。在教学设计中，教师作为学习主导者就要创造有利于"教师与学生互动、学生与学生互动、学生与文本互动"（Moore，1989）的情境，引导学生主体展开学习活动，促进语言能力的发展。

掌握两种语言是 21 世纪新加坡国民的必需，不是精英的专利。我们可以在过去多年建立起来的双语社会的基础上，采用更为灵活实用的教学策略，进一步提高学生使用华文华语的能力，保持双语优势。语言的学习必须镶嵌在真实的情境下才能产生效果。成功的语言教学必须促进"学以致用"的发生。

新加坡提供了一个双语环境，为华语的学与教提供了丰富的资源，关键是我们如何去对待它、挖掘它，让资源为我所用。只有结合课内外的经验与知识学习语言，才能使华语逐渐摆脱"应试语言"的既定形象。

要实现"乐学善用"的课改目标，新加坡华文教学必须结合实际的生活，充分利用优质的教学资源（包括软硬件资源）和得天独厚的社会环境，促进华文的学习。华文教师应充分利用丰富的社会资源，让学生在真实的语言环境中使用华语沟通交际，在实践中提高语言能力，在交际中增强语言信心。我们必须让华语文的学习走出家庭、走出课室，让学生在学校与家庭以外的更广大天地中进行实践，并充分借鉴当代语言教学的成功经验和信息时代的教育技术，改变学生对待华语文的态度，提高华语文的实质教学效果。新的华语文教学范式必须结合生活资源，充分利用既有的双语社会来提高华语文的学习效果。改变教学范式是新加坡华语文教学的当务之急，而"复合教学范式"是新加坡华文课程与教学的重要选项。

参考文献

陈晓端：《当代教学范式研究》，《陕西师范大学学报》（哲学社会科学版）2004 年第
　　5 期，第 113 ~ 118 页。

程可拉：《我国外语教学改革的思考——基于 21 世纪人类学习革命的背景》，《中国

教育学刊》2006 年第 2 期，第 55～58 页。

邓妍妍、程可拉：《活动性：任务型语言学习的基本特征》，《教育评论》2010 年第 1
　　期，第 84～87 页。

黄龙翔、陈之权：《语言学习，动起来！无缝与移动语言学习探索》，南京大学出版
　　社，2014。

黄龙翔、陈之权：《以设计型研究方法执行流动学习历程"成语，动起来！"中的课
　　程设计》，《华文学刊》2011 年第 2 期，第 65～78 页。

课程规划与发展司：《中学华文课程标准》，新加坡教育部，2002。

课程规划与发展司：《小学华文课程标准》，新加坡教育部，2007。

《乐学善用：2010 年母语检讨委员会报告书》，新加坡教育部，2011。

冷波：《基于网络环境下的差异教学与学习资源设计》，《延边大学学报》（自然科学
　　版）2006 年第 4 期，第 308～311 页。

李冲峰：《语文教学范式研究》，华龄出版社，2006。

李芒：《信息化学习方式》，北京师范大学出版社，2006。

《李显龙副总理政策声明全文》，《联合早报》1999 年 1 月 21 日，第 5 版。

林协嵘：《外语教学改革中的范式转换》，《商丘职业技术学院学报》2010 年第 4 期，
　　第 94～95 页。

刘玮：《任务型教学中任务的设计》，《新课程（中学版）》2011 年第 2 期。

吕世虎：《新课程学习方式的变革》，中国人事出版社，2005。

桑元峰：《基于教学范式视角的有效外语教学》，《西安外国语大学学报》2008 年第 2
　　期，第 87～91、96 页。

魏永红：《任务型教学原则解读》，《全球教育展望》2005 年第 6 期，第 54～57 页。

谢泽文：《新加坡华文第一语文的课程设计》，载《新加坡华文教学论文三集》，新加
　　坡华文研究会，2003，第 99～108 页。

《新教育制度与新加坡》，新加坡大学学生会，1980。

张思武：《准确与流利之间的复杂：均衡发展的任务型指导原则——〈英语课程标
　　准〉任务型语言学习研究四题之四》，《四川师范大学学报》（社会科学版）2008
　　年第 5 期，第 82～91 页。

赵越：《英语任务型教学法浅析》，《中国校外教育》2010 年第 11 期，第 105～106 页。

钟志贤：《信息化教学模式》，北京师范大学出版社，2006。

朱耀华：《任务型语言教学系列谈》，《当代教育论坛》2007 年第 14 期，第 130～
　　131 页。

Benson P. , *Teaching and Researching Autonomy in Language Learning* (London：Pearson Education Limited, 2001) .

Denzin, Norman K. , Lincoln et al. , *Handbook of Qualitative Research* (London：Sage Publications, 1994) .

Goh Kim Swee, the Education Study Team , *Report on the Ministry of Education.* (Singapore：Ministry of Education, 1978) .

Krashen S. , *Principles and Practice in Second Language Acquisition* (New York：Pergamon Press, 1982) .

Moore M. , "Editorial：Three types of interaction," *The American Journal of Distance Education* 3 (1989)：1 – 6.

Nunan D. , *The Learner-centred Curriculum：A Study in Second Language Teaching* (Cambridge：Cambridge University Press, 1990) .

Soller A. , Lesgold A. , "Modeling the Process of Collaborative Learning," in Hoppe H. U. , Ogata H. and Soller A. , eds. , *The Role of Technology in CSCL：Studies in technology enhanced collaborative learning* (New York：Springer, 2010) .

Swain M. , "Communicative Competence：Some roles of comprehensible input and comprehensible output in its development," in Gass S. , Madden C. , eds. , *Input in Second Language Acquisition* (MA：Newbury House, 1985) .

Tarone E. and Yule G. , *Focus on the Language Learner* (Oxford：Oxford University Press, 1999) .

真实性学习在当代华语文教学中的实践

——以新加坡为例[*]

一　真实性学习的意涵

外语教学领域的许多学者认为，有效的语言学习必须"学以致用"（Benson，2001；Tarone & Yule，1999；Nunan，1988）。Krashen 和 Terrell（1983）认为，成功的语言教学，能让学习者在真实的语言环境中使用目标语，为达此目的，语言教学必须为学习者提供在真实的世界中使用语言的机会，使学生能够了解以目标语为母语的群体的表达方式，包括他们所用的词汇和语言结构。Van den Branden（2006）认为，语言教学如果纯粹以语言知识为目标将妨碍学习者成为目标语的使用者。语言的学习者如果无法把课堂所学和课外的真实世界联系起来，所学的语言知识将是无用的。语言教学如果离开了真实性，则所学习的仅仅是 Whitehead（1932）所言的"惰性知识"，学习者自然无法在实际的语言情境中使用这一语言。近二十余年来，语言教育家不断指出，过于强调语言形式，忽略了以使用目标语进行有效沟通为目的的语言教学是外语教学中存在的普遍问题（Van den Branden，2006；Willis，1996），因而不断呼吁在外语教学中加强课堂学习和生活的联系，更好地结合语言知识和真实情境中的语言应用（Pegrum，2014；Ozverir & Herrington，2011；Lombardi，

---

[*]　本文为作者于 2016 年 3 月在香港中文大学主办的"汉语与世界"高峰论坛上的受邀发言稿。

2007）。

　　语言学习者必须接触真实的语言世界才能自如地使用语言（Ozverir & Herrington，2011）。Larsen-Freeman（2003）便建议按照人们在真实情境中使用语言的情况进行语言教学以解决"惰性知识"的问题，即把语言的教学和真实情境中的语言表达更好地对焦，使语言教学产生效果。因此，"做中学"或所谓"学以致用"的真实性学习是近年来语言教育家普遍认可的语言学习方式。

　　真实性语言学习通过语言使用者、情境和语言学习材料的互动促成。真实性语言学习是一个社会建构的学习过程（Shomoossi & Ketabi，2007；Tatsuki，2006；Lee，1995）。在这个过程中，语言学习者先是通过真实的语言材料学习目标语的词汇与表达方式，然后在所创设的课堂情境下学习使用语言，最后在真实的语言情境下通过和目标语使用者的协商沟通，完成交际任务。"真实性学习"是实现语言教学"学以致用"目标的有效方式之一。

二　当前外语真实性学习研究综述

　　学习一门外语或二语的目的就是在使用目标语的真实世界和情境中和语言使用者进行有效沟通。研究显示，真实性学习在语言和非语言方面都对学习有促进作用。在语言方面，真实性学习以真实性材料为主要教学内容，利用真实性材料开展真实性学习能促进学生语言能力的发展。Harmer（1994）的研究发现，真实性材料协助学习者产出更好的语言，协助学习者更快地习得语言、更有信心地在真实的生活情境中应用语言。Otte（2006）观察到真实性语料对发展学生的听力理解技巧有帮助。Al-Azri 和 Al-Rashdi（2014）也发现，适当的真实性材料在发展阅读技能方面扮演向学习者介绍新词汇和句式的积极角色，对提高学生阅读理解能力有正面的效果。Larsen-Freeman 和 Anderson（2011）认为，真实性材料是语言教学不可缺失的内容，是语言教学的重点。它带领学生更接近目标语和文化，能提高学生的语言交际能力，使学习过程更愉快。真实性材料在课堂的语言学习和真实的语言世界间搭起了一座桥，把语言的学习和语言的使用有机地加以联系。

学习动机是学习获得成功的重要元素。大量的研究显示，作为真实性学习重要内容的真实性材料对加强学习动机有正面的作用，会鼓励学生学得更好（Thanajaro，2000；Otte，2006；Omid & Azam，2016；Gilmore，2007；Sherman，2003）。真实性材料让学习者感到他们在使用一个真实的语言，不仅仅是课堂中的语言（Kilickaya，2004）。

此外，真实性学习除了能提高学生实际应用语言的能力和加强学习语言的动机以外，也能提高他们的文化适应度（Pegrum，2014）。因为，采用真实性材料进行的真实性学习，为学习者提供了一扇"文化之窗"，可以增强学习者的文化意识，使其注意目标语言背后的文化意涵（Sherman，2003）。

也有一些学者对真实性学习和真实性材料持保留态度。例如，Kienbaum 等人（1986）的研究就显示，对于使用真实性材料和传统语言材料，语言学习者的表现没有明显差别。Mihwa（1994）的研究也显示，采用真实性材料对程度比较弱的把英文作为第二语言的学生的表现基本上没有影响。Guariento 和 Morely（2001）则断言，对于程度偏低的学生，真实性材料不仅妨碍他们的语言学习，还使他们产生挫折感。这批学者的立论基础是，语言程度偏低的学生，缺乏理解真实性材料所需的技巧和词汇，因而其学习动力受到影响。Miller（2005）则从教师的角度指出，选择真实性材料并非易事，即使选到了，教师在设计配合教材的活动上也需要耗费很多时间和精力，不是一项简单的任务。

就前述的文献综述看，支持通过真实性语料进行真实性学习的研究成果大多发表于 21 世纪初，对真实性学习持保留态度的则大多为 20 世纪八九十年代的学人。这一趋势说明，在跨地域沟通交流愈加频繁的 21 世纪，语言教学需要更重视交际沟通能力的培养，真实性学习因而受到二语或外语教学专业领域的学者和教师关注。随着 21 世纪知识经济时代的到来，基于"地球村"国民之间的沟通需要，外语或二语的学习价值得以提高，而学习者在真实情境中运用目标语和母语使用者协商互动，能够让语言的学习更贴近生活、更重视实用性而非单纯的语言知识引介。将课堂语言学习和真实情境的应用联系起来是当代国际语言教学的重要趋势。而伴随知识经济时代出现的信息科技，使语言材料的选择以及实践平台的设计十分便捷灵活，能够满足不同学习者的需要，为语言教师编写真实性材料和设计真实性任务提供极大的便利。总的来说，基于真实性语料的真实性学习带给学习者的利益超越了可能存在的不足，是满足 21 世纪沟通交际需要的语言学习模式。需要注意的是，这一模式虽然给语言的学习者带来很多好处，但语言教师还是不能够完全依赖真实性语料进行教学（Nunan，1999）。比较理想的做法是在二语教学中同时使用真实性与非真实性语料，二者应该互补以让学习者获得最大的好处。尤为重要的是，在使用真实性材料进行语言教学时，教师必须确定学生能够从学习中有所收获。换言之，教师必须有清楚的教学目标，并向学生提供足够多的学习鹰架，才能取得较好的教学效果（Al-Azri & Al-Rash-di，2014；Senior，2005）。

三　真实性学习的特点和主要组成部分

（一）真实性学习的特点

Herrington、Oliver 和 Reeves 对 20 世纪 90 年代以来真实性学习研究领域诸多重要学者的大量文献进行归纳整理，提出了"真实性学习"应具备的十个特点（Herrington，et al. ，2003；Reeves et al. ，2002），现简述如下。

（1）与真实世界相关（real-world relevance）：学习的任务尽可能和真实世界中需要完成的实际事务的性质相近。

（2）不明确界定的问题（ill-defined problem）：学生应从多角度解读任务中须解决的问题，自行判断完成任务须涵盖的主任务和子任务。

（3）可持续探究（sustained investigation）：学习任务须能让学生在一段时间之内持续探究。

（4）多元的"信息"源（multiple sources and perspectives）：学生应从多元的源头获取信息，再利用所得信息，从不同的视野检查任务。在获取信息的过程中，学生需要分辨与任务相关或不相关的信息。

（5）协作（collaboration）：协作是完成任务的关键要素，在真实性学习中，小组任务必不可少。

（6）反思（reflection）：真实性学习应促进元认知的发展。学生须从个人、小组或学习群体的角度反思自己的学习。

（7）跨领域视野（interdisciplinary perspective）：鼓励学生承担不同的任务并从跨领域的角度思考问题。

（8）综合评估（integrated assessment）：学习的评估具有无缝性特点，即在完成任务的各个阶段、各个情境下皆可进行评估，以反映真实世界对事物的评估过程。

（9）较完善的成品（polished products）：学习的最终产出必须是完整且接近完善的产品，它不是一次性的练习或作业，而是一个独立的、完整的、有价值的学习成品。

（10）多元解读和多元结果（multiple interpretations and outcome）：允许学习者对所完成的任务或所解决的问题做出不同的解释，并提出有评比性的解决方案（competing solutions）。

（二）真实性学习的主要组成部分

成功的语言教学应促使学习者了解课堂以外的语言环境，并在真实的环境中使用语言。真实性的语言学习须通过语言学习者和目标语使用者的互动交流实现。真实性的语言学习可以通过创设真实情境和提供真实任务来提高学习者实际应用语言的能力（Shomoossi & Ketabi，2007）。语言教师可以有计划地安排学生到真实的语言环境中应用目标语，把课堂所学和课外的实际应用联系起来，巩固学生的语言能力，增强他们使用目标语的信心。

要实现真实性的语言学习，需要使用语言的适当情境、来自真实世界的任务、任务的产出与诠释的配合。换言之，语言情境、真实任务、产出过程、意义诠释是真实性的语言学习不可或缺的组成部分。Rule（2006）给真实性学习列出了四个主要组成部分，分别是植根于真实世界的任务、调动高阶思维的探究历程、学习群体的语言交际、学习者赋权。这四个主要组成部分分别对应前述的真实任务、产出过程、语言情境和意义诠释。

（1）植根于真实世界的任务

真实性学习的任务应支持学习者探索真实世界的课题。在选择课题的时候，可以优先考虑和现实生活关系比较密切的事物，并从人们生活的环境中获取资源。真实性学习允许学习者和所接触的人或事建立个人联系，如学习者建立对事物的个人看法，在情感上认同，成为事件的利益相关者。从这个角度出发，真实性学习的任务也可以涵盖"真实性呈现"，即利用信息技术所支持的各种媒体，展现个人在和生活情境中存在的事物互动之后的体认。作者将在本文讨论"真实性语言材料教学"部分对"真实性呈现"做进一步阐述。简而言之，真实性学习应促使学习者积极参与和任务相关的活动，并在开展活动的生活情境中应用课堂所学的知识和技能。

（2）调动高阶思维的探究历程

真实性学习需要提供机会来调动学生的高阶思维。真实性学习通过布置任务，让学生围绕真实的问题积极探索，调动元认知和所接触的人或环境进行互动，逐渐形成对事物的真实看法，并在形成看法或观点的过程中促进批判性和创造性高阶思维的发展。为促使高阶思维发生及发展，真实性学习常以合作学习或协作学习的方式组织学生，以小组的形式开展任务。研究显示，在合作学习的情境下调动元认知学习的学生，其表现优于在非合作学习情境下学习的学生（Kramarski et al.，2002）。

（3）学习群体的语言交际

真实性学习的学习群体包含两组人，一组是参与真实性任务的学习小组成员，另一组是在开展基于真实性任务的真实性学习过程中需要接触并和学习小组成员互动的目标语的使用者。这两组人均为真实性学习中重要的学习群体，分别为两个目的服务。第一个目的是促使学习小组通过协作演绎问题、解决问题；第二个目的是提供了解问题、完成任务所需的社区情境。无论是根据所提供的学习指引演绎问题或为问题寻求解决办法，还是在社区情境中了解问题或从社区中获取有用的信息，学习者都必须进行语言交际，并且需要以符合社区沟通要求的语言表达方式进行交际互动。学生需要应用社会语言建构社会认知，在语言交际中借助任务鹰架提高推理能力和科学的理解能力（Mercer et al.，2004）。

（4）学习者赋权

真实性学习必须以学习者为中心，学生必须能够自行定义问题或决定探究课题，同时能够选择解决问题的途径（Renzulli et al., 2004）。在真实性学习中，学生应有机会对他们自己在真实情境中所获得的信息做个性化解读，在分析信息之后，建立个人对问题的理解并提出可能的解决方案。学生应在个人的认知框架之内接触、了解并解决问题，所处理的问题应有足够的开放性，允许被多角度地解读。为此，任何真实性学习都必须赋予学习者自主的权利，让学习者能参照个人的认知框架，以当前的语言与知识水平为基础，在与经验相关的情境下进行决策、评估和反思的活动。

四　真实性学习在华语文教学上的实施价值

在真实情境下完成任务的真实性学习为语言学习者提供了和目标语的使用社群互动与沟通的机会，对语言的学习有很大的帮助（Shomoossi & Ketabi, 2007）。Pegrum（2014）认为，把课堂所学和课外的真实世界联系起来，对二语学习者好处不少。他列出了真实性语言学习的九大好处。

（1）学生所接触的语言是真实的语言。

（2）学生获得大量的"可理解输入"（Comprehensive Input）。

（3）所处理的语言对学生有生存所需的价值。

（4）丰富的口语练习，词汇得以巩固。

（5）获得实用的信息。

（6）获得足够多的文化知识，加强文化洞察力。

（7）有能力加入目标语的网络空间继续提升语言技能。

（8）动机自然产生，能够带着信心大胆尝试。

（9）有望成为独立的学习者，利用语言环境自我学习。

只要有充足的准备，学生就可以从真实世界中获得很多有意义的语言实践机会，从而提高对目标语的理解与应用能力。真实性学习是当代外语教学中有效的学习方式之一，值得为当代华语文教学所借鉴。

需要注意的是，在规划与推行真实性学习之前，必须让语言的学习者有基本的语言沟通能力，因此，采用真实性语料的课堂教学在培养学生的语言能力方面必须扮演重要的角色。Foppoli（2006）便建议教师配合课堂教学的内容给学生布置任务，但要利用真实性材料支持与加强学生的语言学习。此外，对于二语学习者而言，如果让他们一离开课堂的学习环境就置身于真实的社区情境中应用语言完成任务，他们就可能因信心或适应能力不足而无法顺利完成学习目标，产生挫折感。因此，让学生按部就班地逐渐适应所面对的学习情境是促使真实性学习取得预期效果的教学设计策略。研究显示，让学生在离开熟悉的课堂环境之后，先在比较熟悉的学校环境中完成简单的学习任务，待积累了足够多的学习经验之后，再正式到真实世界中完成任务的真实性语言教学，能够确保学习效果，提高学生应用语言的信心（Wong & Chin，2011；陈之权、龚成、郑文佩，2014；陈之权，2011）。

因此，华文教学的真实性语言教学可以经过课堂"真实性语言材料教学""仿真或半真实情境学习""真实性语言学习"三个阶段。课堂上的语言教学为真实性的语言学习做好必要的准备。课堂上的语言教学通过真实性教材的采用，让学生吸收目标语的常用词汇与表达方式，之后创设仿真或半真实的情境尝试使所学的语言知识与技能加以运用，最后学生在真实的语言情境中使用目标语完成语言交际任务，成为语言的使用者。

（一）真实性语言材料教学

真实性语言材料是为了满足和语言社群的沟通而存在的（Peacock，1997）。学习语言的真实性材料可以是书面材料，也可以是口语材料，包括报章、杂志、海报等书面材料和电台新闻播报等。Genhard（1996）把真实性语言材料分成以下三类。

（1）真实听力材料：如电台新闻、卡通节目、歌曲等。

（2）真实视觉材料：如路牌、杂志、报纸图片、明信片等。

（3）真实印刷材料：如报章新闻、餐馆菜单、车票等。

作者认为，如果从培养学生在生活中的交际和沟通能力来考量，我们还应当增加"真实性呈现"的语言材料，把生活中所拍摄的照片、所撰写的调研报告、所设计的明信片以及视频或音频等列入教学内容。这些素材，均为学生日后在工作上或生活中经常需要为完成呈现目的、提升呈现效果而准备的材料，应把获取、选择、整理和展现这些真实性呈现材料的经验纳入真实性语言材料的范畴，作为教材的一部分进行教学。

这些真实性材料，有的涵盖了丰富的生活词汇和句式，是理解用目标语撰写的生活素材、学习目标语基本表达方式的语言输入材料，例如报章新闻、菜单、电台新闻等；有的是生活中处处可见的信息和景象，是培养用生活语汇进行表达、叙述生活经验的能力的语言输出材料，例如路牌、道路指南、明信片、新闻图片等。实际上，很多真实性语言材料兼具语言输入和输出的功能，是二语学习者接触真实世界的宝贵资源。通过真实性语言材料的学习，学生能够初步掌握目标语的基本表达方式，了解实用语料的信息组织方式或文本结构，提高学生对于目标语的语言意识，为真实性语言学习做好准备。

（二）仿真或半真实情境学习

学者认为，外语或二语的学习者在到真实的情境中承担真实性语言学习任务之前，须参与足够多的具有真实性特点的活动，以增强他们到真实世界中完成真实性语言学习任务的信心（Pegrum，2014）。在二语学生具备直接到真实世界中进行真实性学习的经验和能力之前，语言教师可以创设仿真情境，或让学生在半真实的情境下应用语言进行沟通交流。仿真的情境可以在课堂里创设，这在外语或二语教学中很普遍，例如模拟问路情节、模拟售票情境、模拟点菜等，均可让学生练习基本的生活对话。半真实情境则是让学生离开课堂，在学校范围之内寻找适当情境应用课堂所学，或在自然的情境下和其他语言学习者或用户进行语言沟通，例如让学生在学校各个角落进行观察，捕捉有意义的镜头并应用所学的语言知识对捕捉到的情境做简短叙述；又如学生在校内针对一个课题使用目标语访问教师或其他目标语的使用者，收集他们对课题的看法，并在访谈结束后作呈现。在进行校内访谈之前，接受访谈的对象往往须先做好准备，让自己对课题有足够的认识，使学习者有实际收获，在展示成果时有话可说，因此是"半真实情境"。

（三）真实性语言学习

经过几次仿真或半真实情境语言学习之后，学生对使用目标语完成学习任务有了初步认识，也获得了与目标语使用者进行沟通交流的经验，因此可以到实际生活情境中完成任务，开始真实性语言学习。真实性语言学习的活动模式有很多，适合不同背景、学习能力、语言能力的学生，包括探究性学习（inquiry-based learning）、学生创建媒体（student-created media）、同侪评价（peer-based evaluation）、基于仿真的学习（simulation-based learning）、反思—储存成果（reflecting and documenting achievement）、数据处理（working with research data）等（Lombardi，2007）。这些真实性语言学习模式，各有各的目标、内容、教学设计、学习任务等，也需要考虑科技的可供性。各个模式遵循不同的流程与步骤，但都能在真实的环境中进行有效实践。

"真实性语言学习"是"仿真或半真实情境学习"和"真实性语言材料教学"的基础，为半真实或真实性学习提供完成任务所需的语言知识、表达方式和实用素材的参照。在进行"真实性语言学习"之前，学习者先经历"仿真或半真实情境学习"，而三者的学习交汇点便是真实世界的交际与互动方式。根据三者之间的教学关系组成的学习模式如图 3-1 所示。

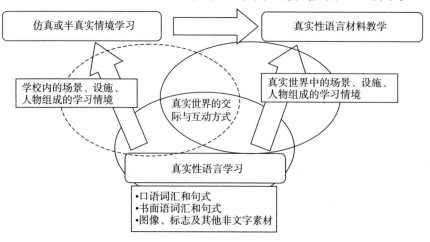

图 3-1　华语文真实性学习模式

五　个案分析：新加坡华语文课堂中的真实性学习

（一）探究性学习：情境探究专题作业

"情境探究专题作业"是新加坡华文教研中心和某所政府中学华文部共同开发的校本课程，课程对象是初中一年级和初中二年级修读华文第二语言的学生。校本课程是新加坡中学华文课程的有机组成部分，主要目的是配合"乐学善用"课改。课题组开发专题作业校本课程是为了实现当前华文课改所倡导的"让华语文成为学生生活中使用的语文"的主要目标，结合生活情境培养学生应用华文的能力。经过三年共两轮的校本实验，这一套校本课程证明对提高学生使用华语文的信心以及提高华语文的表达能力有明显的效果。这一套校本课程教材已经在 2014 年被编写成教学配套教材，供全新加坡的中学使用。

"情境探究专题作业"属于探究性学习模式，要求学生到情境中收集数据、分析数据，然后根据分析结果完成口语呈现和书面作业。专题作业分两个阶段进行，即半真实情境学习和真实情境学习，分别有三次探究性活动，每一次活动都在完成了真实性语言材料教学之后展开。

现根据前述真实性学习模式，叙述"情境探究专题作业"的实施过程。

1. 真实性语言材料教学

由研究员、课堂教师、母语部门主任组成的协作研究小组为这一专题作业开发了六次活动，每一次活动均编写一篇配合课文主题的校本教材。所选主题均符合学生的生活经验，教材素材取自生活小品、社会调查报告、新闻专题报道和网络文章。除了生活小品外，课题组重新改写了社会调查报告、新闻专题报道和网络文章，从而使文章的语言水平切合初中一年级和初中二年级华文第二语言学生的水平。这六篇教材涵盖的主题包括学校餐厅礼仪、新加坡美食、上网的利与弊、搭乘地铁行为守则、学生创业、假期旅游，主要为学生提供在半真实或真实情境中与学习或生活相关的词汇与常用句型。教师通过课堂教学，利用所编写的校本真实性教材输入活动所需的词句，协助学生熟悉并掌握词语和句子的用法，为半真实或真实情境下的活动做好准备。

2. 仿真或半真实情境学习

"仿真或半真实情境学习"是真实性学习模式的有机组成部分，目的在于为学生提供应用目标语与人交际沟通的初始机会，以加强学生在真实情境中使用语言的信心。

"情境探究专题作业"的"半真实情境学习"以学校为活动范围，要求学生在半真实的情境下完成三次学习。第一次活动和第二次活动采取访谈的形式，访问校内人物。第一次活动是让学生访问学校食堂售卖饮食的摊主，了解他们对学校学生在食堂用餐行为的看法；第二次活动是让学生采访学校内不同的华族方言籍贯的教师，收集各个方言社群代表美食的相关信息。无论是摊主还是教师，学生在和他们进行访谈之前都已经做好回答问题的准备，而由不同籍贯教师扮演的"美食达人"更是在接受采访之前，阅读了华文教师为他们准备的与各籍贯美食相关的材料。由于受访者事先已做好准备，不是随机访谈，因此属于"半真实情境"。第三次活动则是问卷调查，通过问卷收集校内同学使用网络的情况。三次活动均须产出探究成果，第一次活动的成果是《学校餐厅学生礼仪报告》，第二次活动的成果是《美食手册》，第三次活动的成果是《中学生使用网络报告书》。

3. 真实性语言学习

"真实性语言学习"是真实性学习模式的有机组成部分，目的在于为学生提供在真实世界中应用目标语与人沟通交流的机会。在探究性学习的模式下，学习者需要在真实的生活环境中面对真实的目标语使用者，通过和他们的互动，接收与探究主题相关的信息，并根据在实际生活情境中所采集到的数据对信息进行整理，完成指定作业。

"情境探究专题作业"的"真实性语言学习"布置了三项探究性活动，要求学生在真实的情境下用目标语和真实环境中的陌生对象进行沟通，针对特定课题与目标语的用户互动，通过语言交际进行语言输入和输出，完成任务。第一项学习任务是到地铁站访问地铁乘客，了解他们对新加坡公众在搭乘地铁时的行为表现的看法，任务的产出为《地铁行为守则》。第二项学习任务是到学校附近的小区访问邻里商家，了解商家的营销理念和小区里缺乏的零售服务，提出一个创业构想，任务的产出是《学生创业计划书》。第三项任务是和指定的旅行社沟通，了解旅游配套的信息，之后规划一个《毕业旅游配套手册》，向全班同学推介。

"情境探究专题作业"的教学目的是通过创造真实的环境，让学生在适切的语言环境下就某个主题进行探究，以培养他们"综合运用语言的能力"。所谓"综合运用语言的能力"，涵盖了语言能力和学习能力，是两种能力的综合运用。语言能力包括听说读写、口语互动及书面语互动的能力，学习能力涵盖自主学习、解决问题、批判性思维与创造性思维以及小组协作等能力。该种教学通过设置真实或半真实情境让学习者综合运用语言和学习能力完成专题探究，使学生在探究的过程中同步提高语言和学习能力。

在探究性学习的过程中，学生以小组为单位，根据合作学习的原则分工合作，分头用华语与不同的对象沟通，通过语言的输入了解对方的想法和观点，并做记录；通过语言的输出，有条理地咨询对方的看法。每一次活动结束后，各个小组均须轮流做口头报告，展示探究所得并回答同学和教师的问题，之后再将收集到的资料整理成小组书面作业。

"情境探究专题作业"的任务植根于真实世界，学生在完成任务的过程中需要调动高级思维积极发现问题、解决问题，在开展任务的过程中需要接触目标语的用户，用华语进行语言交际，在获取了信息之后，需要自主选择解决问题的方式或途径。整个学习流程，涵盖了真实性学习的主要组成部分，并体现了真实性学习的许多特点，如与真实世界相关、不明确界定问题、可持续探究、多元的信息源、协作、反思、较完善的成品等。

（二）同侪评价：成语，动起来

"成语，动起来"以新加坡小学华文教材中的成语为教学对象，从真实性学习理念出发，鼓励学生"学以致用"，把课内所学的成语在课外的真实情境中加以运用，让华文的学习和学生的生活经验产生联系，提高学生学习华文的兴趣和应用成语的能力。

"成语，动起来"以无缝学习（Seamless Learning）为设计理念，借助动漫资源，利用流动科技设备，让学习者能随时随地学习、温习与应用成语。"成语，动起来"提供了一个无缝学习空间，为学习者衔接了课内学习和课外应用情境，把个人与社群学习、现实与网络学习整合起来，促进有效的语文学习（黄龙翔、陈之权，2014）。

现根据前述真实性学习模式叙述这一教学研究的实施过程。

1. 真实性语言材料教学

教师通过课堂教学讲解成语的意思和用法。教师在讲解成语时，并不停留在语义层面，而侧重展现成语在当代生活中的适用情境。教师通过活泼有趣、诙谐幽默的成语动漫，讲解成语的含义、感情色彩（褒贬义、中性义）和使用情境，调动学生的视觉输入，加强学生对成语的含义和使用情境的记忆。

在讲解了成语之后，教师通过随堂检测，检查学生对成语的理解程度。教师主要从两个角度检查学生对成语的掌握程度。

（1）对成语的理解程度。教师提供若干句子，请学生判断句子中所用的成语是否适切。学生需要在时限内通过小组讨论，找出错误使用的成语，并说明理由。

（2）对成语的应用能力。教师提供数帧静态照片或一段视频，请学生根据照片或视频的情境，选择能表现情境的一个成语或一组成语，用成语造句或描述情境。之后把学生组成小组进行互评，并要求各组选出造得最好的句子或最好的描述段上传维基平台，进行跨组互评，加深学生对目标成语用法的印象。教师在跨组互评结束之后，对各组句子或描述段进行点评，选出最佳句子或最佳描述段予以嘉奖。

2. 仿真或半真实情境学习

在课堂上完成了足够数量的成语教学之后，教师便可以开始规划仿真或半真实情境学习。

教师把学生分成小组，让他们在学校里选取适合的情境，用手机把情境拍下来，再和同组同学讨论，用成语造一个句子或用几个成语描述一个情境。如学生可以拍摄同学们在学校餐厅品尝食物的镜头，然后用"津津有味"来形容；学生也可以到花圃中拍摄美丽的花朵，然后用"五颜六色"来描绘。此外，学生也可以用物品模拟情境，或由小组同学模拟情境，然后应用成语描述情境。例如小组模拟课间休息时你推我挤冲出课室的情境并拍摄下来，然后用"争先恐后"来形容这一情境；学生也可以利用玩偶创造情境，然后用一组适当的成语表现情境。

学生在"取镜造句"的过程中能够随时通过手机，从由华文教研中心管理的动漫网页上点击观看相关的成语动漫，加深对所学成语的意思和使用情境的了解。在根据所拍摄的情境造句之后，学生须把所造的句子或描述的段落上传班级维基平台，公开给全班同学阅读。学生们可以随时登录平台，针对各组同学所造的句子或情境段提出修改建议。教师也在每一次取镜活动结束后，组织讲评活动，点评各组句子，增强学生的成语意识。

这一在校园范围内取镜造句的活动，能够激发学生使用成语描写生活情境的兴趣，提醒他们华文的学习其实与日常生活密切相关，从而增强他们在生活中使用华语的意识。有了在教师指导下的仿真或半真实情境学习的经验，学生便会有信心在校园以外的真实情境中应用所学成语，把学校所学延伸到真实世界中。

3. 真实性语言学习

有了仿真或半真实情境学习的经验之后，教师便可以安排学生进行真实性语言学习。

教师鼓励学生留意观察生活事物，从真实场景中寻找适当的情境，用手机把看到的情境拍摄下来，用成语独自进行创意造句，然后把这一"真实性呈现"的素材上传至维基平台，供全班同学观赏。学生在观赏同学所拍的照片并阅读所造的句子或情境段时，须判断句子是否正确以及成语是否使用恰当。学生可以在平台留言区向同学反馈或直接修改同学的句子。

"成语，动起来"要求学生从真实世界中自主选择能用成语表达的场景，拍摄照片，根据照片用成语造句，把照片连同所造的句子上传平台。需要特别指出的是，"成语，动起来"更注重学习者与环境的互动，要求学习者直接从生活情境中发掘使用成语的素材，而不用接触其他目标语的使用者或与他们进行互动。但 Rule（2006）关注的学习群体在"成语，动起来"中依然非常活跃。在经过数轮真实性语言学习之后，教师在班上组织学习整合活动，进一步巩固学生的学习效果。教师引导学生集体讨论，邀请学生针对同学所造的句子是否准确地描述了照片的情境或故事线发表意见。教师也在学习群体在网络平台上进行互动时，凭借以目标语为母语的使用者的身份，适时地加入讨论，协助学生正确理解成语的意思和适用情境，以巩固学生所学，这依然符合 Rule（2006）关于学习群体的语言交际的要求。整个"成语，动起来"的学习流程，体现了真实性学习的许多特点，如与真实世界相关、协作、反思、综合评估、较完善的成品等。

"成语，动起来"的活动以同侪合作、同侪互评为中心，属于"同侪评价"的真实性学习范围。

六　总结

在新加坡当前的社会语言环境下，华文教学必须植根于真实情境，发展学生在现实生活中应用华文华语、以华语文沟通交流的语言能力。双语教育是新加坡教育的基石，在双语并用的社会语言环境下，华文的学习可以充分利用社区乃至社会的语言资源，营造各种真实的语言学习情境，让学生在真实的情境中进行实时的语言交际，从而增强使用语言的信心，提高语言的应用能力。

21 世纪是个"地球村"时代，"做中学"在 21 世纪被视为最有效的学习方式（Lombardi，2007）。遵循"做中学"理念来规划和设计的真实性学习，对于新加坡华文教学的意义在于能够集合社会资源进行语言教学，使学生亲身感受到学习华文华语和生活脉动的关系，了解到华文实际上是一个实用性很强的语言，学生通过华文华语，能够掌握许多实际有用的信息，从中建构新的知识。

知识经济时代是人类文明的又一次飞跃。新的时代给新时代的人们提出了前所未有的挑战，人们必须调整自己的思维方式与态度，直面生活，面对问题，发挥人类智慧以便提早为自己以及下一代做好迎接新时代的准备。真实性学习有意识地使学生掌握一套 21 世纪所需的技能，包

括创意思维，以及问题解决、自主学习、协作学习等能力，为知识经济
时代的终身学习做好准备。基于信息科技的真实性学习将在新加坡下一
阶段的华文教学中发挥更大的作用，让华文的学习与社会生活结合得更
紧密，更偏向实用性。新加坡的华文课程与教学除了传承语言文化之外，
亦须培养学生运用语言分析问题、解决问题的能力，从而提高人们在 21
世纪的竞争能力。

参考文献

陈之权：《以任务为本的探究性学习——主体性学习的教学实践》，《教育学研究与反
    思》，华中师范大学出版社，2011，第 131～151 页。

陈之权、龚成、郑文佩：《情境·探究·专题作业——结合真实情境的中学华文探究
    式学习》，南大 - 新加坡华文教研中心出版社，2014。

黄龙翔、陈之权：《语言学习，动起来——无缝与移动语言学习探索》，南京大学出
    版社，2014。

Benson P. , *Teaching and Researching Autonomy in Language Learning* (London： Pearson
    Education Limited，2001).

Doll W. E. ,“Complexity and the Culture of Curriculum,” *Complicity：An International
    Journal of Complexity and Education* 9 (2012)：10 - 29.

Doll W. E. , *A Post-Modern Perspective on Curriculum* (New York：Teachers College Press，
    1993).

Foppoli J. ,“Authentic VS Graded Material in Second Languages,” *ESLBase*, 2006. [Re-
    trieved from https：//www. eslbase. com/teaching/authentic-vs-graded-material]

Genhard J. G. , *Teaching English as a foreign language：A teacher self-development and
    methodology* (Ann Arbor：the University of Michigan press，1996).

Gilmore A. ,“Authentic Materials and Authenticity in Foreign Language Learning,” *Lan-
    guage Teaching* 40 (2007)：97 - 118.

Guariento W. , Morely J. ,“Text and Task Authenticity in the EFL Classroom,” *ELT Jour-
    nal* 55 (2001)：347 - 353.

Harmer J. , *The Practice of English Language Teaching* (London：Longman，1994).

Herrington J. , Oliver R. , Reeves T. C. ,“Patterns of Engagement in Authentic Online
    Learning Environments,” *Australian Journal of Educational Technology* 19 (2003)：

59 - 71.

Krashen S. , Terrell T. , *The Natural Approach: Language Acquisition in the Classroom* (Oxford: Pergamon, 1983).

Kienbaum B. , Russell A. , Welty S. , *Communicative Competence in Foreign Language Learning with Authentic Materials (Final Project Report)* (Indiana: Purdue University, 1986).

Kilickaya F. , "Authentic Materials and Culture Content in EFL Classrooms," *The Internet ELT Journal* 10 (2004). [Retrieved from http://iteslj. org/Techniques/Kilickaya-AutenticMaterial. html]

Kramarski B. , Mevarech Z. R. , Arami M. , "The Effects of Metacognitive Instruction on Solving Mathematical Authentic Tasks," *Educational Studies in Mathematics* 49 (2002): 225 - 250.

Larsen-Freeman D. , Anderson M. , *Techniques and Principles in Language Teaching* (Oxford: Oxford University Press, 2011).

Larsen-Freeman D. , *Teaching Language: From Grammar to Grammaring* (Heinle: Cengage Learning, 2003).

Lee W. "Authenticity Revisited: Text authenticity and learner authenticity," *ELT Journal* 49 (1995): 323 - 328.

Lombardi M. , "Authentic Learning for the 21st Century: An overview," *EDUCAUSE Learning Initiative* (2007). [Retrieved from https://net. educause. edu/ir/library/pdf/ELI3009. pdf]

Mercer N. , Dawes L. , Wegerif R. , Sams C. , "Reasoning as A Scientist: Ways of helping children to use language to learn science," *British Educational Research Journal* 30 (2004): 359 - 377.

Mihwa Y. , "The Influence of Authentic Versus Edited Texts on the Reading Comprehension and Online Reading Behaviors of Beginning Korean and Japanese ESL Students," *Dissertation Abstracts International* 55 (1994): 3123.

Miller M. , *Improving Aural Comprehension Skills in EFL, Using Authentic Materials: An experiment with university students in Nigata, Japan* (*Unpublished master's thesis*) (Australia: University of Surrey, 2005).

Nunan D. , *Second Language Teaching and Learning* (Boston: Heinle and Heinle Publishers, 1999).

Nunan D. , *The Learner-centred Curriculum*: *A Study in Second Language Teaching* (Cambridge: Cambridge University Press, 1988).

Omid A. , Azam R. , "Using Authentic Materials in The Foreign Language Classrooms: Teachers'perspectives in EFL classes," *International Journal of Research Studies in Education* 5 (2016): 105 – 116.

Otte J. , "Real Language to Real People: A descriptive and exploratory case study of the outcomes of aural authentic texts on the listening comprehension of adult ESL students enrolled in an advanced ESL listening course," *Dissertation Abstracts International* 67 (2006): 1246.

Ozverir, Herrington, "Authentic Activities in Language Learning: Bringing real world relevance to classroom activities," in *Proceedings of World Conference on Educational Multimedia, Hypermedia and Telecommunications* (Lisbon, Portugal: Association for the Advancement of Computing in Education, 2011): 1423 – 1428.

Peacock M. , "The Effect of Authentic Materials on the Motivation of EFL Learners," *English Language Teachers Journal* 51 (1997): 144 – 156.

Pegrum M. A. , "The Outside World as an Extension of the EFL/ESL Classroom," *The Internet TESL Journal* 6 (2000). [Retrieved from http://iteslj. org/]

Pegrum M. A. , *Mobile Learning*: *Languages, literacies and cultures* (UK: Palgrave Macmillan, 2014).

Rashid Hamed Al Azri, Majid Hilal Al-Rashdi, "The Effect of Using Authentic Materials in Teaching," *International Journal of Scientific & Technology Research* 3 (2014): 249 – 254.

Reeves T. , Herrington J. , Oliver R. , Authentic Activities and Online Learning (paper represented at the 25th HERDSA Annual Conference, Perth, Western Australia, July 2002), pp. 562 – 567.

Renzulli J. S. , Gentry M. , Reis S. M. , "A Time and a Place for Authentic Learning," *Educational Leadership* 62 (2004): 73 – 77.

Rule A. , "Editorial: The Components of Authentic Learning," *Journal of Authentic Learning* 3 (2006): 1 – 10.

Senior R. , "Authentic Responses to Authentic Materials," *English Teaching Professional* 38 (2005): 71.

Sherman J. , *Using Authentic Video in the Language Classroom* (Cambridge: Cambridge University Press, 2003).

Shomoossi N. , Ketabi S. , "A Critical Look at the Concept of Authenticity," *Electronic Journal of Foreign Language Teaching* 4 (2007): 149 – 155. [Retrieved from http://e¬flt. nus. edu. sg/]

Tarone E. , Yule G. , *Focus on the Language Learner* (Oxford: Oxford University Press, 1999).

Tatsuki D. , What is Authenticity? (paper represented at Authentic Communication: Proceedings of the 5th Annual JALT Pan-SIG Conference, Shizuoka, Japan, May *2006*), pp. 1 – 15.

Thanajaro M. , Using Authentic Materials to Develop Listening Comprehension in the English as a Foreign Language Classroom (Ph. D. diss. , Virginia Polytechnic Institute and State University, 2000).

Van den Branden K. , "Introduction: Task-based Language Teaching in a Nutshell," in *Task-based Language Education from Theory to Practice* (Cambridge: Cambridge University Press, 2006).

Whitehead A. N. , *The Aims of Education and Other Essays* (London: Ernest Benn Limited, 1932).

Willis J. , *A Framework for Task-based Learning* (Harlow: Longman Pearson Education, 1996).

Wong L. H. , Chin C. K. , "Development of a Curriculum Design Framework for the Mobile-assisted Idiom Learning ProcessThrough Design-based Research," *Journal of Chinese Language Education* 10 (2011): 65 – 78.

结合生活经验培养书面叙事能力

——"我说故事"初中低年级华文教学
策略效果初探[*]

当代的语言教学强调以学习者为中心（Tarone & Yule，1999），重视学生自主学习能力的培养。越来越多语言教学领域的学者相信，有效的语言学习必须"学以致用"，要把课堂上所学的语言知识与技能，通过在生活情境中的实际应用进行巩固与增强（Benson，2001；Tarone and Yule，1999；Nunan，1988）。要切实落实语言学习的"学以致用"并不容易，语言教师必须通过有机的课程设置，结合课堂教学的内容与课外的学习资源规划方略，有意识地促进学生学习行为的发生，这样才能产生效果。

顺应国际二语教学的发展趋势以及直面本土语言环境日益复杂的事实，新加坡于 2010 年对母语教学进行了全面的检讨，确定"乐学善用"（新加坡教育部，2011）为母语教学的主导方向及终极目标。为贯彻这一目标，新加坡的母语教学需要培养学生学习母语的兴趣，为学生提供愉快的学习过程。尤其重要的是，要使母语的学习与学生的生活经验、兴趣相联系，使学生对母语产生认同感而乐于在生活中使用。

* 本文为"第十四届台湾华语文教学年会暨国际学术研讨会"论文。本文为一个校本研究项目的产出，此校本研究得到了中学高级教师何秋云女士的教学支持，在数据分析上也得到了新加坡华文教研中心高级院士苏启祯博士非常专业的指导，在此一并致谢。

　　因此，新加坡下一阶段的华文教学将以培养学生在生活中实际运用语言的能力为主要目标，让学生在真实的生活情境中充满信心地使用华语与人沟通。近年来语言教学专家和教育工作者所重视的真实性学习，是联系课堂学习与课外应用的有效桥梁，值得新加坡华文教学借鉴。将学生置于真实的情境中，或结合学生的生活经验，发挥学生的想象力和创造力进行叙事表达的教学策略，亦能"提高学习者的参与意识、学习兴趣、认知水平、观察力、记忆力和言语加工能力"（米卫文，2014），切合"乐学善用"的课改目标，能为新加坡华文教学所仿效，使新加坡华文的教与学更贴近学生的生活。

　　从贯彻"乐学善用"的华文教学目标出发，本文尝试结合学生的生活经验培养其叙事能力，希望通过"我说故事"的叙事教学策略提高学生的书面表达能力，培养学生在生活中自主学习华文的习惯，也希望改善学生的写作态度。文中总结的经验，也能够与其他地区的学校进行分享。

一　叙事教学的定义和内涵

　　叙事是人们认识世界的根本，是事件的基本组织原则（米卫文，2014）。叙事是人类将自己的经验组织成暂时的、有意义的、片段的、最基本的方式，它既是推理的方式，又是呈现的手段（Richardson，1990）。人类学家布鲁纳认为人类习惯于通过故事来体验生活、总结经验，并虚构可能的世界。人类生活是一种故事化过程，人们天生就是故事的叙述者，人类在学习语言的过程中最先学习叙述方法，叙事是人们认知和表达世界的基本方式，叙述性的话语比非叙述性话语更有利于认知和语言的学习（刘嘉，2012）。在语言教学上，教师可以充分运用叙事、推理的方式进行叙事教学，通过对话、倾听、激发与分享，促进学习者语言认知水平的提升（米卫文，2014）。

　　叙事教学法是基于认知语言学的教学方法（张晶，2013；刘嘉，2012）。王惠和曹课兴（2015）认为，人的认知来自与环境互动的亲身体验，学生在与环境的互动下认识世界，因此，利用在具体情境中获得的经验，激发学生思考与讨论，反复提炼从情境中获得的知识，有助于对事物形成新的理解。叙事教学常将学生置于真实的情境中，或结合学生的生活经验，利用学生的真情实感来组织教学，在发挥学生想象力和创造力的同时使学生学习语言（王惠、曹课兴，2015）。在外语教学中采用叙事教学法，可以充分发挥学习主体在语言、情感、想象、创造力等方面的能力，发挥学习的主动性，激发学习主体的想象力和创新能力，帮助学习主体从叙事活动中习得语言方法和技能（张晶，2013）。

二　真实性的语言学习

真实的语言环境能提供有意义的学习情境，让学习者在真实的情境中吸收语言，提高学生的学习动机（Pegrum，2000）。Krashen 和 Terrell（1983）认为，语言教学的目的，就是促使学习者了解课堂以外的语言并在环境中使用语言。语言教师可以有计划地安排学生到真实的语言环境中应用目标语，让学生把课堂所学和课外的实际使用联系起来。教师可以结合真实情境，利用生活资源要求学生在真实的语境中应用语言来完成被指派的任务。Pegrum（2000）认为，将课堂以外的真实世界作为语言学习资源好处很多，例如能让学生接触真实的语言，获得大量可理解的输入。只要有充足的准备，学生就可以从真实世界中获得很多语言实践机会，提高对目标语词汇的理解与应用能力。利用生活资源学习语言，能激发学习语言的内在动机，使学生成为独立自主的学习者并在目标语的环境中自如地使用语言。

就学习过程而言，真实性的语言学习讲求语言的真实性。Breen（1985）把真实的语言分为作为语言信息输入的"真实文本"以及学习者解读文本的语言。Taylor（1994）认为，真实性不仅表现为真实的语言，也包括语言的使用情境、互动的性质以及使用者在语言交际的过程中对使用情境的理解与解读。Tatsuki（2006）综合以上二人的理念，建立了"真实性学习"的三个向度：真实语言、真实任务和真实情境。真实任务限定为能促进目标语学习的任务，真实情境指真实的社会情境。真实性语言学习通过语言使用者、情境和语言学习材料的互动促成，语言使用

者和情境或语言学习材料互动的学习经验必然导致语言的产出，因此真
实性语言学习是一个社会建构的学习过程（Shomoossi & Ketabi，2007；
Tatsuki，2006；Lee，1995）。

就学习材料而言，学习者只有觉得学习材料和经验相关才能产生积
极的学习态度。Bacon（1989）认为，真实性学习的学习材料所使用的语
言必须是"明了、有足够信息量、真实、相关、符合社会语言规范的"。
进入 21 世纪后，越来越多的学者提倡真实性的学习不应继续沿用传统的
文本材料，而应把学习放在更大的社会语言情境下去完成。Brown 和 Me-
nasche（2005）认为，真实性的语言学习不可能在课堂"人工化"的真
实情境中发生，真正的真实性学习应使学习者完全置身于目标语言的环
境中且在没有教师引导的情况下完成。Polio（2014）也认为，语言教师
如果过度把真实性的学习局限在文本的语言上，则会使学生错失在真实
的生活中应用语言的机会。她因此主张真实性学习材料的多元化，除文
本材料以外，教学也应采用社交媒体、传媒、影视节目，或布置任务让
学生在真实的情境下应用目标语和这一语言的母语使用者沟通交流，在
互动中掌握语言。Shomoossi 和 Ketabi（2007）更认为，最好的真实性
材料来自学习者在和真实情境的接触中完成的任务。因此，"真实性语
言"的学习活动可以是阅读诸如报章新闻、广告、手册等真实性文本，
也可以是把学习者放置在真实的情境中用目标语和目标语的使用者互动
沟通。

三　自主学习提升学习主动性

"自主学习"是一个学习过程，它既是一种学习态度，又是一种学习
能力（Dickinson & Wenden，1995）。Littlewood（1997）认为，"自主学
习"是学习者独立做出选择的愿望和能力。"自主学习"要求学生在学习
目标的引导下和教师的指导下，根据本身的认知结构和需要，积极、主
动、创造性地完成具体的学习任务（麦小敏，2007）。它是学生在内在动
机的驱使之下，根据对自己学习能力的了解以及对教学目标和学习方法
的理解，独立、主动地设立学习目标、制订学习计划、选择适当的学习

方法、利用环境资源开展学习，并在学习的过程中，自主选择合适的学习策略，自我规划学习进度，并根据所设的目标，自我监控与调整策略及过程，最后完成学习任务并对学习成果进行自我评价的学习方式（孙芳，2011；马颖峰，2005）。"自主学习"既赋予学习者自己做主的权利，也要求学习者对自己的学习行为负责（孙芳，2011），它是一种富有创造性且促使学生积极主动参与的学习活动（李芒，2006）。

自主学习单元基本上是由一系列有内在联系的活动组成的。这些活动都指向一个欲达的目标，把完成此目标所需的经验和研究历程提供给学生，并把产出成品作为目标达成的表征。经验（experience）、探究（study）和成品展现（product）构成了完整的自主学习流程，是自主学习必备的要素（Gibbons，2002）。自主学习从一个具有激发性的经验开始，经过深入的探究，产出了令人鼓舞的成品。"探究"植根于"经验"，两者共同促使"成品"的发生。学生通过经验世界认识了自己、他人和社区，进而对所体验到的世界进行研究，最后产出了激发自经验世界的研究成品并加以展示。

在自主学习的过程中，学生既是经验知识的吸收者，也是经验知识的产出者。客观环境中存在的经验和知识对学生的学习产生了作用，学生从学习历程中所建构的经验与知识，也反作用于客观环境，促进新的知识与经验的形成，并通过成品反映出来。自主学习从学生的经验世界出发，观察生活中存在的问题，同时通过和学习环境的互动进行反思，并从中建构对客观存在事物的主观认识。因此，有效的自主学习能促进主动学习能力的发展，并让学生从学习中感受到学习与生活的密切关系。

四　研究问题与理论框架

遵循自主学习方式且结合学生的生活经验叙述表达，可为学习主体提供发挥想象力和创造力的机会，从而提升学习的主动性。在叙事中引入真实性材料，允许学习主体在和情境的互动中掌握学习材料、建构知识，符合叙事教学陈述经验的要求。新加坡当前的华文课程改革的终极目标是让华语文成为学生日常生活中使用的语言（新加坡教育部，2011），使学生联系生活经验学习语言，是华文教学的应由之路。新加坡的初中生，基本掌握了华语听说能力，也能阅读以浅白的华文书写的文本，也有基本的造句和写作能力，因此，结合自主学习的真实性学习应适合于新加坡初中阶段的学生。本文所采用的"我说故事"这一结合生活培养学生书面叙事能力的教学策略便是一次真实性学习的尝试。我们希望通过教学试验，检验"我说故事"叙事教学策略对提高初中低年级华文学生书面叙述能力、改善他们写作态度的效果。本文希望初步回答以下两个问题。

　　（1）"我说故事"教学策略能否提高初中低年级学生的书面叙述能力；

　　（2）"我说故事"教学策略能否改善初中低年级学生的写作态度。

　　本文把"自主学习"作为教学设计的理论基础，从学生的经验出发开展主题探究，并将探究成果转化为成品做书面展现。整个学习过程根据 Gibbons（2002）提出的自主学习必须涵盖的三个要素，即经验、探究和成品展现规划，分成三个阶段进行。

　　在"经验"阶段，学习者进行真实性学习，从环境资源中获取信息，从真实的语境中实现语言的输入，在教师的引导下调动个人经验开展联想，并通过观察、面谈、访问等方式，汲取新知识对生活经验进行补充。教师在这个阶段提供触媒，引导学生去关注生活中发生的事情；安排学习情境，促进真实语言的输入；向学生提供作业范例，让学生知道学习的要求。教师还可以通过教学，联系客观事物与主观想象，训练学生对事物的联想能力。教师也可以提供范本，通过教学培养学生对好的叙事文章的判断能力，为叙事写作提供养料。

　　在"探究"阶段，学习者发挥学习的主动性，根据所得知识与经验，选择主题进行探究。在探究的过程中，学习者积极与环境进行互动，自主选择素材，并对所取得的素材进行分析与整理，对存在于真实环境中的人或事形成自己的观点。教师在这个阶段应把学习的主动权下放给学生，不干预学生的学习选择，只扮演促进者和引导人的角色，定期与学生面谈，除了检查他们的进度外，也为他们在探究中遇见的问题提供解决建议。

在"成品展现"阶段，学习者把从探究中形成的观点，以叙事的方式进行表达。叙述的题材不拘，题目自拟，但必须以书面叙述（"我说故事"）为主要的呈现方式。学习者根据所获得的生活镜头，编写人物故事或叙述事件。所呈现的成品可以是书面作业、多媒体课件或影视作品。教师在这个阶段应收回主导权，针对学生的成品提供严格但富有启发性的改进建议，进一步提高成品的质量，并在学生提交成品后进行评估。

这个以"自主学习"的流程为主要架构，支撑"真实性学习"与"叙事教学"的理论框架如图 4 - 1 所示。

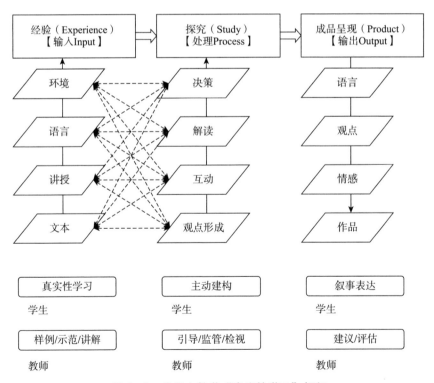

图 4 - 1　华语文教学"真实性学习"框架

五　"我说故事"教学流程

新加坡长期以来施行双语教育政策，已经建立了一个双语双文化的社会环境，有足够多的社会资源可以提供真实性文本和真实的语言学习情境，能满足"真实性学习"所需的"学习者（真实）情境—（真实）学习材料"互动的条件。因此，以取自生活的真实性材料为学习内容，以叙述生活故事为学习产出的学习策略，构成了"我说故事"的教学框架。

研究小组所采用的"我说故事"策略由三个环节组成。现概述各环节的教学活动如下。

（一）环节一：引导联想（经验）

"我说故事"从经验出发，学生根据教师指定或自选的主题从生活中寻找素材拍摄一组照片，再根据照片组织情节、叙述故事。因此，学生需要根据照片来联想，从而叙述故事，联想是叙述故事的重要能力。在让学生开始自主说故事之前，教师可以从学生的生活环境中选取适当的材料，通过示范、讲解与引导，培养他们的联想能力。

本研究的参与教师通过课堂教学，向学生提供一系列基于学生生活经验的触媒，引导学生根据事物的特征进行联想以培养他们的想象能力。教师首先以颜色为触媒，请学生讲述自己因不同的颜色而产生的联想，并说明做此联想的理由。教师以颜色块展现绿、红和黄三种颜色，请学生开动脑筋，谈谈由此想到的事物或获得的感受。学生的回答多姿多彩、富有想象力。例如学生从绿色想到嫩芽、和平、绿化、早晨、青苹果等，从红色联想到车祸、暴力、亲吻、太阳、新加坡的国旗等，从黄色联想到平和、雪糕、芒果、菠萝蜜、早晨的太阳、夕阳、菊花等。学生在回应的时候，也都能够把所想的事物或感觉和颜色联系起来。在完成了颜色的联想之后，教师进一步让学生观看实物，再让他们发挥想象力，设想这些实物和他们生活的关系。例如学生能从时钟想到守时、礼物、时间的珍贵、时间的流逝、生命的可贵等，从书包想到钱、妈妈、知识、品牌、朋友、臭味等。初中学生已经具备了抽象思维的能力，为他们提供生活中熟悉的事物，可以很好地发挥他们的想象力，使他们利用所掌握的语言把联想到的事物或感受加以表述，进而培养他们的叙事能力。"引导联想"共用了两节课的时间，课时约为90分钟。

（二）环节二：美文阅读与分享（经验）

想象力能促使人们根据所接触到的事物进行发散性思考，是叙述故事的基础。但作为语言能力还在不断发展的初中生，要想提高他们的叙述表达能力，就必须使他们阅读优秀的叙述文章，认识一篇好的叙事美文的特点，体会作者如何抒发对生活的感想。学生有足够的文本经验，才能从学习和借鉴中，提高自己的叙述表达能力。因此，在正式开始"我说故事"之前，教师须让学生多阅读诸如生活小品、生活随笔之类的优秀叙事体文章，也就是要让学生多阅读美文、了解美文之美。为了发展学生的自主学习能力，本研究的课堂教师把阅读与分享美文的主动权交给了学生，让学生自主选择与阅读美文，并使学生与同学们分享阅读经验、养成文本意识。

在让学生自主阅读与分享美文之前，教师必须让学生对所谓"美文"有较为具体的概念，对一篇好的叙事美文应包含的条件有所认识。只有具备了分辨美文的能力，学生才能更有信心地根据主题进行书面叙事。换言之，教师需要对学生进行文本输入，使他们有阅读与辨析美文的经验与能力。

参与本研究的实验班教师把一篇叙述性美文作为范例，先向学生叙述故事，再以范文为例，详细分析一篇叙事美文需要具备的四个条件，即"清楚的主题""完整的故事""段落和情节紧扣主题展开""叙述有条理并看到故事的开展"。

教师讲授了美文的标准之后，便把学生分成4人一组的"小组读书会"，要求学生以小组为单位，自主选择美文、阅读美文、分享美文。教师要求学生在规定的时间内于课外自行选择文本阅读，然后从中选择一篇个人觉得符合"美文标准"的篇章作为分享文本。教师利用每周一次约10分钟的时间，组织小组讨论会，让学生们分享读到的好文章。

为确保每一名同学都认真分享所读美文，教师采取"交叉叙述"的互动策略，把 4 人小组分成两个配对组，每对学生按照教师提出的 4 个标准，轮流向不同的组员分享自己读到的好文章，并在分享后和伙伴交换阅读文本。具体过程如下。

（1）ABCD 4 名学生被分成两个分享配对组：AB 两人配对，CD 两人配对。

（2）在三轮 6 次各 10 分钟的分享时间里，小组组员进行互动，向组内不同的学习伙伴分享个人所读的 1 篇美文。

第一轮分享 1：学生 A 向学生 B 分享美文，学生 C 向学生 D 分享美文。分享结束后，分享人把所读文本发给分享对象。

第一轮分享 2：学生 B 向学生 A 分享美文，学生 D 向学生 C 分享美文。分享结束后，分享人把所读文本发给分享对象。

第二轮分享 1：配对组交换学习伙伴。学生 A 向学生 C 分享美文，学生 B 向学生 D 分享美文。分享结束后，分享人把所读文本发给分享对象。

第二轮分享 2：学生 C 向学生 A 分享美文，学生 D 向学生 B 分享美文。分享结束后，分享人把所读文本发给分享对象。

第三轮分享 1：学生再次交换学习伙伴。学生 A 向学生 D 分享美文，学生 B 向学生 C 分享美文。分享结束后，分享人把所读文本发给分享对象。

第三轮分享 2：学生 D 向学生 A 分享美文，学生 C 向学生 B 分享美文。分享结束后，分享人把所读文本发给分享对象。

经过三轮的交流，每名学生都向同组伙伴分享了个人阅读的美文，也从分享过程中取得其他组员阅读的美文，每人阅读了 4 篇美文。学生在向分享对象介绍个人阅读的文章时，必须先叙述故事，再从四个方面向同伴说明这篇文章如何符合"叙事美文四标准"。在每一次的分享活动中，分享对象都可以针对故事提问，或就此文是否为美文请教分享人，和分享人交流。由于全班只有 27 名学生，因此最后一组只有 3 个人，分享活动改为 3 个人轮流向组员分享美文，共阅读 3 篇美文。"美文阅读与分享"这一阶段为期六周，每周进行一次。

"美文阅读与分享"是"我说故事"教学策略的关键环节。教师通过多轮的阅读与分享好文章，强化学生的叙事知识，让学生通过自主阅读以及和分享对象的互动，提高叙事能力，逐渐内化"叙事美文四标准"，为接下来正式开展"我说故事"的叙事任务做好铺垫。

（三）环节三："我说故事"任务主体——"镜头会说话"（探究与成品）

到了这一阶段，学生已经具备了所需的能力，可以开始执行"我说故事"的任务主体——"镜头会说话"。教师要求学生自主设定主题，然后要求学生从真实的生活环境（如家庭、学校生活、课外活动、社区）中，根据主题以所接触到的人、事或物为探究目标，拍摄照片。整个"我说故事"任务须经历决定题材、选择素材、生活取材（拍摄）、遴选材料、组织情节、书面叙述故事和引导反思（成品改进）的过程。必须说明的是，在完成主体任务的过程中，学生会不断应用语言和环境进行互动，也会定期与教师会面，聆听教师的意见，教师也会在必要的时候，提供更多的学习资源，协助学生完成任务，因此，还会有新的经验纳入学生的知识体系。

1. 决定题材

学生根据设定的主题决定题材，列出作业大纲，在班上展示。教师和同学针对学生所提的大纲提问，学生通过回答问题和教师及同学交流，听取意见。学生在答问与交流之后，根据教师和同学所提的意见修改大纲。教师也在这一阶段和学生一对一讨论，根据任务的性质、难度、学生的语言水平等条件，一起定下任务进度表以及检查任务的阶段性时间。学生要在任务进度表中清楚记录任务进度、主要阶段、各阶段所完成的子任务以及教师提出的建议。

2. 选择素材

题材决定了之后，学生则需要根据题材寻找适当的反映主题的摄影素材。教师要求学生仔细观察生活，寻找符合题材的人、事或物，然后把最能反映主题的人与事作为叙事素材。教师定期和学生会面，检查进度，提供反馈。

3. 生活取材（拍摄）

学生选择了叙事素材之后，便可以到真实情境中进行拍摄。学生根据所要反映的主题，选取拍摄对象和拍摄角度并决定照片的数量。

4. 遴选材料

学生完成在真实情境中取材拍摄的任务后，便可以从所拍摄的照片中选择适当数量的照片组成故事材料。学生要根据主题选择照片，但教师不对叙述故事所用的照片数量设限，而是让学生根据个人的语言程度自主选择适当的叙事材料（照片）。

5. 组织情节

学生遴选了足够多的能够让他们叙述故事的照片后，便可进一步仔细观察所选照片，从中梳理完整的故事情节，并检查故事所要展现的主题是否明确。学生有了初步的概念之后，便在课堂上口头叙述他们所设想的故事。教师和同学聆听了故事之后，给予反馈，学生听取教师和同学的意见之后，进一步调整故事情节。

6. 书面叙述故事

学生在前五个阶段完成各项活动的基础上正式叙述故事，产出成品。成品的形式由学生自主决定，可以是一篇书面文章，也可以结合多媒体技术把文字和声影结合起来。在叙述故事的过程中，学生可以根据取材过程中所接触到的事件或人物，也就是根据经验世界给他们带来的感触和联想叙述故事。学生可以把个人的感情融入照片所展现的故事中，也可以发挥想象力，把照片素材和自己的生活经验联系起来加以叙述。在这个环节，如有需要，教师也可以把学生在阅读阶段所涉及的单词、短语、表达方式（或语块）、句型结构混合列出，由学生自由选择和个人认知经验最为相关的语言，结合所学知识或个体经验进行叙事表达。故事写完之后，学生便可向教师提交初稿或在课堂上呈现。

7. 引导反思（成品改进）

教师仔细阅读了学生自主讲述的故事之后，提供一对一的反馈。教师不直接把修改意见告诉学生，而是通过提问引导学生反思，如你的切入点是什么，为什么你会选"种子"呢，为什么有一张照片是"家人"，为什么又选了蜜蜂和盛开的花，引导学生思考，使他们了解自己在叙事中所存在的不足。通过引导反思，学生自主发现问题、改进叙事作业。

在自主学习的理念下，不同语言程度和能力的学生进度可以不同，但所经历的过程应该一样。根据师生商定的进度，教师定期和学生会面、提供咨询，并督促学生如期完成任务。在完成任务的过程中，教师可以从叙事情境、叙事对象、叙事材料、叙事情节等方面提供建议，但最后的决定权在学生手里。例如在选择生活素材的时候，学生可以就拟选择的素材是否符合主题征求教师意见，教师可以提供意见，但最终的决定权在学生手里；又如学生在到真实情境中取材拍摄之前，可以和教师讨论拍摄的地点和对象，但最终还是由学生自主决定。学生在课外完成"镜头会说话"的任务，所花的时间因能力而异。能力较强的学生可以在一两个月内完成整个流程，能力比较一般的学生也在四个月内完成了任务。

六　研究设计

"我说故事"以一所主流中学初中二年级修读高级华文的快捷源流课程的学生为研究对象，通过前述"我说故事"的教学流程，探讨在生活中选取素材拍摄照片、组织镜头叙述故事的学习经验对提高学生书面叙述能力、改善学生写作态度的可行性。研究从 2 月开始，至 9 月结束，历时半年多。研究样本为两班初中二年级学生，一班为实验班，另一班为对照班，各有 27 名学生。研究方法为准实验研究的不等同组前后测设计。实验班以"我说故事"为干预手段指导学生自主完成真实性学习，对照班不做任何教学干预。实验班和对照班均参加相同的前后测，均接受两次写作态度调查。

本研究遵循量化与质化相结合的研究方法分析学生表现，通过对两组学生"盈分"（Gain Score）的对比，回答第一个研究问题；通过《写作态度调查表》所得资料以及学生的自我反思报告，回答第二个研究问题。研究中所用的《书面叙事能力评分量表》，在香港理工大学祝新华教授所指导开发的新加坡华文教研中心另一写作教学研究项目的量表基础上略做了修改（Chin, Gong & Tay, 2015）。《书面叙事能力评分量表》

从三个向度评估一篇书面叙事作业的质量。这三个向度为内容、结构和语言，各向度下各有 3 ~ 4 个评分子项。"内容向度"有 4 个子项，即主题与题材、视角、情节、情感；"结构向度"有 3 个评分子项，即首尾、层次和展开；"语言向度"有 3 个子项，即词汇、句法与修辞。每个子项为 10 分，总分为 100 分。研究所用的《写作态度调查表》，则根据英国谢菲尔德大学一篇研究华文写作教学的硕士论文的态度测验问卷翻译而来（Chin，1995），共有 10 个陈述句，涉及对写作的整体态度、对写的态度以及对修改文章的态度三个方面。

1. 前测

教师根据对学生生活的了解，选出三个主题——家人、成长、户外活动，按照主题各选 10 张照片，共一套 30 张照片发给两个班的每一名学生（每人一套）。教师不告诉学生每张照片所属主题，但请每一名学生自由组合照片，并根据所组合的照片自定题目来书面叙述故事。每名学生可以根据自己的兴趣和能力选择适当数量的照片。程度好的学生可以选择数量较多的照片，组成较复杂的故事；程度比较一般的学生可以选择少量照片，讲述较为简单的故事。在学生进行书面叙事时，教师不给予任何指导，但要求学生在规定的时间（1 个小时）之内完成。两名教师根据《书面叙事能力评分量表》评改每一篇叙事文稿，研究组取两位评分教师的平均分作为每名学生的前测分数。教师也请两个班学生填写《写作态度调查表》，之后把学生的反馈输入 Excel 电子表格进行分析。

2. 后测

研究结束后进行后测。教师依旧要求两个班学生从同一套 30 张照片中自由选择与组合照片，根据自定的题目进行书面叙事。在学生进行书面叙事时，教师不给予任何指导，但要求学生在规定的时间（1 个小时）之内完成。负责评改前测文稿的两名教师根据《书面叙事能力评分量表》评改每一篇叙事文稿，研究组取两位评分教师的平均分作为每名学生的后测分数。教师也再次请两个班学生填写《写作态度调查表》，之后用 Excel 电子表格进行分析。

研究员对两名教师评分的内部一致性进行信度分析，各向度的皮尔逊相关系数都在 0.9 以上，评分的内部一致性很高。

七　资料分析与讨论

研究组对两班学生在前后测的"书面叙事能力"和"写作态度"进行了分析。本研究采用描述统计效果强度进行分析，所得数据用 Cohen（1988）推介的标准评定。效果强度能够更好帮助我们从更客观的角度审视项目的价值而不仅仅是关注数据本身。效果强度的计算，采用下列公式：

效果强度 =（实验班平均分 – 对照班平均分）/对照班标准偏差

1. 书面叙事能力

在书面叙事能力方面，两个班学生前后测的表现如表 4 – 1 所示。

表 4 – 1　学生叙事文均分比较

	实验班（N = 27）		对照班（N = 27）		均分差距（Mean differences）	Cohen's d
	平均分	标准差	平均分	标准差		
前测（Pre-test）	37. 61	7. 73	28. 48	5. 24	9. 13	1. 38
后测（Post-test）	58. 81	9. 59	34. 38	8. 72	24. 43	2. 66
盈分（Gain Score）	21. 20	10. 14	5. 90	10. 73	15. 30	1. 46

注：效果强度 Cohen's d 是由科罗拉多大学（University of Colorado）网上计算器计算得出的（http://www.uccs.edu/ ~ lbecker/）。

研究组对前测进行了效果强度检测，得出 Cohen's d 为 1. 38，实验班的成绩优于对照班，说明两个班并非等同组，实验班的书面叙事能力优于对照班。为抵消实验班和对照班在实验之前已有的差异，我们使用了"盈分分析"呈现实验效果。如表 4 – 1 所示，实验班后测成绩比前测提高了 21. 20 分，对照班仅提高了 5. 90 分，差数为 15. 30，Cohen's d 为 1. 46，代表很大的效果强度，说明在经过了"我说故事"叙事教学策略七个步骤的训练之后，实验班学生书面叙事的整体能力比对照班提高了许多。

我们进一步分析两个班在三个评分向度上的整体表现。表 4 – 2 是实验班和对照班在三个向度下的表现与所得的盈分。

表4-2　学生叙事文三向度前、后测与盈分比较

前测				后测				盈分			
实验班（N=27）											
内容 （40%）	结构 （30%）	语言 （30%）	总分 （100%）	内容 （40%）	结构 （30%）	语言 （30%）	总分 （100%）	内容 （40%）	结构 （30%）	语言 （30%）	总分 （100%）
平均分 15.31	10.63	11.67	37.61	21.93	18.70	18.19	58.81	6.61	8.07	6.52	21.20
标准偏差 2.80	3.43	2.09	7.73	3.80	3.85	3.24	9.59	3.84	3.99	3.61	10.14
对照班（N=27）											
平均分 11.35	6.81	10.31	28.48	12.96	8.26	13.17	34.38	1.61	1.44	2.85	5.91
标准偏差 2.31	2.64	1.43	5.24	3.72	4.63	1.66	8.72	4.87	5.79	1.74	10.73
两组比较											
差数 3.96	3.82	1.36	9.13	8.97	10.44	5.02	24.43	5.00	6.63	3.67	15.29
Cohen's d 1.71	1.45	0.95	1.74	2.41	52.25	3.02	2.80	1.03	1.15	2.11	1.43

在涵盖叙事主题、叙事视角、叙事情节和叙事情感的"内容"向度中，实验班学生平均盈分6.61分，比对照班多了5.00分；在考查叙事作品的首尾呼应、叙述层次、叙述展开的"结构"向度方面，实验班学生平均取得了8.07的盈分，较诸对照班多了6.63分；在评估叙事作品的词汇、句法与修辞技巧的"语言"向度方面，实验班学生的平均盈分为6.52分，比对照班多了3.67分。实验班学生书面叙事作品的平均盈分也比对照班学生的平均盈分多了15.29分。这四项的比较，效果强度都很大，Cohen's d 的数值分别为：内容1.03、结构1.15、语言2.11、总分1.43。表4-3至表4-5为各个向度下各子项的盈分，实验班学生在大多数的写作子项中都明显受益。

表4-3　学生叙事文内容向度评分子项盈分比较

实验班（N=27）					
	主题/选材	视角	情节	情感	内容总分
平均分	1.76	0.54	2.41	1.91	6.61
标准偏差	1.04	1.18	1.16	1.20	3.84

续表

	主题/选材	视角	情节	情感	内容总分
对照班（N=27）					
平均分	0.80	0.20	0.28	0.33	1.61
标准偏差	1.66	1.00	1.59	1.68	4.87
两组比较					
差数	0.96	0.33	2.13	1.57	5.00
Cohen's d	0.58	0.33	1.34	0.93	1.03

表 4-4　学生叙事文结构向度评分子项盈分比较

	首尾	层次	展开	结构总分
实验班（N=27）				
平均分	2.35	2.91	2.81	8.07
标准偏差	1.74	1.91	1.29	3.99
对照班（N=27）				
平均分	0.65	0.54	0.26	1.44
标准偏差	1.91	2.64	1.80	5.79
两组比较				
差数	1.70	2.37	2.56	6.63
Cohen's d	0.89	0.90	1.42	1.15

表 4-5　学生叙事文语言向度评分子项盈分比较

	词汇	句法	修辞	语言总分
实验班（N=27）				
平均分	2.63	2.78	1.11	6.52
标准偏差	1.19	1.15	1.65	3.61
对照班（N=27）				
平均分	1.07	1.43	0.35	2.85
标准偏差	0.93	0.72	0.79	1.74
两组比较				
差数	1.56	1.35	0.76	3.67
Cohen's d	1.68	1.88	0.96	2.11

无论是根据测试总分还是三个向度或其下的若干子项的盈分计算，实验班的表现均比对照班好，根据 Cohen's d 数值检验，除内容向度的"视角"子项为较小的效果强度、"主题/选材"子项为中等效果强度外，其他子项的数值介于 0.89 和 1.88 之间，都是很大的效果强度，说明"我说故事"叙事教学策略从整体上提高了实验班学生在叙事内容、结构和语言方面的能力。

学生在书面叙事的内容、结构和语言三个叙事向度的整体表现都取得很大的进步，但就三个叙事向度下所涵盖的写作子项的盈分分析，我们观察到学生所取得的进步幅度并不一样。在三个向度中，"结构"向度的表现最好，三个子项的进步明显，其中的"展开"子项，进步幅度在所有子项中最大。在内容向度方面，"情节"子项进步最大，"情感"子项也有明显的提高，而"主题/选材"和"视角"子项虽有进步，但幅度不大，其中"视角"的效果强度位列所有子项之末，表示学生从多角度叙述事情的能力改变不大。在"语言"向度方面，"词汇"和"句法"子项进步也非常明显，而"修辞"子项虽有进步，但幅度较小。

"我说故事"从一开始就训练学生把握主题选择材料，并通过联想发挥想象力完成叙事。在完成"我说故事"叙事任务的过程中，学生不断和教师、同学互动，加强自己对丰富叙事内容和叙事手法的认识。由于"我说故事"须从生活经验中取材，学生能够近距离观察生活中的人和事，从自己的角度思考问题，产生想法，写之为文，培养了"我思故我写"的意识，反映在后测上便是所叙述的故事内容比较真切，情节比较完整，感情比较真挚，因此能够在"情节"和"情感"方面取得明显进步。在叙事结构方面，教学流程中的"美文分享"阶段让学生通过和教师、同学以及文本的互动，把判断一篇好的叙事文章的标准内化，并根据这个标准完成叙事作业。由于经过了训练，学生在后测撰写照片故事时便能够按照标准要求自己，使所叙述的故事有开头和结尾，叙事有层次，能够详略得当地展开故事，因此"结构"向度的所有子项都取得了较大的进步。"我说故事"叙事教学在教学流程中为学生提供了大量的语言输入和输出的机会，丰富了词汇和句法，在后测时学生得以用最有把握的词汇和句法表达想法和感情，因此"词汇"和"句法"两个子项有很好的表现，但"修辞"子项的进步幅度就比较小。不过，应用修辞技巧叙事对于初中学生而言，要求较高，学生需要花费更多的时间才能更熟练地应用各种修辞技巧叙述事情。

除此以外，采用"我说故事"叙事教学策略后，实验班学生的叙述字数也大幅度增多。表4-6是合作教师统计的两个班学生在实验前后叙事文的字数。

表4-6　实验班和对照班前后测学生叙事文字数对比

单位：个

	实验班			对照班			增加字数差数与效果强度
	前测字数	后测字数	增加字数	前测字数	后测字数	增加字数	
平均字数	277.74	681.89	404.15	197.52	231.70	34.19	差数＝369.96 Cohen's d＝2.01
标准偏差	99.84	225.81	233.49	75.68	160.17	183.93	
最高	431	1059	849	362	618	486	
最低	113	249	48	93	18	-238	

表4-6数据显示，实验班每一名学生的后测字数都有所增加，且幅度明显；对照班学生的后测字数则各有增减。我们同样通过"盈分分析"呈现实验效果，发现实验班学生后测所写叙事文的字数平均增加了404.15个，最高的增幅为849个字，最低的增幅也有48个字。相比之下，对照班学生后测的叙述文字数平均只增加了34.19个字，最高的增幅为486个字，最低则比前测还少了238个字。Cohen's d为2.01，说明"我说故事"叙事策略对增加实验班学生叙事文的篇幅效果明显。

教学实验结果说明，结合学生生活经验的"我说故事"干预策略取得了很好的教学效果，实验班学生叙述文不仅篇幅明显增长，而且达到了书面叙事所要求的言之有物、主题明确、条理清楚、故事完整、感情真切的要求，有足够的词汇量，能用适当的句子表述，从学生所取得的整体进步幅度看，实验班学生的书面叙事能力明显得到提高。

2. 写作态度

研究团队通过一份《写作态度调查表》了解两个班学生对写作所持的态度。第一次的调查在实验开始之前进行，第二次的调查在实验完成后进行。《写作态度调查表》共有十个陈述句，根据李克特五级量表设计。受试者根据对每个陈述句的同意程度从五级中选择一级，1 为非常不同意，2 为不同意，3 为没意见，4 为同意，5 为非常同意。表 4 - 7 是两个班学生在前后测中对十个陈述句的平均反馈。

表 4 - 7　"我说故事" 两个班学生写作态度前后测对比分析

	陈述句	前测		后测	
		实验班	对照班	实验班	对照班
1	我喜欢作文课。	2.59	2.81	4.00	2.93
2	作文并不难。	2.26	2.19	3.44	2.56
3	作文课是有趣的语文活动。	2.26	2.93	4.00	2.85
4	我在写作时有很多想法和观点要表达。	2.48	2.85	3.52	3.15
5	在交上作文习作之前，我尽最大的能力修改我的初稿。	3.00	3.07	3.89	3.30
6	我愿意在作文上花时间。	3.00	3.00	4.30	3.04
7	我和我的同学讨论作文的内容。	2.74	2.93	3.70	3.15
8	我觉得教师所给的意见和评语对改进我的作文很有帮助。	3.48	3.37	4.59	3.52
9	我觉得每一次的作文课都是新鲜和有趣的。	2.93	3.11	3.93	2.81
10	我认真地完成作文誊清。	3.33	3.30	4.26	3.26
	均分	2.81	2.96	3.96	3.06
	标准偏差	0.42	0.33	0.36	0.28

《写作态度调查表》的十个陈述句，调查目标分别指向写作态度的三个方面，即对写作的整体态度、对写的态度以及对修改的态度。与 "对写作的整体态度" 相关的陈述句有四个，分别为 "我喜欢作文课" "作文并不难" "作文课是有趣的语文活动" "我觉得每一次的作文课都是新鲜和有趣的"；与 "对写的态度" 有关的陈述句有三个，分别是 "我在写作时有很多想法和观点要表达" "我愿意在作文上花时间" "我和我的同学讨论作文的内容"；与 "对修改的态度" 有关的陈述句有三个，分别是 "在交上作文习作之前，我尽最大的能力修改我的初稿" "我觉得教师所给的意见和评语对改进我的作文很有帮助" "我认真地完成作文誊清"。

　　研究团队根据三个调查目标，把两个班学生对十个陈述句的反馈归纳为三个方面，并根据两个班学生在前后测中对陈述句的反馈进行盈分计算，整理成表4-8。

表4-8　"我说故事"两个班学生在三个方面的写作态度前后测盈分对比

	盈分		差数	Cohen's d
	实验班	对照班		
对写作的整体态度（陈述句：1，2，3，9）				
均分	1.33	0.03	1.31	4.64
标准偏差	0.29	0.28		
对写的态度（陈述句：4.6.7）				
均分	1.10	0.19	0.91	13.22
标准偏差	0.33	0.07		
对修改的态度（陈述句：5，8，10）				
均分	0.98	0.11	0.86	5.87
标准偏差	0.30	0.15		

　　在"对写作的整体态度"方面，实验班学生和对照班学生的盈分差数为1.31，Cohen's d 为4.64；在"对写的态度"方面，实验班学生和对照班学生的盈分差数为0.91，Cohen's d 为13.22；在"对修改的态度"方面，实验班学生和对照班学生的盈分差数为0.86，Cohen's d 为5.87，均具有显著性差异，说明"我说故事"叙事教学策略取得了预期效果，实验班学生的写作态度得到了加强。

　　为对态度测验进行多角度验证，研究团队进一步分析了两个班的学生在前后测中对每一个陈述句的反应，并采用费希尔精确概率检验（Fisher's Exact Probability Test）比较两组学生的反应，所得结果如下。

　　如表4-9所示，在前测中，两个班学生对写作的态度基本上没有差别，但是，在后测中，持正面态度的实验班学生在十个项目中都有所增加，人数都比持负面态度的学生多。相反的，持负面态度的对照班学生在十个项目中依然占了大多数，持正面态度的学生人数基本没增加，在部分项目中人数甚至还有所减少。

表 4 – 9   实验班与对照班学生写作态度前后测比较

陈述句		实验班		对照班		P 值
		负面	正面	负面	正面	
我喜欢作文课。	前测	23	4	23	4	1.00
	后测	7	20	21	6	*0.01*
作文并不难。	前测	25	2	27	0	0.49
	后测	13	14	23	4	*0.01*
作文课是有趣的语文活动。	前测	23	4	22	5	1.00
	后测	7	20	23	4	*0.01*
我在写作时有很多想法和观点要表达。	前测	23	4	23	4	1.00
	后测	13	14	19	8	0.17
在交上作文习作之前，我尽最大的能力修改我的初稿。	前测	19	8	18	9	1.00
	后测	5	22	15	12	*0.01*
我愿意在作文上花时间。	前测	18	9	18	9	1.00
	后测	2	25	16	11	*0.01*
我和我的同学讨论作文的内容。	前测	21	6	20	7	1.00
	后测	10	17	17	10	0.10
我觉得教师所给的意见和评语对改进我的作文很有帮助。	前测	13	14	16	11	0.59
	后测	2	25	14	13	*0.01*
我觉得每一次的作文课都是新鲜和有趣的。	前测	17	10	17	10	1.00
	后测	7	20	24	3	*0.01*
我认真地完成作文誊清。	前测	17	10	17	10	1.00
	后测	2	25	18	9	*0.01*

注：（1）正面反应包括同意与非常同意，负面反应包括没意见、不同意与非常不同意。（2）两组反应比较采用费希尔精确概率检验。（3）小于 0.01 的 P 值都报为 P = 0.01。

仔细分析，实验班学生对十个陈述句中的八个反应较对照班的积极。在对写作的整体态度方面，较之实验前，学生更喜欢写作，觉得写作并不是一件难事而是有趣的语文活动，每一次的写作活动都给他们带来新鲜感。在对写的态度方面，"我说故事"使学生更愿意花时间去写作。不过，"我说故事"虽然让更多的学生觉得在叙事时有更多的想法和观点，但人数和持负面态度的学生相差不大。同样的，对在写作过程中和同学讨论内容持正面态度的学生虽有所增加，但还是有不少学生继续持负面态度。在对修改的态度方面，学生的态度非常积极正面，他们愿意改进自己的文章，并认真地修订作品，大部分学生也对教师给他们的作品提修改意见持非常正面的态度，认为对改进文章很有帮助。

"我说故事"叙事写作要求每一名学生单独叙述故事，学生在完成任务的过程中充分发挥主体性，用语言文字展现学习成果，也把对人、事或物的情感融入文字，发表个人对事物的观点。叙事写作为学生提供了全新的学习体验，由于自己就是叙述故事的主人，学生对作品有主人翁意识，愿意尽最大的努力把它写得最好，因此对待写作的态度十分积极。在完成"我说故事"叙事写作的过程中，教师从决定题材、选择素材、组织情节、叙述故事、引导反思等几个主要环节给予学生启发式的指导，通过提问引发学生思考如何改进作品，作品的质量因此能够不断提升。教师虽也在这些环节中组织学生互评，但因为每名学生所完成的叙述课题都不尽相同，因此，比较不容易给同学的叙事内容提供具体意见。此外，虽然"我说故事"鼓励学生发挥创意，发表看法，但由于受试者都是初中二年级的学生，生活经验还比较有限，因此还是有一半学生不觉得他们在叙事时有很多想法和观点可以表达。这也就很好地解释了为什么内容向度中的"视角"子项的效果强度是所有子项中最低的。作者认为主要是社会经验的不足限制了学生对事物的观感，但随着年龄的增长，学生对生活中的人和事的看法会越来越丰富，越来越多彩。

实验班学生在态度测验中的正面反应显示，"我说故事"在总体上改善了学生的写作态度，叙事教学策略在促进学生的写作态度方面取得了实质效果。

"我说故事"叙事教学完成之后，实验班教师也要求每一位学生针对这一次的学习经验写学习反思。所有学生在反思中都非常认真地直面自己的学习表现，坦白承认学习过程中所犯的错误和存在的不足，也肯定自己所取得的成绩。他们都对"我说故事"的学习活动给予很高的评价。

以下是实验班学生针对"我说故事"叙事写作的部分反思（原句照录，只替换错别字）。

·我觉得这是一项非常有意义的活动，它不仅让我们学到了怎么让照片来传达意思，也让我们学习到了人生的价值观。

· 我的主题是环境，因此我近距离地感受了我生活的环境……我发现在我周围，有着严重的污染情况……我决定站在"地球妈妈"的角度，把这些"危害"提出来。

· 我学会了发挥自己的想象力，从许多想法中，找出最适合最有感觉的主题。

· 我了解到写作灵感原来来自生活。

· 这个作业让我掌握了叙事的方法，原来不是想说什么就说什么的，我需要写下大纲，这样，才能说得更有条理……掌握这样的叙事方法，以后写记叙文就更容易了。

· 我发现我要不断动脑筋，才能真正把作品改得更好。

· "镜头会说话"的真正意思……是利用所拍摄出来的照片和镜头表达你想说的故事，所以照片必须拍得真实、生动，最好是能达到身临其境的感觉。

· 尽管有许多同学做的主题与我的很相似，都在谈友情，但我可以从不同角度来表现友情对我的重要性。

· 在呈交自己的作品之前，我们本身应该先仔细检查，唯有通过自己的严格检验后，才能交给教师，而不是随便呈交作业，然后依赖教师来为我们找出错误。

· 我不断地改进作品，希望教师看了会感到满意。

· 改进后，发现现在的作品和第一次呈交的作品的差距真的很大……得到一些满足感和成就感。

· 看了其他同学的作品和听了教师的回馈与建议后，发现自己作品里还有很多欠缺的地方，也知道了如何改进这些漏洞，从而不断地努力，到最后做出了比之前更佳的作品。

· 他们的优点都是值得我学习的，因为只有当我们肯承认自身的不足并努力完善自己时，才能进步。

学生的反思印证了他们在《写作态度调查表》中所表现的高度积极的态度。"我说故事"叙事教学给学生带来了全新的学习体验，也使学生从学习过程中掌握了叙事技巧，培养了学生虚心接受批评、自我修改文章的正确写作态度。从学生的反思中我们可以看到，学生从"我说故事"的学习历程中感受到写作和他们生活的密切关系，之后将把华文的学习和生活中的事物结合起来，从周边的事物中发掘写作题材，并发挥想象力和创造力进行叙事写作。"我说故事"书面叙事教学促使学生运用华文思考，以华文表达思想感情，使华文成为学生在生活中运用的语言。

研究团队从多角度解读数据所得出的结论是，"我说故事"叙事教学取得了预期的效果，不仅提高了学生的书面叙事表达能力，也改进了他们的写作态度。

八　总结

本研究以自主学习的三要素为教学设计中心，以真实性素材为学习材料，以叙事能力为培养目标，从学生的个人经验出发，联系生活寻找探究素材，并以书面叙述的方式呈现学习成果。在学习的过程中，充分发挥学生学习的主动性，使学生在教师的引导下针对所探究的主题提出个人的看法和观点。学生通过自主学习提高书面叙述能力，培养积极的写作态度。

"我说故事"让学生到真实的生活中寻找素材，从环境中挖掘学生感兴趣的事物作为叙事题材，使学生在与环境的互动中拍摄能够反映主题的照片或视频，然后组织情节叙述故事。学生基于个人经验，选取适当的角度进行探究，在探究的过程中对课题做深入思考，不断提炼新知识形成新的理解，再把对课题的理解化为成品，通过书面文字或结合多媒体呈现个性化的叙事作品。

"我说故事"的整个学习过程符合 Breen（1985）、Taylor（1994）和 Tatsuki（2006）所建立的"真实性学习"的三个向度，即真实的语言、真实的任务和真实的情境。学生在完成作业的过程中除了需要阅读文本材料，也要在真实的情境中以华语和拍摄对象沟通交流，在完成任务的过程中学习如何应用语言。学生也需要定期向教师汇报任务进展，并和同学互动，在师生交流和生生互动的情境下逐渐掌握叙事写作技巧，不断修改个人的作品以提高作品的质量。"我说故事"允许学生对叙事题材、对象、语言文字有完全的自主权，学生能够按照个人的兴趣和能力进行故事创作，并在收集素材的过程中与环境中的人和事互动，再对所接触到的事物进行思考，因此，所创作的故事既有真情实感，也有个人的价值判断。"我说故事"的教学流程让学生获得大量的可理解输入，也有大量输出与实践语言的机会，学生在学习过程中发挥了在语言、情感、创造力方面的主动性，加强了使用目标语的信心，提高了以目标语表达的能力。此外，由于须完成的作品素材要来自生活中的人和事，是与生活经验密切相关的真实材料，学生得以产生积极的学习态度。简言之，实验班学生在叙事作品和写作态度两个方面的表现，证明了"我说故事"符合真实性语言学习的要求，教学策略是成功的。"我说故事"的成功，也呼应了王惠、曹课兴（2015），张晶（2013），刘嘉（2012）等学者对叙事教学法的观点。

不过，提倡真实性学习的学者也提醒教师，真实性学习也许更适合语言程度比较高的学习外语的学生，对于初学者或语言程度较低的学生，不一定有效。本次试验的对象为修读高级华文的初中学生，语言能力比一般的学生略强，因此能够取得预期的效果。至于在语言程度比较一般的普通华文的初中生中实践"我说故事"书面叙事教学是否依然能取得同样的效果，暂时不得而知，但可以留待未来再做探讨。

参考文献

李芒：《信息化学习方式》，北京师范大学出版社，2006。

《乐学善用：2010 母语检讨委员会报告书》，新加坡教育部，2011。

刘嘉：《叙事教学法及其在大学英语教学中的应用研究》，《教育与职业》2012 年第 27 期，第 150～152 页。

马颖峰：《网络环境下的教与学：网络教学模式论》，科学出版社，2005。

麦小敏：《网络环境下学生自主性学习误区及对策研究》，《教育探索》2007 年第 5 期，第 114～116 页。

米卫文：《叙事教学视野下的大学英语写作教学》，《教育与职业》2014 年第 6 期，第

149~151 页。

孙芳：《浅谈自主学习的含义及理论依据》，《改革与开放》2011 年第 3 期，第 156、
　　158 页。

王惠、曹课兴：《具身认知视角下的叙事教学研究》，《榆林学院学报》2015 年第 1
　　期，第 82~85 页。

张晶：《叙事教学法在英语课堂上的实践研究》，《农业教育研究》2013 年第 3 期。

Bacon S. M. , "Listening for Real in the Foreign Language Classroom," *Foreign Language*
　　Annals 22 (1989): 543 – 551.

Benson P. , *Teaching and Researching Autonomy in Language Learning* (London: Pearson
　　Education Limited, 2001).

Breen M. P. , "Authenticity in the Language Classroom," *Applied Linguistics* 6 (1985):
　　60 – 70.

Brown S, Menasche L. , *Defining Authenticity* (2005). [Retrieved from http://www. as. ysu.
　　edu/ ~ english/BrownMenasche. doc]

Chin C. K. , Gong C. , Tay B. P. , "The Effects of Wiki-based Recursive Process Writing on
　　Chinese Narrative Essays for Chinese as a Second Language (CSL) Students in Singa-
　　pore," *The IAFOR Journal of Education* 3 (2015): 45 – 59.

Chin C. K. , *The Study of the Effectiveness of the Chinese Word Processor on Secondary One*
　　Gifted Male Students Taking Higher Chinese in Helping Them to Write Chinese Composi-
　　tions and Improving Their Attitude Towards Chinese Composition Lessons (Master's the-
　　sis, University of Sheffield, 1995).

Cohen J. , *Statistical Power Analysis for Social Sciences* (2nd Edition) (Hillsdale, NJ: Erl-
　　baum, 1988).

Dickinson L. , Wenden A. , *Special Issue on Autonomy* (Cambridge: Cambridge University
　　Press, 1995).

Gibbons M. , *The Self-directed Learning Handbook: Challenging adolescent students to excel*
　　(San Francisco, CA: Jossey-Bass, 2002).

Krashen S. , Terrell T. , *The Natural Approach: Language acquisition in the classroom* (Ox-
　　ford: Pergamon, 1983).

Lee W. , "Authenticity Revisited: Text authenticity and learner authenticity," *ELT Journal*
　　49 (1995): 323 – 328.

Littlewood W. , "Autonomy in Communication and Learning in the Asian Context," *In-Pro-*

ceedings of Autonomy 2000 : *the Development of Learner Independence in Language and Learning* (Bangkok: King Monglut's Institute of Technology Thonnburi, 1997).

Nunan D. , *The Learner-centred Curriculum*: *A Study in Second Language Teaching* (Cambridge: Cambridge University Press, 1988).

Pegrum M. A. , "The Outside World as an Extension of the EFL/ESL Classroom," *The Internet TESL Journal* 6 (2000). [Retrieved from http://iteslj. org/]

Polio C. , "Using Authentic Materials in the Beginning Language Classroom," *CLCAR News* 18 (2014): 1 - 5.

Richardson L. , "Narrative and Sociology", *Journal of Contemporary Ethnography* 19 (1990): 116 - 135.

Shomoossi N. , Ketabi S. , "A Critical Look at the Concept of Authenticity," *Journal of Foreign Language Teaching* 4 (2007): 149 - 155.

Tarone E. , Yule G. , *Focus on the Language Learner* (Oxford: Oxford University Press, 1999).

Tatsuki D. , "What is Authenticity?," (paper represented at *Authentic Communication*: *Proceedings of the 5th Annual JALT Pan-SIG Conference*, *Shizuoka*, *Japan*, *May* 2006), pp. 1 - 15.

Taylor, "Inauthentic Authenticity or Authentic in Authenticity?" *TESL-EJ* 1 (1994) . [Retrieved from http://www-writing. berkeley. edu/tesl-ej/ej02/a. 1. html]

基于维基（WIKI）平台的华文过程式写作教学效果初探[*]

一 研究背景

现今社会科技不断创新，互联网新技术不断涌现，面对面的交流或是打电话不再是人们进行沟通的主要方式。近年来，人们也开始热衷于使用社交平台，通过照片、文字来分享自己的生活，发表自己的意见，表达自己的看法，因此，在网络时代，书面互动能力越来越重要。

Web2.0技术的出现，为教师提供了组织在线学习的可能性，也为学生进行合作学习提供了新的学习环境和沟通工具（黄龙翔、陈之权、陈文莉等，2011）。借着信息时代的先进技术，教师能够有效地组织学生通过网络在线平台进行写作并开展互评活动，培养学生的读者意识，提高他们的写作能力。

本文提出了一个在新加坡初中低年级进行的基于Web2.0技术的过程式写作模式，并对模式所产生的初步效果做一阶段性报告。研究对象为新加坡初中修读华文第二语言的学生。

* 本文为2014年浙江大学主办的"理解与对话：全球化语境下语言与文学教育"国际学术研讨会主题演讲论文，被收入《理解与对话：国际语言与文学教育》论文集（刘正伟主编）。本文是作者和龚成博士、郑文佩女士合作开展的一项校本教学研究的成果，她们俩在研究的过程中与我一起建构理论，协助我观察教学、分析数据，本文是我们三个人合作研究的共同成果，谨此向她们致谢。

二 文献综述

（一）过程式写作

在传统的成果导向的写作过程中，学生按照教师给予的文本框架进行写作，初稿的完成也意味着写作的结束。构思、组织、修改、修订等在写作过程中应有的认知与思维活动似乎被忽略了（Zamel，1982）。与成果导向相对的是兴起于 20 世纪 60 年代末期的过程式写作（process writing）。过程式写作也叫历程式写作，是重视学生写作过程而非写作成品的教学法（Matsuda，2003）。自 20 世纪 70 年代以来，很多学者和语言教师都对此做了大量的研究（Ramies，1978，1987；Taylor，1976；Young，1978；Zamel，1976，1982，1983，1987；Jacobs，1982）。他们发现，写作并不是一个直线型的过程，而是不断探究尝试、反复生成的过程（Taylor，1981；Zamel，1983）。一篇文章是在作者仔细思考、不断组织思维和斟酌内容的状态下逐步形成、逐渐完善的（Lee，2006）。

因此，写作是一个涉及认知和元认知的复杂过程（Murray，1972）。写作的成品，是经历一系列复杂认知过程之后的成果（Hedge，2011），它涉及写作前计划、撰写初稿、修改初稿和编辑定稿等几大步骤。教师们应该通过一种反复的、互动的和自然的方式引导学生写作（Hyland，2003）。学生在写作过程中需要对文章进行大量的改动（Zamel，1983），修改贯穿了整个写作过程。在写作的过程中，教师为学习者提供建设性的建议，是一种有效的指导方式（Hyland，1990）。适当且系统化的指导能让二语学习者写出内容更丰富、情节更具逻辑性、构思更好的作品。

（二）同侪互评

同侪互评需要学生作为读者阅读同侪的作品并提出疑问和提供意见（Villamil & De Guerrero，1996）。研究表明，如果学生知道教师是唯一的读者，他们便会非常依赖教师替自己修改作文；而当他们知道同侪也会阅读他们的作品时，便会产生所谓"主人翁意识"，在写作时将读者考虑在内（Beaven，1977）。同侪互评也提供了更多的交流机会，当学习者需要解释、澄清和为自己的观点进行辩护的时候，就产生了更强烈的主动学习意识（Villamil & De Guerrero，1996，1998）。通过同侪的互评意见，学习者能够意识到自己原来想表达的意思和文章实际表达出来的意思其实是存在差距的，因而会增强他们自主修改作文的动力。当学生为同侪点评时，他们也从阅读同侪的作品中获益（Rollinson，2005）。研究也表明，设计得好的同侪反馈机制对学生的写作修改过程会产生积极的影响，能提高学生写作的积极性（邓鹂鸣、岑粤，2010；莫俊华，2007；周雪，2003）。

（三）维基平台下的合作学习

合作学习是以异质学习小组为单位的学习形式，它强调组员间互相帮助以完成任务，重视小组整体的表现成果而非单纯的个人学习表现。相对于传统的学习，合作学习强调小组的整体感，要求小组分工合作共同达成学习目标，并以团体成绩好坏作为目标是否达成的评价标准（王坦，2002）。因此，它具备了现代教育理念所重视的人际交往互动和实践体验等特征。

小组合作学习是基于维基平台的过程式写作的一个重要元素，小组成员之间的大量交流与互动，对于想法的产生、素材的收集、重点的把握等都有好处（Hyland，2003）。

网络提供的合作环境能够进一步促进及时性沟通、加强信息交换、促进知识建构和生成优质想法。因此，网络合作环境有助于观点的产生、内容的组织和作品的修改（Peres & Pimenta，2010；Karayan & Crowe，1997）。网络空间提供的在线互动机会，也有利于产出反馈意见（Schultz，2000）。

基于Web 2.0技术的维基平台，为合作学习的过程式写作提供了很好的前景。维基是一种能支持多用户同步编辑的文字处理工具，十分适合学习者进行集体写作和同侪互评（黄龙翔、高萍、陈之权等，2010）。它强调积极参与、互动连接、合作学习、知识共享和内容共建（Wang et al.，2013）。维基给学生提供了一个合作学习、共同写作的平台，教师们可以通过维基平台观测学生的写作内容和完成时间，保存学生的修改轨迹，有助于教师了解学生的学习程度与需求，并根据观察所得调整下一次的写作教学活动。

　　目前，电脑辅助的过程式写作在华语作为第二语言的教学中还没有引起足够的注意，初中的二语教学也相对较少开展基于维基平台的合作学习。本文初步尝试运用 Web 2.0 技术在新加坡初中华文课中进行过程式写作，探索不同程度的学生在过程式写作中修改文本的过程，希望提出引导不同程度学生提高写作能力的策略。

　　本文希望初步回答两个研究问题。

　　（1）学生在基于维基平台的过程式写作中的作文表现如何？

　　（2）在过程式写作过程中，不同语言程度的学生修改作文的模式有何不同？

三　写作模式

　　研究小组参考了不同时期几位过程式写作专家采用的写作模式（Soloman，1986；White & Arndt，1996；Zimmerman，2008），制定了此次研究所采用的模式。表 5 - 1 是具体的活动步骤，一共分为四个阶段共 12 个步骤。

表 5 - 1　过程式写作活动流程和步骤

教学阶段	活动步骤	活动
第一阶段	0 培训	培训学生使用作文评量标准
第二阶段： 写前活动	1 自学写作技巧	在维基平台自主学习写作技巧
	2 自学成果检验	学生以小组形式参加测试
	3 课堂教学	教师纲要式讲授核心写作技巧
	4 课外学习	学生根据评量标准分析美文、解构病文
	5 课堂呈现	学生小组呈现，小组之间互评，教师对学生点评不足的地方加以补充并分析美文和病文
第三阶段： 写作活动	6 初稿写作	学生课外进行初稿写作
	7 同侪互评	学生在限定时间内进行网上同侪互评
	8 修改作文	学生根据同侪建议修改作文

教学阶段	活动步骤	活动
第三阶段：写作活动	9 教师点评	教师课上点评本次作文中的常见错误和可取优点
	10 定稿	学生课后结合教师和同学所提建议修订作文、提交定稿
第四阶段：写后活动	11 反思	教师引导学生对本轮写作活动进行反思

我们一共进行了五轮写作活动，步骤 0 只在第一轮的写作活动前进行，步骤 1 至步骤 11 在接下来的四轮写作活动中重复进行。现将各个步骤的具体活动简述如下。

（一）第一阶段：培训

"评量能力"是这一自主性写作项目取得成功的关键，因此，在进入具体的写作活动之前，教师必须先培训学生使用《作文评量表》。

教师首先示范如何根据《作文评量表》和《互评引导问题》评估同学的作品并提供反馈，之后再分派数篇文章让学生以小组形式集体评改文章，并做汇报。教师根据学生的评改判断提供参考意见，协助学生掌握评改标准。本研究所用的《作文评量表》一共涵盖三个方面：内容、结构和语言。具体划分为 10 个子项度：主题、选材、情节、情感、首尾、层次、展开、词汇、句法和修辞。培训结束之后，教师还会在第一轮的写作活动和第二轮的写作活动中通过维基平台，为学生的评改判断提供意见，以加强学生互评作文的能力，但从第三轮活动开始就不再提供意见，让学生自主点评。

（二）第二阶段：写前活动

1. 步骤 1：自学写作技巧

学生于课外通过维基平台上的指导材料，自学写作技巧。研究小组按照"基本在前、延伸在后、先易后难"的原则安排 45 个写作技巧，把它们平均分配至五轮的写作活动中，并编写指导材料。这 45 个写作技巧涵盖了新加坡教育部编写的中学华文教材初中一、二年级课文中所涉及的 30 个基本写作技巧，研究小组把它们列为所有学生必须掌握的"核心技巧";另外 15 个写作技巧不在教育部教材的教学范围内,因此研究小组把它们列为"附加技巧",同样编写指导材料,供程度比较好的学生自主选择、自主学习,以进一步提升他们的写作能力。

每一轮的写作活动,教师都通过研究小组所建立的维基平台提供 4～6 个核心技巧,外加 2～3 个附加技巧。学生以自主学习为主,辅以小组集体学习,通过同侪互补掌握目标技巧。表 5－2 是研究小组通过五轮的写作活动教导学生的 45 个写作技巧。

表 5－2　研究中所涉及的写作技巧

教学重点	写作技巧
内容组织	审题、选材、剪裁、层次、过渡、连贯
叙事手法	人称、顺叙、倒叙、插叙、补叙、伏笔和照应、记叙夹议论、记叙夹抒情
描写手法	肖像描写、语言描写、行动描写、心理描写、感官描写、环境描写、场面描写、侧面描写
修辞手法	比喻、白描、比拟、排比、夸张、层递、设问、反问、摹状、借代、反复、引用、双关、衬托、象征、回环、顶真
表现手法	联想想象、动静结合、借景抒情、抑扬结合、衬托对比、托物言志

2. 步骤 2:自学成果检验

自主学习必须辅以学习考核方能保证学习效果。研究小组为每一次的自学写作技巧设计了考核测验,要求学生完成自主学习后参加测验,以考查学习成效。考核成绩以小组总积分为计分标准,通过同侪压力促使学生认真学习,以便协助小组在考核中过关。

3. 步骤 3:课堂教学

学习考核之后,教师开始讲授核心写作技巧。由于学生已经自学了目标技巧,因此,教师只需要进行纲要式讲授,教学重心为考核测验中较多学生掌握得不好的技巧,协助学生正确理解与掌握这些技巧;那些绝大多数学生已经理解并掌握的技巧,可以轻轻带过甚至不讲。

4. 步骤 4:课外学习

这一步骤又分成两项活动——"美文欣赏"和"病文修改",目的是协助学生了解什么是写得好的作品,分辨什么是写得不好的作品,并让他们尝试将不太理想的作品修改成较为理想的作品。

这两个活动都以小组合作的形式进行。学生先在教师所提供的鹰架的协助下，通过小组讨论欣赏美文、修改病文，然后在课堂上呈现小组讨论的结果。

（1）活动一：美文欣赏。活动组织如下。

· 教师向学生提供一篇美文（包含了目标写作技巧）。

· 使用教师提供的鹰架完成美文评鉴练习。各小组的美文点评任务不同。

· 完成任务之后，进入下一步骤——课堂呈现。

（2）活动二：病文修改。活动组织如下。

· 教师提供病文（纳入典型错误以及要强调的写作技巧）。

· 使用教师提供的鹰架，小组对文章进行分析。各组负责的范围不同。

· 学生就所负责修改的范围集体修改文章。

· 完成任务之后，进入下一步骤——课堂呈现。

5. 步骤 5：课堂呈现

配合步骤 4 的活动，步骤 5 也分成两次活动展开。

（1）活动一：美文呈现

各小组分别展示对美文的点评结果，之后必须回答教师和其他组同学的提问。教师在各组汇报完毕之后，具体讲解美文好的地方，讲解完毕，下发对这篇美文的整体分析材料，进一步加深学生对所读美文的了解。

（2）活动二：病文修改

各小组分别呈现对病文的修改结果，之后必须回答教师和其他组同学的提问。教师在各组汇报完毕之后，具体讲解病文所存在的问题和所犯的错误，讲解完毕之后，下发对这篇病文的整体分析材料，促使学生关注文章常犯的错误，避免在写作中重蹈覆辙。

步骤 4 和步骤 5 是根据"先扶后放"的原则设计的，是迂回循环的两个步骤。这两个步骤的教学目的是协助学生掌握评鉴美文的标准以及修改文章的方法，通过小组合作和口头呈现，学生学会批判性地评价作品，也逐渐培养写作优质作文的意识，为接下来开展的过程式写作中必须进行的互评做好准备。

在第二阶段，我们让学生先自学然后参加测试，最后教师讲评，目的就是通过小组竞争，调动学生学习的自主性。小组同学因为竞争的压力而合作学习、互相帮助；维基平台能够完整保留学生的习作和修改轨迹，记录师生之间和生生之间的互动，达到信息共享和以书面语沟通交流的目的；课堂呈现则给予学生点评示例文章和呈现修改建议、表达自己见解的机会，能提升写作自信心。

（三）第三阶段：写作活动

1. 步骤 6：初稿写作

学生根据写作要求（如作文题目、参考词汇），在课后自主完成初稿，把初稿上传至维基平台。

2. 步骤 7：同侪互评

学生根据《作文评量表》和《互评引导问题》给同组组员提供修改意见。为确保每位学生都对提高同侪的作文质量做出贡献，教师严格规定每位学生必须为至少两名同学的作文提供反馈意见。

3. 步骤 8：修改作文

学生根据同侪意见修改文章。如果学生不同意同侪所提供的修改意见，可以通过维基平台和提议人进行讨论，再做出是否接受同侪意见的决定。

4. 步骤 9：教师点评

教师在学生都完成了修改作文的活动之后才在课堂上进行该次作文的点评。教师先对学生的整体表现进行点评，指出此次作文的主要问题和重要偏差，列举一些在内容、结构或语言方面比较明显的错误，并加以解释，同时提供改进建议。在点评学生作文的过程中，教师也鼓励不同组的学生针对同学所犯的错误或不足之处，提出修改建议。此外，教师也会列举此次作文中一些写得比较好的文章，分析这些文章的亮点。

教师也借着点评，表扬那些认真评点同侪作品的学生，并表扬此次习作中表现最好的小组。

5. 步骤 10：定稿

学生根据教师的点评意见以及其他组同学对文章的修改意见，在课外再次自行修改作文，并在教师指定的期限内在维基平台上完成修订作文的任务。

第三阶段的活动重点在互评和自改，要求学生能够结合同侪的意见和教师的意见修改作文，培养评断他人作品与改进自己文章的能力。

（四）第四阶段：写后活动

步骤 11：反思

每一轮的写作活动结束后，教师需要引领学生回顾这一轮的写作历程，要求学生针对个人和小组在这一轮写作活动中的表现进行反思，协助他们有意识地总结自己的写作行为，学习别人的优点，注意自己的缺点，以便在下一轮的写作活动中有更好的表现。

四　研究对象与研究设计

（一）研究对象

受试者是来自新加坡一所政府中学的中一两个班的 60 名学生（实验班 32 人、控制班 28 人）。整个研究历时两年。实验班的学生参与五轮自主过程式写作活动，通过维基平台自主学习并进行小组讨论，教师在课堂上主要针对写作技巧做重点式的教学，并要求学生以小组为单位开展学习活动。控制班的学生只参加前、中、后测，教学内容和教学方式遵循传统作文教学的做法。

（二）研究设计

本项目的写作课教学，是将课内学习（教师讲授、小组呈现）和自主学习（个人学习、小组合作学习）相结合，以自主学习为主要概念进行设计，依托维基平台提供鹰架，用过程式写作的形式加以实施。课程通过增加课内、课外环境中的目的语输入、互动和输出机会，对学生进行主题式写作训练。研究组通过对两组学生前后测的作文成绩进行量化分析，以及抽取实验班数位不同程度学生在研究过程中产出的作品进行文本分析，检验这一教学模式的初步效果。我们也通过录音并转写学生的访谈资料，了解高、中、低程度学生修改作文的步骤。

学生在前测和后测的作文测试中，需要在指定的时间内完成一篇命题作文。三位评分员对所有作文进行 10 个项度的评分，每项 10 分，总分为 100 分。这 10 个项度主要包括内容、结构和语言三个方面。三位评分员在项目进行之前经过了跨评分者信度测试和训练，以求达到评分的一致性。评分标准是研究组参考了诸多文献，并咨询了香港理工大学作文评量专家祝新华教授后，自行开发完成的。

五　研究发现

（一）学生的作文表现

1. 整体作文成绩

研究小组对两个班作文分数进行独立样本 t 检验。从表 5-3 可以看出，两个班前测的均分差是 -2.58（t = -1.30，$d.f.$ 58，p > 0.05），显示两个班属于同质样本，实验班前测均分低于控制班。研究小组进一步测试前测效果强度，得出 Cohen's d 为 -0.34，属于较小效果强度数值范围。后测时，实验班的分数高于控制班，均分差是 3.06（t = 1.67，$d.f.$ 58，p < 0.05）。相应的 Cohen's d 为 0.44，接近中等效果强度数值范围。

虽然数据显示实验班和控制班的前测差异不显著，但也不容忽视。为抵消这一差异，我们使用了"盈分分析"。如表 5-3 所示，实验班后测比前测进步了 3.73 分，而控制班则降低了 1.91 分，表示实验班经过实验干预后实际进步了 5.64 分（t = 3.29，$d.f.$ 58，p < 0.05），Cohen's d 为 0.86，代表较大效果强度，说明在基于维基平台的过程式写作模式下，学生在写作上的整体表现有了提高。而控制班学生前测平均分为 60.02

分，后测平均分为 58.11 分，P 值（0.11）大于 0.05，证实作文成绩变化不显著，还出现少许退步。

表5-3　实验班、控制班前后测作文均分比较

单位：分

	实验班（N=32）		控制班（N=28）		Mean differences	t-value	Cohen's d
	Mean	SD	Mean	SD			
前测	57.44	8.89	60.02	5.96	-2.58	-1.30	-0.34
后测	61.17	8.27	58.11	5.40	3.06	1.67	0.44
进步分数	3.73	7.69	-1.91	5.10	5.64	3.29	0.86

注：（1）效果强度 Cohen's d 是通过科罗拉多大学（University of Colorado）网上计算器（http://www.uccs.edu/~lbecker/）计算得出的。（2）进步分数一栏中，SD = $\sqrt{(S1^2 + S2^2 - 2 * S1 * S2 *.6)}$

效果强度常被用来检验一个研究项目成功与否（Soh，2010）。Hattie（2009）调查了 165258 个研究项目，对相同领域的相似研究进行分析，其分析结果能够帮助我们了解相似研究之间的平均效果强度。通过同类对比，Hattie 所提供的数据能够更好地帮助我们从更客观的角度来审视项目的价值，而不是仅仅关注数据本身。

根据 Hattie 的研究（转引自 Soh，2010），他调查的 566 项使用电脑辅助教学的实验所取得的平均效果强度是 0.31；而他调查的 122 项研究同侪影响的实验所取得的平均效果强度则是 0.38。本项目根据进步分数分析所得的 Cohen's d 数值为 0.86，表明实验班进步效果强度较大，证明电脑科技结合同侪互评，较之单一使用电脑辅助教学或单一使用同侪互评，更能取得教学效果。

2. 实验班学生的语言表现

除了参照作文的整体成绩，研究小组也观察学生在作文中的语言表现，以进一步检视基于维基平台的过程式自主写作模式是否提高了学生的语言表达能力。要对学生的语言表现有所了解，我们需要对学生前后测的文本进行分析，以判断过程写作是否对学生的语言表达产生了明显的影响。

本文所讨论的研究项目，实验期为两年。项目从 2013 年开始进行，到 2014 年 10 月结束，研究小组还未对学生在研究中产出的文本进行质性

分析。但就我们对学生所产出的文本的初步观察，实验班的学生经过五轮的训练，除了语文程度较弱的学生以外，语文程度中等及较好的学生的作文篇幅都有明显增加的趋势，句子结构也趋向复杂化，语言表达能力有了提高。表5-4是研究组从字数、词数、句数和平均句长四个向度，抽取实验班其中三名学生（程度上、中、下学生各一名）在前后测中的语言表现的初步分析。

表5-4 学生作文语言表现初步分析

	字数		词数		句数		平均句长	
	前测	后测	前测	后测	前测	后测	前测	后测
程度较弱学生	169	95	102	48	9	2	18.78	47.5
程度中等学生	130	277	62	137	8	13	16.25	21.31
程度较高学生	185	260	75	128	13	11	14.23	23.64

初步观察显示，在三名实验班的学生中，除了程度较弱的那名，其他两名学生后测作文的篇幅大幅度增加，字数和词数显著增加，平均句长也明显增加。即便是程度比较弱的那位学生的表现也值得注意。虽然他的后测篇幅比前测短，字数、词数和句数均有所下降，但他所写的文章的平均句长有了明显的增加，说明他在后测中能以比较复杂的句子进行表达。这位学生在前测中的每一句话都没有目的性，每句话都在说不同的东西，整篇文章没有布局，虽然写了很多，但内容松散，句子间缺乏联系。到了后测，他所写的每句话都有目的性，也正确使用了所学的排比和比喻的修辞手法。下面是他所写的排比句：

假期可以跟家人去旅行；假期可以有很多的时间玩计算器游戏；假期可以有时间做自己想要做的事；学校假期真是学生们最渴望的时刻。

因此，结合这三位学生在后测中的作文成绩和四个向度的语言分析，我们可以初步推论，过程式自主写作模式提高了他们的语言表达能力。研究组还未对其他学生的文本进行分析，也未比较控制班学生的表现，因此，只能根据初步观察做暂时性推论。

（二）不同程度学生的作文修改模式

研究小组对6位改稿相对于初稿取得较明显进步的学生进行了聚焦访谈，了解他们修改作文的过程。

我们根据学生访谈记录，将学生点评同侪作文及修改自己作文时的步骤整理如下。

1. 程度较高学生

程度较高的学生在点评同侪作文及修改自己作文时，最先注意的是审题，注意文章的题材是否新颖吸引人，然后再看选材及开头结尾。这些部分没问题后，才进入详写略写、修辞手法的部分，最后才检查错字、关注句子之间的连贯和段落之间的过渡。

2. 程度中等学生

程度中等的学生在点评同侪作文及修改自己的作文时，首先注意审题，然后再看段与段之间的连贯性。只要作文内容没有很大的问题，他们就会加上合适的描写手法及写作手法，设法增加自己作文的字数。接下来，他们会检查错字、词语搭配和句子结构。选材剪裁是他们比较不关心的，他们认为，只要作文不离题，选材简单一点也无所谓。

3. 程度较弱学生

程度较弱的学生先注意审题，然后关注错字、错误标点符号、词语搭配及句子表达是否正确，最后才关注首尾呼应及选材。由于学生程度较弱，不容易掌握连贯过渡、修辞、详略等技巧，因此没有能力找出自己或同侪作文中存在的问题。

表5-5是不同程度学生的作文点评及修改作文的流程。

表5-5　不同程度学生点评同侪作文及修改自己作文的流程

	修改流程（关注重点）
程度较高	审题→选材剪裁→首尾呼应→详略得当→修辞手法→错字、词汇搭配及语法→连贯过渡
程度中等	审题→连贯过渡→修辞手法→错字、词汇搭配及语法→选材剪裁→详略得当
程度较弱	审题→错字、标点符号、词汇搭配及语法→首尾呼应→选材

　　有鉴于不同程度学生评改作文能力不同的既定事实，我们建议教师在培养学生自我修改作文的能力时，针对不同程度学生的点评及修改流程习惯，采取相对应的教学手段以提高他们的写作能力。

　　对于程度较高的学生，教师可以为他们提供更多的阅读材料，加强他们的语文素养；对于程度中等的学生，教师可以让他们阅读更多介绍相关修辞及描写手法的材料，并设计相应的练习引导他们学习基本写作技巧，等到学生掌握了基本技巧后，再让他们阅读文学作品观察作家的写作技巧。教师在点评他们的作文时，应该提供更多的例子，让他们从中学习。对于程度较弱的学生，教师可以先找出他们作文中常出现的错字、错误标点符号、词语搭配错误及病句，设计相应的练习，通过练习促使他们关注常犯错误，从而降低他们在语言和文字层面的错误率。等到学生能自行解决字词句的问题之后，教师就可以设计"段落改写"的练习，按部就班地让学生练习修改词语、句子与段落，最后进入全文改写环节，逐步提高学生的写作能力。

六　结论

　　本研究初步发现，基于维基平台的华文过程式写作教学对提高新加坡华文为第二语言初中学生的写作水平效果显著。维基平台为学生提供了阅读同侪作品的机会。通过小组合作，学生在平台上集体修改作文，他们在为同侪的作品提出修改意见的同时也收到同侪对他们作品的修改意见。基于维基平台的小组合作学习通过多向互动，让学生在互相学习的过程中共同改进作品。

　　研究小组采用的过程式写作模式，允许学生通过反复使用《作文评量表》和《互评引导问题》评改本人和同侪的作文。在这一写作模式下，学生须定期对美文和病文进行评点，并进行口头呈现。在反复接触美文病文的过程中，学生学习到如何判断作文的优劣，并逐步将评量作文的标准内化。

　　当代第二语言的写作课重视教师对学生的引导作用，语文教师不仅仅需要教授具体的写作技巧，更重要的是要教导学生学会站在一个更高的高度计划自己的写作任务、点评自己的作文。只要学生对修改自己和同侪的作文更有信心，就能够更自由、更自如地掌控写作过程，从而能够更多感受到写作的乐趣。俗语说，"授人以鱼不如授人以渔"，这句话对二语写作教学尤其适用。

参考文献

邓鹂鸣、岑粤：《同伴互评反馈机制对中国学生二语写作能力发展的功效研究》，《外语教学》2010 年第 1 期，第 59～63 页。

黄龙翔、陈之权、陈文莉、蔡敬新：《利用 Web 2.0 技术提升华文第二语文学生写作技巧的创新集体写作历程》，《全球华人计算机教育应用学报》2011 年第 7 期，第 72～90 页。

黄龙翔、高萍、陈之权、蔡敬新：《协同探究——华文教师专业发展和资讯科技有效融入华文教学的双赢策略》，《华文学刊》2010 年第 1 期，第 70～83 页。

莫俊华：《同伴互评：提高大学生写作自主性》，《解放军外国语学院学报》2007 年第 3 期，第 35～39 页。

王坦：《合作学习简论》，《中国教育学刊》2002 年第 1 期，第 32～35 页。

周雪：《过程写作中的同伴评价》，《甘肃教育学院学报》2003 年第 48 期，第 85～88 页。

Beaven M. , "Individualized Goal Setting, Self-evaluation and Peer Evaluation," in Cooper C. & Odell L. , eds. , *Evaluating Writing*：*Describing*, *measuring*, *judging* (Urbana：NCTE, 1977).

Hattie J. , *Influence on Student Learning* (New Zealand：University of Auckland, 1999).

Hattie J. , *Visible Learning*：*A synthesis of over 800 meta-analyses relating to achievement* (London：Routledge, 2009).

Hedge T. , *Teaching and Learning in the Language Classroom* (Oxford：Oxford University Press, 2011).

Hyland K. , "Providing Productive Feedback," *ELT Journal* 44 (1990)：279 – 285.

Hyland K. , *Second Language Writing* (New York：Cambridge University Press, 2003).

Jacobs S. , *Composing and Coherence*：*The writing of eleven pre-medical students* (*Linguistics and Literacy Series* 3) (Washington：Center for Applied Linguistics, 1982).

Karayan S. , Crowe, J. , "Student Perspectives of Electronic Discussion Groups," *THE*

Journal：*Technological Horizons in Education* 24（1997）：69 – 71.

Lee Y. J.，"The Process-oriented ESL Writing Assessment：Promises and challenges," *Journal of Second Language Writing* 15（2006）：307 – 330.

Matsuda P. K.，"Process and Post-process：A discursive history," *Journal of Second Language Writing* 12（2003）：65 – 83.

Murray D.，"Teach Writing as a Process not Product," in Graves R.，ed.，*Rhetoric and Composition：A sourcebook for teachers and writers*（New Jersey：Boynton/Cook，1972）.

Peres P.，Pimenta P.，"An Experiment in Collaborative Writing," in Mendes A. J.，Pereira I. and Costa R.，eds.，*Computers and Education：Towards educational change and innovation*（London：Springer，2010）.

Ramies，A.，*Problems and Teaching Strategies in ESL Composition*（Arlington，VA：Center for Applied Linguistics，1978）.

Ramies A.，"Language Proficiency，Writing Ability，and Composing Strategies：A study of ESL college student writers," *Language Learning* 37（1987）：439 – 467.

Rollinson P.，"Using Peer Feedback in the ESL Writing Class," *ELT Journal* 59（2005）：23 – 30.

Schultz J. M.，"Computers and Collaborative Writing in the Foreign Language Curriculum," in Warschauer M. and Kern R.，eds.，*Network-based Language Teaching：Concepts and Practice*（Cambridge：Cambridge University Press，2000）.

Soh K.，"What Are the Chances of Success for My Project? And，What If It Was Already Done? Using Meta-Analyzed Effect Sizes to Inform Project Decision-Making," *Educational Research Journal* 25（2010）：13 – 25.

Soloman G.，*Teaching Writing with Computers：The POWER Process*（New Jersey：Prentice-Hall Inc.，1986）.

Taylor B.，"Content and Written Form：A two-way street," *TESOL Quarterly* 15（1981）：5 – 13.

Taylor B.，"Teaching Composition to Low-level ESL Students," *TESOL Quarterly* 10（1976）：309 – 313.

Villamil O. S.，De Guerrero M.，"Peer Revision in the L2 Classroom：Social-cognitive activities，mediating strategies，and aspects of social behavior," *Journal of Second Language Writing* 5（1996）：51 – 75.

Villamil O. S. , De Guerrero M. , "Assessing the Impact of Peer Revision on L2 Writing," *Applied Linguistics* 19 (1998): 491 – 514.

Wang Dongshuo, Zou Bin, Xing Minjie, "Interactive Learning between Chinese Students Learning English and English Students Learning Chinese on the Platform of WiKi," in Zou Bin, ed. , *Explorations of Language Teaching and Learning with Computational Assistance* (Hershey: Information Science Reference, 2013).

White R. , Arndt V. , *Process Writing* (London: Longman, 1996).

Young R. , "Paradigms and Problems: Needed research in rhetorical invention," in Cooper C. & Odell L. , eds. , *Research on Composing: Points of view* (Urbana: National Council of Teachers of English, 1978).

Zamel V. , "Recent Research on Writing Pedagogy," *TESOL Quarterly* 21 (1987): 697 – 715.

Zamel V. , "The Composing Processes of Advanced ESL Students: Six case studies," *TESOL Quarterly* 17 (1983): 165 – 187.

Zamel V. , "Writing: The process of discovering meaning," *TESOL Quarterly* 16 (1982): 195 – 209.

Zamel V. , "Teaching Composition in the ESL classroom: What we can learn from research in the teaching of English," *TESOL Quarterly* 10 (1976): 67 – 70.

Zimmerman Barry J. , "Investigating Self-regulation and Motivation: Historical background, methodological developments and future prospects," *American Educational Research Association* 45 (2008): 166 – 183.

新加坡华文教学的走向
及有待研究的范畴*

一 新加坡当前华文教学的现状

新加坡统计局于 2000 年和 2010 年的人口普查报告中发布的家庭语言习惯数据显示，华语是新加坡全人口中最多人使用的家庭语言（Singapore Department of Statistics，2000，2010）。人口普查的官方数据也显示，新加坡华族国民的家庭语言复杂多元，同一个家庭存在华英双语并存并用的现象，但使用的概率则因家庭而异。比较两轮的人口普查发现，在 24 岁以下的年龄层中，讲华语的人口出现明显的负增长[1]。按照此一社会语言发展趋势判断，年轻一代的国民以英语为主要语言的趋势必将加剧，新加坡社会语言环境朝英语化方向发展的趋势强烈，语言环境的改变对新加坡的华文教学构成了严峻的挑战。

国民家庭语言的复杂多元致使新加坡的华文教学内涵十分复杂。学习华文的新加坡学龄人口起点不同、语言水平差异极大，华文课程因此必须考虑学习者的多元性特征，按照学习者的需要规划教学重点、编写华文教材，通过设计不同的教学方法协助不同语言背景和能力的学生有效地学习华文，以满足他们的学习需要。

新加坡当前的中学教育基本上按照学生的整体学术能力进行分流，

---

* 本文为 2019 年在加拿大渥太华卡尔顿大学主办的"首届语言教学国际论坛"上的主题演讲。

[1] 详细的数据分析，参见本书另一篇文章《多管齐下加强华文教学：新加坡的实施方略》。

把学生分成快捷源流、普通（学术）源流、普通（工艺）源流。学生根据语言能力和学习兴趣，可以修读高级华文、快捷华文、普通华文或基础华文。此外，还有专门给一批各科成绩都不错，唯独学习华文有困难的快捷或普通（学术）源流学生开办的华文 B 课程。在现有的体制下，虽然允许各源流的学生按照华文程度修读适当的华文课程，但这种为补救现有分流教育的不足而采取的跨源流修科措施，并不是放置在整体分流教育的框架下执行，其运作效果深受各校资源分配的限制。

要更有效地实现"因材施教"，新加坡当前的按课程分流的中学教育体制就需要做出彻底的改变。新加坡需要重构课程框架以让不论语言背景和学习能力如何的所有学生的华文都能达到力所能及的最高水平。新加坡教育部已经宣布，2024 年全面取消课程分流体制，代之以科目编班体制，让学生真正按照各个科目的实际学习能力修读适合个人水平的教材，华文科也将按照学习者的实际水平，让学习者学习适当的教材。不过，要使这意义重大的分流改革体制取得成功，新加坡教育部还需要做很多工作，包括开展相关的课程与教学研究。

二　国际第二语言教学趋势

（一）结合真实情境学习语言

自 20 世纪 80 年代以来，外语教学领域的许多学者提倡语言学习要"学以致用"（Benson，2001；Tarone and Yule，1999；Nunan，1988）。Krashen 和 Terrell（1983）很早便提出，成功的语言教学必须使学习者能在真实的语言环境中使用目标语。语言教学需要为学习者提供在真实的情境中使用语言的机会，协助它们了解目标语使用者在真实情境中的语言表达方式。20 余年来，语言教育家不断指出，过于强调语言知识，忽略语言的有效沟通，是当前外语教学中存在的普遍问题，他们纷纷呼吁外语教学要紧密联系生活，重视在真实情境中的语言应用（Willis，1996；Pegrum，2000；Van den Branden，2006；Ozverir and Herrington，2011；Lombardi，2007）。如 Larsen-Freeman（2003）便建议必须按照人们在真实情境中使用语言的情况教语言，才能避免"惰性知识"的问题。Van den Branden（2006）也认为，以语言知识为目标的语言教学，不能使学习者成为目标语的使用者。Ozverir 和 Herrington（2011）则指出，语言学习者必须置身于真实的语言情境中，才能自如地使用语言。"做中学"或所谓"学以致用"的真实性学习是近年来语言教育家普遍认可的语言学习方式。

（二）通过文学学习语言

在发生文化冲突的可能性越来越大的环球时代，在语言教学特别是第二语言教学中纳入目标语所代表的文化中的文学素材，愈显重要。第二语言教学近年来呈现语言与文学、文化相融合的趋势（郑园园、陈之权，2015）。欧美的外语课程看到了融合文学的语言教学在提高学生跨语言、跨文化的能力上能够发挥的作用，因而重视文学在语言教学上的价值。欧洲理事会于 2001 年颁布的《欧洲语言教学大纲》便提出外语课程应融合文学作品和语言的学习，美国现代语言协会随后也提出了集语言、文学和文化于一体的外语课程。当代语文教育家、英国国家英语教学协会秘书长（National Association for the Teaching of English）安妮·巴尔尼斯（Anne Barnes，1997）也指出，文学仍然是 21 世纪语文教学的核心教材，因为，文学是发展学生人格、建立价值观念、发展批判性与创造性思维的有效语文元素。融入文学的第二语言教学，不仅能协助学生更好了解目标语背后的文化要素，促进思维能力的发展，而且有助于健全人格与养成正确的价值观。

Snow 等人（1989）认为，专门为二语学习者编写的故事，文字简洁，用词和用句经过仔细挑选；所用的语言是当代的口语化的语言，故事中的对话是真实情境下的生活化对话，学生对这类学习材料有很强的兴趣。文学作品较其他的语言教材具有更广阔的可阐释空间，充满各种不确定性与可能性，有利于借助情节的发展拓展学生的想象空间，激发思考与讨论，并根据自己的语言水平、兴趣和文化背景选择呈现形式，跨越语言能力不足的障碍。此外，文学教材所允许的多元阐述角度，也有助于发扬读者意识，让学生以文本为中心做个性化解读，促进自主学习的发生（Violetta-Irene，2015）。

　　Collie 和 Slater（1987）认为，在语言教学中融入文学素材有几个方面的好处。第一，文学作品提供了丰富多样的书面材料，而文学作品固有的人文内涵能够超越时空和文化，直接和不同国域和历史时期的作者对话，在吸收不同时域的人文素养的同时，也对目标语在应用和形式上的转变有所认识。对具备了基本语言能力的学习者而言，文学素材能发挥更大的作用。第二，文学作品能够加强语言学习者的文化经验。对于母语学习者，文学素材有助于了解他们母族的过去；对于非母语学习者，阅读目标语写成的文学作品，是加深对某一民族与国家历史和文化认识的有效途径。第三，把语言生动、表达形式活泼多样的文学作品选为语言教材，能提高对目标语的掌握能力。文学提供了词语运用和句法表达的丰富语境，有助于学生熟悉目标书面语的表达特点，扩展他们对语言的认识，加强他们的写作技巧。多接触文学作品，能够培养学生从语篇的脉络中推断情节发展的能力，所培养的推断能力能够转移至阅读其他文体，从而提高阅读能力。文学作品也是引导学生进行口头讨论的有效素材。除此以外，文学也因其具有的感染力，促进了读者的参与，有助于语言学习。采用文学素材进行语言教学，能够激发学生的想象力，使他们不再只专注于语言成分。对于非母语的学习者，在语言教学中采用目标语的文学素材，能够保持学习的趣味性、多样性，而文学作品的非指令性特点也允许学生做不同的解读，并感觉到他们进入了一个新的领域。

　　在新加坡的华文教材中纳入文学作品，能够兼顾语言、文化、思维等多维度的教学内容，与新加坡官方想通过教育培养公民素养、环球意识、跨文化能力、批判性与创造性思维、协作沟通能力等下一代国民在21世纪所需的核心技能的长远目标相吻合。

三　华文教学需要研究的范畴

　　在21世纪的环球时代，新加坡的华文教学所具有的价值不仅在于培养华族学生掌握民族语言的能力、通过语言吸收与传承文化和价值观以保留族群特征，也在于培养学生以华语华文和世界各地华文使用者沟通的能力，连同英语让新加坡未来的华族国民能够顺畅地与东西方文明建立联系，维持环球时代的国际竞争能力。强制华族国民学习华文不仅是为了维系最大族群的语言文化，更是为了加强国家的生存与发展能力。基于这样的认识，新加坡的华文课程必须在认可华文学习者当中客观存在差异性的同时，思考如何通过适当的课程与教材、多样的教学法，提升多元的学习者的语言水平与文化素养。要有效实现改变，就需要开展或加强适时适地的研究，以便借助研究所取得的成果更好地了解多元学习者的学习需要，制定顺应学习者差异的课程框架，丰富教学资源，提高教学效能。

新加坡的华文教学需要在四个方面做出改变，以顺应国内语言环境的转变和适应国际政经局势的改变。

（1）重视华文学习者客观存在的差异，根据学习者的起点规划课程，在学习者力所能及的范围之内，逐步提高水平。

（2）结合生活经验，在真实的情境中学习与使用语言。

（3）纳入文学素材，通过文学性篇章更深入地认识民族的深层文化。

（4）顺应信息时代的需要，教育资讯科技成为必备的教与学的手段。

以下将从这四个方面做进一步阐述。

（一）重视华文学习者客观存在的差异性

语言背景的复杂性使我们很难泾渭分明地把新加坡的华文学习者纳入母语、二语或外语的课程源流。华文教学只能面对差异、拥抱差异。华文课程的规划焦点是了解不同学习者的需要，通过判断学习者的语言起点和可能达致的语言水平，规划多层的华文课程。我们需要的课程是无论华文学习者的语言起点如何，最终都能达致力所能及的最高水平，这是新加坡华文课程规划的主要方向。

了解华文学习者是当前华文教学最重要的科研环节，华文课程在2024年将走向"科目编班"（Subject Banding），也就是学习者依照华文水平修读不同水平的华文课程。要有效落实"科目编班"体制，首先需要判断学习者的语言水平，然后根据他们的水平设置适当的课程，最后根据课程蓝图编写教材。在应对华文课程的差异性方面，我们需要学习者语料库。因此，新加坡必须加强华文学习者语料库的建设，再根据语料库的数据规划差异性课程。现从语料库建设和差异性课程规划两个范畴做进一步讨论。

1. 语料库建设

新加坡华文教研中心于 2010 年开始创建"新加坡学生日常华文书面语语料库",并于 2012 年完成。本语料库收集了新加坡中小学生所接触的日常书面语,经过整理和分析,归纳出近年来中小学生在生活上常接触的华文用字、词汇和句型,编撰了《新加坡学生日常华文用字频率字典》(林进展等,2014)、《新加坡学生日常华文用词频率词典》(吴福焕等,2013)和《新加坡学生日常华文句型频率索引》(赵春生等,2015)。

"新加坡学生日常华文书面语语料库"的建立对新加坡华文课程的开发有积极的意义。谢锡金教授(2013)认为,通过对语料库的分析,华文教学工作者可以对学生的认知和语言能力有所预计。配合学生生活经验的华文课程,可以通过可理解输入(comprehensible input),让学生更有效地学习华文。陆俭明教授(2014)认为,基于语料库产出的《新加坡学生日常华文用字频率字典》,提供了符合当地语言学习情况的字频数据,有助于解决汉字教学教多少、教哪些、孰先孰后的问题。有了这一语料库,教材编写者和课堂教师在编写教材和进行教学时,就能根据科学的数据,规划各学年和各学期的教学范围、教学进度、教学顺序等。周清海教授(2013)认为,新加坡的华文教学工作者应好好利用基于这一语料库产出的词表,编写教材,编辑华文测试题库,编写适合学生使用的语文学习词典或双语词典。陶红印教授(2015)则认为,语料库中的《新加坡学生日常华文句型频率索引》为教学提供了大量的例句,对教师教学、教材开发、学生学习都有宝贵的价值。刘永兵教授(2015)也认为,《新加坡学生日常华文句型频率索引》提供了充足的、贴近学生生活的真实例句,并注明了各个句类、句型、句式的出现频率和适用年级,为编写中小学华语教科书、分级读物提供了重要的参考数据,也有助于华文教材的编写和教学过程的优化选择。

此一语料库给新加坡当前的小学华文教材的编写提供了许多便利。但语料库的建立距 2019 年已经是七八年前的事情了,新加坡的中学华文教材的编写工作很快就要开始,因此,更新语料库的工作刻不容缓,这给新加坡的华文教学研究提供了一个可以探讨的领域。下一阶段的语料库建设，需要关注以下几个方面。

（1）增加新加坡各年龄层学生的口语语料。对非母语学习者的华文教学，口语是语言能力的基础。了解不同背景学生华语口语能力，能够更好地判断他们的语言起点，编写更适切他们语言水平的教材。

（2）增加家庭语言背景和语言运用情境的参数，更清楚地了解不同家庭语言背景的学生使用华语进行沟通的情境和主题。这两个参数有助于课程编写单位梳理不同家庭语言背景的学生在不同的年龄段常使用的词汇、句式，并把这些语料有机地纳入各年级的教材，逐步提升与巩固学生的语言水平。语言教学研究者亦可从中了解不同背景学习者在不同阶段的语言变化，提高对非母语学习者语言能力发展的认识。

（3）开展基于语料库的教学研究，借助语料库的语料，提高学生对生活语料的了解，增强他们使用语言的信心，例如对常用的同义词或近义词的运用情境有更具体的了解，对常见句式的表达功能有更清楚的认识。华文教师和华文教学研究人员可以充分使用语料库进行教学研究，如通过比较基于语料库的造句教学和不用语料库的造句教学，探讨有效的教学策略和教学法。基于语料库的华文教学研究目前在新加坡是一个有待开发的研究领域。

（4）开发基于语料库的分级读本。新加坡的华文读本长期缺乏科学的分级标准，这给家长和教师选择适合孩童的读物增加了困难。根据语料库的年龄参数，儿童文学作家能够选择特定年龄层的孩子所能理解的词语和句式，编写儿童读物。我们还可开展有关分级读物对提高孩童阅读兴趣、阅读能力和改变语言态度的研究，从中总结经验，开发更多更好的儿童读本。新加坡华文教研中心在 2016 年便联合"推广华语学习委员会"开发了一套基于语料库的分级读本系列——《新新岛》，这套共36 本的儿童华文故事读本面世后，受到学校教师、家长和孩子的欢迎，因此，应继续出版一系列分级读本来丰富学生的阅读经验。

2. 差异性华文课程规划

将于 2024 年实施的"科目编班"把同一年级的学生按照先备的华文程度分入不同的班级，使他们修读不同水平的华文教材。为"科目编班"

而编写的教材，必须尽量做到语言适当、题材熟悉、内容丰富，在学习过程中协助学生减少阅读障碍。要规划实用有效的差异性华文课程，需要充分参照语料库的语言和非语言信息。为此，新加坡需要针对华文课程，从以下几个方面开展研究。

（1）建立多层次的课程框架。面对客观存在的差异课堂的事实，华文课程规划需要从教育理念、课程发展、教学内容与方式、教材选择与组织、教学评估等各个层面做深入的思考，建立多维度、多水平、适应各种背景学习者学习需要的课程框架，使不同语言背景和学习能力的学生都能乐学华文、爱学华文，达到力所能及的最高水平。这是一个需要长期研究、不断完善的研发过程，是新加坡独具特点的语言生态环境下的重要课程研究。

（2）评价当前华文课程。在编写新一轮的课程大纲之前，须对当前的课程进行科学性总结，才能鉴定课程目标之达成状况。了解学习需要，构思建立下一阶段课程所需资源和可行方案，判断当前华文课程的有效性和可以改进之处，鉴定课程受众所达的水平，为新课程开发做好准备。

（3）开发微课程并做试点教学。在正式编制新一轮的课程之前，需要先从微课程开始做先导研究。微课程根据语料库的数据，制定实验性课程目标，并根据课程目标选择适当的语言点和内容素材编写差异教材、设计差异教学法，然后选择数所不同类型的学校进行试点教学，密切观察课程的实施情况，通过问卷调查与访谈，收集师生对教材的意见，再根据研究结果对教材教学法进行必要调整，使其尽量符合学生的学习需要。只有大多数学生能够达到的实验性课程目标，才会被列入新的华文课程标准或课程大纲。微课程的研究成果能够为主体课程的开发提供方向，是重要的课程研究。

（4）开展华英课程的对比研究。新加坡学生虽然从小学一年级开始便同步学习双语，但因家庭语言背景和社会语言环境的英语化，大多数学生的英语水平高于华语水平，学生的英语语汇和表达句式比他们的华语来得丰富。从多语环境的语言教学的角度看，适当地调动学生第一语言的学习经验，能促进第二语言的学习。华文教师如能掌握学生在英语课程中已经掌握的词汇、句法和修辞方法（学生的心理语言知识），通过对比华英双语的语言特点和表达方式开展教学，则能让学生更有效地学习华语。新加坡自建国以来，在教育上便实施双语教育，但不同语言教育之间的交流还是很不充分，有关华英双语的课程与教学的对比研究更是匮乏。开展华英课程的对比研究，在新加坡当前的语言教学情境下是有必要的，研究成果能够给新加坡的华文教学提供很好的专业参考，这方面的研究需要尽快展开。

（二）结合生活经验，开展真实性语言学习

新加坡的华文课程要努力促使学生在自然的环境中学习和使用语文。在当前新加坡客观存在的多语社会环境下，可以通过两个方面的努力达致"活学活用""学以致用"的目的，即选用真实性教材，在真实的情境中完成真实性任务。

真实性语言材料是未经修改、不是为了语言教学而编写的材料，可以是书面材料，也可以是口语材料。Genhard（1996）把真实性语言材料分成三大类：

（1）真实听力材料：如电台新闻、卡通节目、歌曲等；

（2）真实视觉材料：如路牌、杂志、报纸图片、明信片等；

（3）真实印刷材料：如报章新闻、生活小品、餐馆菜单、车票等。

通过真实性语言材料的学习，学生能够初步掌握目标语的常见表达方式，了解实用语料的信息组织方式或文本结构，提高目标语的语言意识，为真实性语言学习做好准备。

真实性语言学习可以通过创设真实情境和提供真实任务来完成。通过在实际的场景中使用语言与人沟通，提高学习者实际应用语言的能力。

华文教学先是通过真实性教材，让学生吸收目标语的常用词汇与表达方式，之后将所学的语言知识与技能在教师所创设的模拟或半真实的情境中加以运用，最后再安排学生在生活中的真实语言情境中使用目标语和目标语的使用者交际互动，完成指定的学习任务。学习任务可以根据学生能力设置，可以是简单的访谈或意见调查，也可以是发现并解决问题的探究式学习（Inquiry-based Learning，IBL）。关于由真实性教材、模拟或半真实情境、真实情境三者之间的教学关系组成的学习模式及相

关个案，请参考本论文集的另一篇文章——《真实性学习在当代华语文教学中的实践——以新加坡为例》。

真实性学习除了能促进"学以致用"教学目标的落实，还可作为探索文化的手段。教师可以把文化元素纳入学习任务，要求学生探索文化课题。许多文化元素就存在于华族社群当中，有意识地安排学生在生活中参访文化坐标、探讨文化现象，能引发他们对于本族文化的兴趣，促进对文化的认识。

新加坡的华文教学需要更多基于真实性学习的探索。我们可以从"宏观层面"和"微观层面"进行真实性学习的研究。

在宏观层面，我们需要探讨有效结合真实性素材、利用存在于生活中的资源完成学习任务的有效策略。我们也需要就如何选择适当的生活与文化素材，编写适合学生语言程度的真实性语言教材进行探索。

在微观层面，我们知道，真实性学习任务是在教师的指导之下由学生共同完成的，而在完成任务的过程中，学生需要同步调动各项语言技能与人互动，并和学习小组组员密切协作。因此，如何加强学生的语言互动能力，如何有效组织小组、引导小组、观察小组，如何设计鹰架来协助不同语言程度和能力的学生有信心的学习，如何评估学生的表现都是可以深入探讨的教研课题。

（三）纳入文学素材

文化的内涵广泛，而华族文化历史悠久、内容丰富。在华文为非母语的教学中引介中华文化，我们需要思考的问题是应引介哪些文化，是不是须以华文作为教学的媒介语，文化与华文教学的关系如何。

要比较好地回答这些问题，我们需要先对文化的层次进行分析。近年来在华文教学研究的文化领域中提得比较多的文化层次框架，似乎是美国得克萨斯州"跨文化发展研究学会"（Intercultural Development Research Association）于 1996 年 2 月号的会刊上转载的社会文化学者约素尔·宫扎勒兹（Josue González）于 1974 年提出的文化层次概念。

约素尔把文化分成六个层次：形式文化（Formal Culture）、深层文化

(Deep Culture)、情境文化（Situational Culture）、语言与交流（Language and Communications）、人文价值观（Humanistic Values）以及历史文化（Historical Culture）。

"形式文化"的范围包括文化坐标，文物馆文物，古代音乐、美术和舞蹈，节日与庆典；"深层文化"的范围包括家庭关系、友谊、自尊与自重、良知、个人成就；"情境文化"的范围包括族群间和族群内的关系、当代著名代表人物、对社会变更的察觉与认可、饮食习惯；"语言与交流"的范围包括认可的说话礼仪、语言的起源及其元素、人物和地方名、言语与态度、时下用语、游戏与娱乐；"人文价值观"的范围包括善意与幽默的形式，对生命的看法、思想哲学、对个人能力与潜能的概念；"历史文化"的范围包括历史上著名的政治家、教育家、艺术家、探险家、学者的生平以及他们的著作，重要历史事件，先辈对我们当代生活的贡献，地理及其对古代历史的作用，姓氏起源等。

约素尔的文化层次，前三个可以说属于情意、道德和生活方式，通过在现实生活中的接触与实践进行传播；后三个层次则属于语言、人文和历史的范畴，须由学校、家庭与社会协作分工加以继承。"语言与交流"的层次可通过纳入真实性教材与互联网得到加强，人文价值观与历史文化置于语言之上，是文化最高的两个层次。这两个层次所涵盖的文化内容，必须高度依赖语言（包括古代语言）才能产生效果，而这两个层次，也是新加坡当前的华文课程中较为薄弱的部分，须思考如何通过华文教学予以加强。

小国寡民的新加坡奉行精英教育。在当前的教育体制下，特别是中学教育体制中最优秀的 10%～12% 的学生，有机会修读华文文学、双文化方面的课程，学习资源相当丰富。但在通过语言教育继续培养双文化精英的同时，我们也应关注更多的非精英的文化教育。不论是精英还是非精英，都应对自己的文化有足够的认识。因此，下一阶段的中学华文教材，应加大对非精英文化养成的关注。新加坡要认真考虑在华文课程中纳入文学素材的可能性，让学生通过更多的文学作品或被改编或改写以适应学习者程度的文学作品来学习华文，在学习语言的同时加强对本族文化的认识。我们需要在教材编写、教学模式和教学策略上进行更多的研究，探讨提高学生文化素养的可行途径。

1. 教材编写的研究

第一，素材的选择。华文课程的文化目的是使学生了解母族的文学与历史，进而产生文化认同感。在选择文化素材方面，我们需要思考并探讨以下问题。

（1）文化认同感如何产生？

（2）哪些文化元素需要借助文学作品进行传递？

（3）哪些文学作品可以为欲传递的文化元素服务？

（4）哪些文化元素需要以史为鉴？有哪些历史事件可以借鉴？

（5）哪些华族文化具有跨文化、跨种族、跨宗教的普遍价值？哪些是独有的？

（6）在选择文学素材的时候，普遍价值的和本族所独有的比重如何？

（7）新加坡的华族社群由各个方言族群组成，在引介各族群的文化现象的时候，应有哪些重要考量？

（8）各方言族群在新加坡长期生活所形成的本土文化特色和文化现象，哪些值得凸显与传扬？

第二，教材的编写。在新加坡的华文教材中纳入文学素材，不适合直接选用原汁原味的现当代文学作品或儿童文学作品。教材编写者需要对原著进行改写，使文章适合学生阅读。在这个方面，欧美国家的语言教育专家已有相当成熟的"文本适读性"研究成果可资借鉴。新加坡的华文教材迫切需要开展适读性研究，从词汇量、句数、句长、句子结构等构成一篇阅读文本的诸多语言变量对不同年级、不同背景学生阅读能力的影响等方面做科学性研究。通过科学抽样、量化与质化分析，建立适用于新加坡华文为非母语学习者的文本适读性标准。开展"文本适读性"研究，功在当代，惠及千秋，必须投入足够多的资源把它做好做实。

2. 教学模式的研究

在二语课堂上采用文学素材进行教学，主要有三种模式（Violetta-Irene，2015；Baby，2012），即文化模式（Cultural Model）、语言模式（Language Model）和个人成长模式（Personal Growth Model）。

（1）文化模式。文化模式强调文本中的社会、文化、历史情境，揭示文学中共通的思想。通过文学素材，学生不仅有机会知道故事产生的背景，还可以了解故事发生的国家或民族的历史、社会和政治。学生也可以通过学习这些文本，接触到该文化的思想、心理、传统、感情和艺术形式。不过，Baby（2012）认为，这一模式主要依靠教师讲授，较难进行批判性思维训练，也较难开展自主学习，因此英文作为外语的教学很少采用这一模式。

（2）语言模式。文学作品由语言构成，能为学生提供更加微妙多变、创造性使用语言的知识。这一模式从语言的角度理解文本、分析文本，学习者通过文学作品判断文本中语言的特点和语法元素。阅读文学性的文本或文学作品，既能提高学习者的阅读能力，也能帮助学习者运用文学性的语言，从而加强其书面表达能力。采用这一模式对教师的好处是，能够继续采用在语言教学中常用的策略，因此比较受到从事英文作为第二语言教学的语言工作者的欢迎。

（3）个人成长模式。这一模式结合前两个模式，对语言元素和文化情境同等重视。教学焦点是促使学生批判性地分析个人的文化经验和文本的文化情境之间的联系，以语言表达个人对文本的意见。在教学上，这一模式根据文本的语言、内容和格式设计一系列活动，提高学生的语言技巧（Baby，2012）。语言与文化相容的教学，除了帮助学生更有效地阅读文学性文本外，还能促使学生思考与他们处于同一文化或不同文化的族群之间的关系，使他们能以成熟的态度对待其他民族的文化、历史、社会和思想，从而达致个人的成长（Violetta-Irene，2015）。

各模式对语言和文化的偏重各不相同。我们需要研究新加坡的华文课程中的文学性教材适合采用哪一种模式；在科目编班的框架下，对于不同能力和背景的学生，是都采用同一种教学模式，还是需要根据学习者的兴趣和能力在科目编班框架下改换教学模式，又或者这三种模式都不完全适合新加坡华文教学的国情，我们需要自行开发新的教学模式。

3. 教学策略研究

我们需要研究在非母语华文教学中结合文学性教材的教学策略，研究成果可作为编写新一轮中学华文教材的参考。我们可以通过教学研究探讨以下课题：

- 非母语学习者通过文学性作品学习华文的有效策略
- 文学性读本促进高阶思维的可行策略
- 文学性作品与学习兴趣的相关性
- 不同体裁的文学性读本对学习者学习态度、学习效果的影响

有效的文学性教材和教学方法，有助于在华文教学中促进学生对母族文化的认同，并能培养学生的高阶思维能力，进而因具有文化信心而产生跨文化能力，培养有足够高文化素养的国民。

（四）教育资讯科技成为必备的教与学手段

新加坡教育部于 2015 年颁布的教育资讯科技发展总蓝图，要求充分利用资讯科技实践进行差异教学，以学生为中心提供高质量的教学，培育学生 21 世纪所需的技能，如协作沟通、信息的搜寻、选择与呈现、问题解决、创造性思维等，使学生具备终身学习的能力（Ministry of Education, Singapore, 2019）。蓝图鼓励一线教师积极探索创新的教学方法，通过教育行动研究验证教学方法，并分享有效的教学经验。

Colin Lankshear 和 Michele Knobel（2003）在他们谈论新文化素养（New Literacies）的一本著作中分析了在知识经济时代中日益重要的数个信息能力层面。他们认为，信息时代的人们，需要从建立、支配和与虚拟世界协商的角度了解知识。为此，在获取信息的过程中，个人的知识与人际交换所得的知识以及因着这类知识而产生的新的沟通信息的方式将凸显其重要性。面对这样的一种信息能力的要求，学校课程和教学法就需要"从追求最终的绝对真理转向重视学习表现和学习过程，从崇尚个人主义转向重视集体合作，并关注学习过程给学习者带来的各种认知冲击，如发展想象力、促进好奇心、培育创新精神等"（Lankshear and Knobel, 2003）。

Jonassen D. H. 等人（1999）在他们的著名论著《运用科技学习：建

构主义视角》中，用社会建构主义的观点来看待信息时代的学习。他们认为，知识不能只靠教师的单向传输，更多须通过活动来建构。知识潜存于学习活动中，有意义的知识建构于学习者在情境中的交流互动中。不同的活动经验为学习者提供从不同的角度进行思考的机会，能促进思维的发展。因此，有效的学习必须通过组织完好的活动来开展，让学习者在不同的情境下思考、判断、交流、协作，最终达致知识的建构。建构新知的活动可以由教师来组织，而在开展活动的过程中可调动资讯科技加以支援。因此，"妥当地使用资讯科技是创建新知、促进高阶思维活动的重要手段"（Jonassen et al.，1999）。

知识经济时代带来的环球化需要的是既相互竞争又相互合作的"合竞"能力，当代教育必须培养学生这样的意识和技能。基于资讯科技的协作学习，将是使学生掌握学习科技、提高学术成绩、主导学习过程、建立对资讯科技与协作方式的正确态度、增强认知能力发展以及加强社会交际技能的最经济途径（Johnson and Johnson，1997）。新加坡在2015年发布的第四轮教育资讯科技发展总蓝图因此把培养知识经济时代所需能力列为预期目标，通过有效的教学来实现该目标，并希望通过教学实践中提取的成功经验提供学习增益。

资讯科技必须为华文教学服务。新加坡的华文教学同道可以在以下三个方面积极探索基于资讯科技的教学研究。

1. 借助资讯科技加强语言的运用能力

学习一种语言如果只停留在课堂的语言课上，在课外不常使用，那这种语言就不会成为学生生活中的语言。新加坡的学生习惯于以英语思考，自然也以英语作为主要的沟通语言。英文在学生所生活的环境中随处可见，在任何情境下使用英语均可以毫无障碍地和人沟通。因此，要使学生也能在生活场景中使用华文，就必须有意识地联系学生的学习经验和生活经验，让他们意识到生活中处处有使用华文的机会，协助他们把课堂上所学转移到生活场景中，再鼓励他们借助通信技术和网络平台和同学分享运用华文的经验，从而调动他们学习的积极性，提高他们运用华文的信心并从学习与运用华文中获得乐趣。

新加坡黄龙翔博士和作者曾在小学开展"成语，动起来"的无缝学习研究，结合流动科技和学生的生活经验使学生学习与运用成语。研究结果显示，这一教学干预对学生的华文运用能力、使用华文的信心和学习华文的兴趣都产生了明显的效果。黄博士在经过数轮的研究后，建立了一个无缝语言学习（Seamless Language Learning）的模式，华文教师可以参考这一模式开展更多的无缝语言学习，加强语言学习和生活运用的联系。

2. 借助资讯科技促进真实性学习

尽管新加坡的社会语言环境在朝英文化的方向发展，但华语在华族社群中依然存在，并普遍使用。学习华文的社会资源依然相当丰富。因此，新加坡的华文教学可以调动社会资源促进学习。新加坡的社会环境有利于开展真实性学习，即让学生置身于华语情境中进行沟通交流，完成交际任务。学生可以在教师的指导下，遵循既定流程，运用华文在真实情境下完成专题探讨。

资讯科技的便利性、灵活性、可操作性给语言教学提供了结合各种模式开展教学的基础，语言教师可以充分利用网络平台，综合任务型学习、探究性学习和真实性学习的特点进行华文教学、开展教学研究。如何实践这样的综合教学理念，正是新加坡华文教学下一阶段需要深入探究的领域。

作者这几年在这方面做了初步探索。作者和研究团队结合多种学习理念做教学尝试，把华文的学习和真实的语言运用联系起来。我们借助网络学习平台，布置学生探究专题，要求学生以小组协作的方式到真实的情境中运用华语和华文收集第一手资料，对所得资料进行分析，了解问题所在，之后提出解决问题的方案或发布调查结果。团队根据学生的学习需要，提供学习鹰架，并在学生自主完成真实性学习任务的过程中促进学生自评和互评能力的发展。学生自主规划学习历程，借助网络协作的空间沟通交流，进行有意义的语言输入与输出，也通过网络讨论，对小组任务进行自我评价和跨组评价。研究结果显示，这一结合真实任务的网络探究活动，的确提高了学生的口语和书面表达能力，学习华文的态度也有所改进（陈之权、龚成、郑文佩，2014）。

如何借助网络平台，发挥学生的自学能力、促进批判性和创造性思维的发展、培养网络协作能力、结合线上学习和线下学习（混合学习）增强学习效果，都是新加坡华文教学可以研究的领域。

3. 借助资讯科技深入了解文化

在传扬文化上，单向的引介和讲授中华文化，比较难引发非母语学生的兴趣，甚至使他们觉得有距离感。华文课程在文化的传扬方式上，要结合当代学生的学习特点，以他们喜欢的方式进行引介，甚至要在初始阶段，考虑把文化作为触媒设置语言活动，通过比较各地区的华族文化来学习语言，引发学生对各地区华族文化的异同产生兴趣并愿意进一步去了解这个文化。

借助资讯科技可以加强学生和各地区华文学习者的联系，通过联系认识各地的文化特色，并通过语言交流加深对彼此的了解。在这方面，借助资讯科技开展跨校跨地区网络协作，可能是初、高中阶段华文课程需要去尝试探索的其中一个教学方式。对于低年级的学生，我们可以组织不同地区的网络协作学习，就一个文化主题（如各地区如何过端午节），运用口语或书面语的方式向其他地区的学习伙伴讲述当地的节庆活动，了解其他地区的庆祝方式，并对各地的节庆方式进行比较。到了高年级，则可以选择高层次的文化课题，开展跨地区的专题协作，通过资料的收集与分享，共同完成一个小作业并在互联网上发布以供各地区学生分享，如共同研读某一作家的作品、介绍各地的文化坐标、介绍各地少数族群的文化等。这类基于网络科技的跨地域协作活动，能提高学生的文化层次和文化素养，培育学生的跨文化能力。

跨地区网络协作模式需要成熟的学习平台支撑。作者在 2007 年网络学习平台科技刚出现的时候，便根据当时在新加坡初中特选学校推出的中华文史知识课的内容，提出了一个跨校协作构想，详细规划了一个可用作跨校跨地区互动协作的教学架构。遗憾的是，由于那时的网络平台功能远不及今天的发达便利，要落实教学构想难度很大。今天网络技术发达，学习平台功能齐备，特别是 5G 时代来临，要落实这一教学构想并非难事，希望有新加坡或其他地区的华文教师能够实践这一教学构想。图 6 - 1 是作者规划的教学流程，愿与各地教师分享。

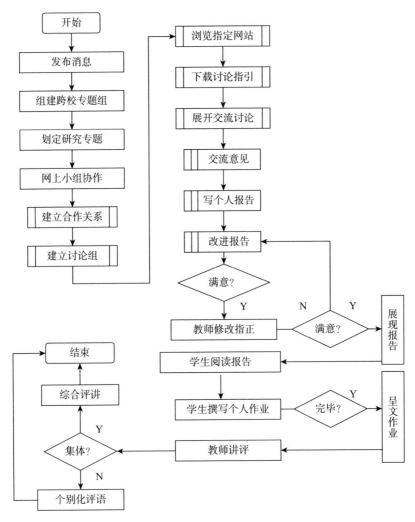

图 6-1　跨校跨地区互动协作架构

四　总结

在新加坡当前复杂的华文教学情境下，需要正视客观存在的学习者差异大的事实，在课程、教材与教学三个方面开展更多的研究，深入了解问题、处理问题、解决问题。

新加坡的华文教学需要一个科研框架，在框架中纳入因应实际需要的研究领域，再根据这一框架规划中长期的研究蓝图，通过教育科学研究逐步落实蓝图，为新加坡的华文教学开发出一个顺应学习者特点、满足新时代国内外发展所需的教学范式，为国家培养有信心使用华语并有实际语用能力、对中华文化有基本认识的下一代国民。

在研究的性质上，曾任新加坡华文教研中心研究顾问、东北师范大学的刘永兵教授认为，新加坡的华文教学需要开展三类研究，即基础性研究、开发性研究和干预性研究。

（1）基础性研究（Baseline Research）：这类研究主要是对学习环境、学生背景、学习动机、语料建设、教学理论等进行研究，研究成果可供教育决策者、语言学者、教学研究者参考。

（2）开发性研究（Development Research）：这类研究主要是研发与华文的教与学有关的框架、资源、平台、工具等，研究成果既能作为学校教师教学的有效支援，也能协助学生更有效地学习华文。

（3）干预性研究（Intervention Research）：这类研究紧密结合教学现场，通过验证创新的教学策略解决教学中的实际问题。这类的研究既可以是教师个人的"行动研究"（Action Research），也可以是教师学习群组共同协作的"课例研究"（Lesson Study），还可以是前线教师和教研人员联合进行的"协同研究"（Collaborating Inquiry）。干预性研究的产出可以是有效的教学策略，或可供前线教师使用的教学配套，成果的推广有助于提升华文教师的教学专业水平，促进华文教学的专业化发展。

新加坡的华文教学要充分把教育资讯科技作为重要的教学手段来支持华文课程、教材与教学三个领域的科研项目。新加坡的华文教学也可以借助教育资讯科技促进学生协作能力与高阶思维的发展。而基于教育资讯科技的跨地域文化交流活动，能促使学生在真实的情境下使用华语和华文与学习伙伴协作沟通、积极交流，加强学生使用华语华文的信心和能力，培养跨地域、跨文化的国际观。

新加坡需要以研究促进课程、教材和教学的发展，从中发展出一套适用于新加坡独有的社会语言环境的华文教学理论和模式，逐渐建立具有当地特色的华文教学范式。新加坡的华文教学必须与时俱进，重视科研，不断改进课程与教学的质量，积极贯彻华文教学的语言和文化目标，最终实现华文成为华族国民在生活中经常使用的语言的理想目标。

参考文献

陈之权：《利用教育资讯科技促进高阶学习——一个跨校网络协作模式的运作构想》，
    载《"第五届全球华文网络教育研讨会"论文集》，台湾师范大学，2007。

陈之权、龚成、郑文佩：《情境·探究·专题作业——结合真实情境的中学华文探究
    式学习》，南大－新加坡华文教研中心出版社，2014。

林进展、吴福焕、赵春生编《新加坡学生日常华文用字频率字典》，南大－新加坡华
    文教研中心出版社，2014。

刘永兵：《刘序》，载林进展编《新加坡学生日常华文句型频率索引》，南大－新加坡
    华文教研中心出版社，2015，第 xi ~ xii 页。

陆俭明：《陆序》，载林进展编《新加坡学生日常华文用字频率字典》，南大－新加坡
    华文教研中心出版社，2014，第 xi ~ xii 页。

陶红印：《陶序》，载林进展编《新加坡学生日常华文句型频率索引》，南大－新加坡
    华文教研中心出版社，2015，第 ix ~ x 页。

吴福焕、林进展、赵春生编《新加坡学生日常华文用词频率词典》，南大－新加坡华
    文教研中心出版社，2013。

谢锡金：《谢序》，载林进展编《新加坡学生日常华文用词频率词典》，南大－新加坡
    华文教研中心出版社，2013，第 xiii 页。

赵春生、林进展、吴福焕编《新加坡学生日常华文句型频率索引》，南大－新加坡华
    文教研中心出版社，2015。

郑园园、陈之权：《基于体验式语言学习与读者反应理论的新加坡第二语言文学作品
    教学模式的初步探究》，《华文学刊》2015 年第 2 期，第 65 ~ 85 页。

周清海：《周序》，载林进展编《新加坡学生日常华文用词频率词典》，南大－新加坡
    华文教研中心出版社，2013，第 i ~ ii 页。

Anne Barnes, "An English Curriculum for the 21st Century," *Education Review* 11
    (1997): 35 – 39.

Baby K. T., "The Acquisition of Language Skills Through Stories and Novels," in Al-Mahr-
    ooqi R. I., ed., *Literature Teaching in the EFL Context: New perspective* (Muscat:
    Sultan Qaboos University Academic Publication Board, 2012).

Benson P., *Teaching and Researching Autonomy in Language Learning* (London: Pearson

Education Limited, 2001).

Singapore Department of Statistics, *Census of Population* 2010 *Statistical Release* 1: *Demographic Characteristics*, *Education*, *Language and Religion* (Singapore, Ministry of Trade and Industry, 2010). [Retrieved from http://www. singstat. gov. sg/publications/publications-and-papers/cop2010/census10_ stat_ release1]

Singapore Department of Statistics, *Census of Population* 2000 *Statistical Release* 2: *Education*, *Language and Religion* (Singapore: Ministry of Trade and Industry, 2000). [Retrieved from http://www. singstat. gov. sg/publications/publications-and-papers/cop2000/cop2000r2]

Collie J., Slater S., *Literature in the Language Classroom* (Cambridge: Cambridge University Press, 1987).

Colin Lankshear, Michele Knobel, *New Literacies: Changing Knowledge and Classroom Learning* (Buckingham: Open University Press, 2003).

Council of Europe, *Common European Framework of Reference for Languages: Learning, Teaching, Assessment* (Strasbourg, France: Cambridge University Press, 2001).

Gerhard J. G., *Teaching English as a Foreign Language: A Teacher Self-development and Methodology* (Ann Arbor: the University of Michigan Press, 1996).

Johnson D. W., Johnson R. T., "Cooperation and the Use of Technology," in David H. Jonassen, ed., *Educational Communications and Technology* (NY: Simon & Schuster Macmillan, 1997).

Jonassen D. H., Peck K. L., Wilson B. G., *Learning with Technology: A Constructivist Perspective* (New Jersey: Prentice Hall, 1999).

Josue González, *A Developmental and Sociological Rationale for Culture-Based Curricula and Cultural Context Teaching* (Ph. D. diss., University of Massachusetts Amherst, 1974).

Krashen S., Terrell T., *The Natural Approach: Language Acquisition in the Classroom* (Oxford: Pergamon, 1983).

Larsen-Freeman D., *Teaching Language: From Grammar to Grammaring* (Heinle: Cengage Learning, 2003).

Lombardi M. M., "Authentic Learning for the 21st Century: An overview," *Educause Learning Initiative: Advancing teaching through IT innovation* 1 (2007): 1 – 12. [Retrieved from: http://www. lmi. ub. edu/cursos/s21/REPOSITORIO/documents/Lombardi_ 2007_ Authentic_ learning. pdf]

Ministry of Education, Singapore, *Master Plan* 4 – *ICT Connection*, 2019. [Retrieved from: https://ictconnection. moe. edu. sg/masterplan – 4]

Modern Language Association Ad Hoc Committee on Foreign Languages, *Foreign Languages and Higher Education: New structures for a changed world*, 2007. [Retrieved from: http://www. mla. org/pdf/forlang_ news_ pdf. pdf]

Nunan D. , *The Learner-centred Curriculum: A Study in Second Language Teaching* (Cambridge: Cambridge University Press, 1988).

Ozverir, Herrington, "Authentic Activities in Language Learning: Bringing real world relevance to classroom activities" (paper represented at Proceedings of World Conference on Educational Multimedia, Hypermedia and Telecommunications, Lisbon, Portugal, June-July 2011), pp. 1423 – 1428.

Pegrum M. A. , "The Outside World as an Extension of the EFL/ESL Classroom," *The Internet TESL Journal* 6 (2000). [Retrieved from: http://iteslj. org/Lessons/Pegrum-OutsideWorld. html]

Snow M. A. , Met M. , Genesee F. , "A Conceptual Framework for the Integration of Language and Content in Second/Foreign Language Instruction," *TESOL Quarterly* 23 (1989): 201 – 217.

Tarone E. , Yule G. , *Focus on the Language Learner* (Oxford: Oxford University Press, 1999).

Van den Branden K. , "Introduction: Task-based language teaching in a nutshell," in K. Van den Branden K. , ed. , *Task-based Language Education: From Theory to Practice* (Cambridge: Cambridge University Press, 2006).

Violetta-Irene K. , "The Use of Literature in the Language Classroom: Methods and aims," *International Journal of Information and Education Technology* 5 (2015): 74 – 79.

Willis J. , *A Framework for Task-Based Learning* (Harlow: Longman, 1996).

Wong L. H. , "Analysis of Students' After-school Mobile-assisted Artifact Creation Processes in a Seamless Language Learning Environment," *Educational Technology & Society* 16 (2013): 198 – 211.

二

新加坡的华文课程

新加坡华文课程的阶段性特点
与发展轨迹（1960~2010年代）[*]

本文以新加坡独立建国为起点，介绍各年代的华文课程总体目标和特点，尝试梳理近50年来华文课程的变革轨迹。本文按照各个时期官方颁布的华文课程文件的特点，把新加坡华文课程的发展分为四个阶段，即华英学校的母语课程（1960~1970年代）、依附分流体制的华文课程（1980年代）、源流纷呈的华文课程（1990年代）和顺应学习差异的华文课程（2000~2010年代），内容涵盖了过去50多年的华文课程。文章将集中介绍各阶段的课程目标和课程设计特点，不进入教学与评估的层面。

一 华英学校的母语课程（1960~1970年代）

新加坡于1965年独立。独立之后，在教育上采取双语教育政策。当时华文源流的学生均以英语为第二语文，英文源流的学生也修读包括华文在内的第二语文。新加坡教育部于1966年把第二语文列为小学离校考试的必考科目，1969年再把第二语文列为中学会考的必考科目（Shepherd，2005）。根据作者手头所得资料，独立后的第一套小学华文课程标准为1971年颁布的《华文课程标准与教学指引》，第一套中学课程标准为1973年发布的《华英中学华文科课程标准》，分成第一语文和第二语文两个部分。这一时期的中小学华文课程具有以下几个特点。

---

* 本文曾发表于《国际中文教育学报》第8期（2020年12月）。本文的英文简约版也已经在2018年收入 Springer Nature Singapore 出版社出版的论文集 *Teaching Chinese Language in Singapore：Efforts and Possibilities*（主编：苏启祯博士）。

1. 课程的教学对象单一

1960~1970年代，新加坡还处于四大语言源流的教育阶段，华文、英语、马来语和淡米尔语源流学校同时存在、同步发展。华文在当时是华文学校的必修科，在英文源流学校则是华族学生修读的第二语文科的其中一个选项。马来语源流和泰米尔语源流的学校不提供华文课程。因此，华文课程的教学对象明确，无论是小学还是中学，都只有两套华文课程，即供华文源流学生学习的华文第一语文课程和供英文源流学生选读的华文第二语文课程。

2. 以主目标和副目标规划课程

这一时期的中小学华文课程，分成主目标和副目标规划课程，主副目标的功能不同。小学《华文课程标准与教学指引》对两类目标的角色做了说明。

> 要达到语文教学目标，应该从主目标着手，副目标只能作为选材的借鉴，而不能作为语文教学的重心。（新加坡教育部，1971）

主目标是语文教学的重点，副目标是选择教材的时候应当参照的标准，而对于语文能力的检验，必须以主目标为标准。小学《华文课程标准与教学指引》把六年的小学课程分成三个阶段（每两个年级一个阶段），分别从听说、读和写三个方面列出各学习阶段的主目标。表7－1列举了课标的部分阶段性主目标。

表7－1　《华文课程标准与教学指引》（1971）主目标（部分）

	学习阶段	华文第二语文	华文第一语文
听说	小一、小二	·听得懂简单的故事 ·能够以简短的语句表情达意	·听得懂简单的故事 ·能够以简短的语句表情达意
	小三、小四	·听得懂普通日常生活的谈话 ·能够以通顺的语句表情达意	·能够以正确的华语提出问题 ·能够以流利顺畅的语句表情达意

续表

	学习阶段	华文第二语文	华文第一语文
听说	小五、小六	·能够口头报告日常的生活情况 ·能够讲述故事	·能够复述所听过的报告或演讲的要点 ·能够以华语讨论简单的问题
读	小一、小二	·认识最基本字汇的读音与声调 ·能够掌握基本简单的句型	·认识每个字的读音与声调 ·能够掌握基本的句型
	小三、小四	·能够正确地读出每个字或词的读音和声调 ·能够阅读简短浅易的文字	（从缺）［此年级目标在参考文件中缺漏］
	小五、小六	·认识基本的字汇与词汇 ·能够阅读浅易的文字	·能够了解普通句子的结构 ·能够自己阅读浅近的书籍、报纸、杂志等
写	小一、小二	·能够以正确的笔画和笔顺书写汉字 ·能够以汉字造简短的句子	·能够以正确的笔画和笔顺书写汉字 ·能够造出简短的句子
	小三、小四	·能够以汉字作答简单的问题 ·能够以汉字造出句子，进而作简易的作文	（从缺）［此年级目标在参考文件中缺漏］
	小五、小六	·能够以汉字听写句子及简短的文字 ·能够以汉字进行写作	·能够以通顺的文字记述生活中的经验或说明道理 ·能够根据题目写简短通顺的文章

资料来源：《华文课程标准与教学指引》（新加坡教育部，1971）。

至于作为选择教材题材参照的副目标，则从个人、社会和国家三个领域，不分阶段地列出泛性目标，既涵盖了待人接物、服务人群、尊重各族文化、效忠国家的各种精神，也涵盖了培养儿童学习兴趣和想象力的要求，到了第一语文的第三阶段，则增加推己及人、奉公守法、维护正义的道德意识，凸显泛爱众的价值观。

至于 1973 年的《华英中学华文科课程标准》，无论是第一语文还是第二语文，都把"培养学生之语文能力，并使学生认识有利于我们建国目标之东方传统文化价值"列为教学总目标。《华英中学华文科课程标准》把学习阶段分为两个阶段，即中一和中二为第一阶段，中三和中四为第二阶段。各阶段承接《华文课程标准与教学指引》的设计思路，也把两个阶段的目标分成"主目标"和"副目标"，"主目标"为语言目标，"副目标"则基本上是情意目标，列出欲通过华文教学培养的中华文化精神、人生观、道德观、想象力、学习兴趣，以及关爱群体、尊重多元种族文化、为社会服务、效忠国家乃至了解区域的情感。华文第二语文的主目标从听、说、读、写语言四技的角度设置，华文第一语文则从说话、阅读和写作三个语言范畴设定目标，并在第一阶段设置"书法"的目标。

　　和小学华文课程标准所采取的低年段语言要求相近、高年段第一语文逐渐提高要求的设计思路不同，华英中学华文（第一语文）科课程第一阶段的教学目标就对说话、阅读和写作设定了高于华文（第二语文）科课程的要求。表 7-2 对华英中学华文科两套课程标准进行了比较。

表 7-2　《华英中学华文科课程标准》（1973）主目标比较（部分）

	阶段	华文（第二语文）科课程标准	华文（第一语文）科课程标准
说话	中一/中二	· 能够以浅白的华语表情达意 · 能够作简短的演讲（包括讲故事），而且自己准备材料 · 在讨论时，能够批评别人的意见，并且提出自己的意见	· 能够以流畅的华语表情达意 · 能够演讲（包括讲故事） · 在讨论或辩论时，能够综合别人的意见，批评别人的意见，并且提出自己的论点
	中三/中四	· 能够不必预先准备而根据某一个普通的题目发表意见 · 能够参加讨论和辩论，在讨论时，能够批评别人的意见，并且提出自己的意见	· 能够不必预先准备而根据某一题目发表意见 · 能够参加讨论或辩论；在讨论或辩论时能够综合别人的意见、批评别人的意见，并且提出自己的论点
阅读	中一/中二	· 能够掌握注音符号或汉语拼音的拼法及应用 · 能够掌握默读的基本方法。默读一篇浅近的文章后，能够了解全篇的要旨、各段的要点 · 能够明了常用成语的含义 · 能够欣赏较浅近的文艺作品	· 能够掌握注音符号的拼法，并且对于轻音、声调、变调等有基本的认识 · 能够掌握默读的基本方法，相当快速地阅读浅近的读物 · 能够明了常用成语及应用文中习用语的含义 · 能够阅读浅近的文言文

续表

	阶段	华文（第二语文）科课程标准	华文（第一语文）科课程标准
阅读	中三/中四	·能够以正确的读音、自然的语调朗读课文或其他浅近的读物 ·能够欣赏普通的文艺作品 ·能够利用字典，自己阅读浅近的课外读物（包括报章上的普通新闻及广告）	·能够以正确的读音、抑扬顿挫的音调吟诵韵文 ·能够欣赏近代的文艺作品 ·能够对中国文学及国学有基本的认识
写作	中一/中二	·能够摘录文章的要点 ·能够根据题目写简短浅白的文章	·能够写文章的摘要 ·能够写通顺的文章
	中三/中四	·能够写读书报告 ·能够写通顺的文章	·能够写书评 ·能够写通顺的记叙文、说明文、议论文及抒情文

资料来源：《华英中学华文科课程标准》（新加坡教育部，1973）。

　　如表 7 - 2 所示，在语言能力的教学目标上，华文（第一语文）在说话、阅读和写作三个语言范畴内均提出了更高的要求，扩大了和第二语文的水平差距。

3. 通过文本教材培养国家意识和传扬文化传统

　　1971 年和 1973 年的华文课程，通过对文本教材的类型和素材进行规划，凸显了一语和二语不同的语言能力要求。小学教材根据副目标，编写符合儿童生活经验以及心理发展规律的阅读文本，规定教材须有益于培养儿童良好的品德和正确的人生态度，遵守纪律，尊重他人的语言文化，与人和平共处，同时通过教材灌输爱国意识，增进对不同文化的了解，培养国民意识。到了第二阶段（小学三、四年级）和第三阶段（小学五、六年级），另外加入了世界各国风土人情和对人类生活、文化有重大贡献的人物和事迹，以提高儿童对人类文化的认识，培养世界观。华文第一语文教材则在第二阶段也纳入了第二语文第二、三阶段增加的两个选材范围，在第三阶段又另外加入了三个项目：本国各民族的风俗习惯、本地传统节日和新加坡的发展情况。

　　华英中学华文科课标规定，中学华文教材以现代白话文为主要文体。华文第二语文的教材收录以浅易的现代白话文编写的阅读材料以及少数经过改写的现代文学作品。华文第一语文则走文选的教材编写方向，把教材分为"精读教材"和"略读教材"。课标规定"精读教材"以现代白话文的名家作品为主，也有少量的文言文；"略读教材"的选材范围涵盖文艺作品、普通应用文、基本语法、文章作法、文学常识等，第二阶段还增加了国学常识和文言文法。

4. 重视书面能力的培养

1970 年代的中小学华文课程，都十分重视书面能力的培养，口语能力的培养还处在比较次要的位置。这和当时新加坡的社会语言环境有着不可分割的关系。由于在 20 世纪的七八十年代，新加坡的华族家庭还是以华族方言或华语为主要语言，因此，口语能力的训练并不是华文教学的重点。这一时期的华文课程，也未重视向学生提供在真实的情境下运用语言进行沟通交际的机会，无论是第一语文还是第二语文，华文课程的教与学，基本都在课堂上完成。

这一时期的华文课程，第一语文和第二语文的课程总目标基本相同，低年段的教学目标也十分相近，但两种语文的水平差距随着年级的提高而扩大，主要体现在读和写的范畴，其中又以写的要求差别最大。

综观这一时期的中小学华文课程，主要目的是培养学生应用母语的能力，并通过学习母语，了解东方传统文化、道德价值观以及本地多元种族社会情况，母语教育特性明显。中学华文第一语文课程更增加了中国文学知识以及中国国学知识，以提高学生的语文素养。

二　依附分流体制的华文课程（1980 年代）

1980 年代是新加坡教育发展的重要阶段，新加坡的基础教育采用了分流教育的模式。分流教育体制在两个阶段，即小学三年级（1990 年代延后至小学四年级）和小学六年级把学生进行分流。根据分流考试的成绩，学生被分配至不同的课程源流进行学习。第一阶段的分流考试在高小阶段把学生分入普通源流课程（在小六的时候参加小学离校考试）和延长源流课程（在小八的时候参加小学离校考试）。第二次分流考试（小学离校考试）按照学生的总体学术成绩将学生分入三个源流：特别源流课程（四年时间完成初中教育）、快捷源流课程（四年时间完成初中教育）、普通源流课程（五年时间完成初中教育）。各源流的第一语文均为英文，但成绩最好的"特别源流"课程的学生也修读华文第一语文课程（后改称高级华文）；成绩中上的"快捷源流"课程学生和成绩中等的"普通源流"课程学生只修读华文第二语文课程，"快捷源流"的学生以四年时间完成中学课程，"普通源流"的学生以五年的时间完成课程。新加坡的华文课程至此不再保留语言源流课程，而代之以课程源流。这一时期的中小学华文课程有以下几个重要特点。

（一）小学华文课程特点

1. 以"起点不同，终点相同"原则设置总目标

1981年颁布的《小学华文课程纲要》总目标清楚列明学生在完成小学6～8年的教育后，应该达致的华文水平。

> 本课程的教学目标在于培养学生听、说、读、写四方面的语言能力，并向他们灌输有利于建国工作的东方价值观念。学生完成小学的课程后，将听得懂日常生活中的一般话题，能够说流利的华语，能够阅读普通的儿童读物、报章上简短的本地新闻，并能够写简短的书信。（新加坡教育部，1981）

小学华文课程重视学习主体客观存在的学习差异，允许学习主体根据个人的认知发展水平，依循不同的学习进度，向同一个教学目标迈进，达到同等的语文水平。这基本上符合分流教育所要体现的"因材施教"的精神。

为此，《小学华文课程纲要》依循总目标"起点不同，终点相同"的要求，具体列出了各个源流各年级的教育目标。各年级教育目标分成"一般目标"和"附加目标"，"一般目标"是同一源流下每名学生都应该达到的水平，"附加目标"则是为修读华文第一语文或修读华文为第二语文但语文程度较高的学生所设。分级教学目标具体陈述了语言学习的要求，以供教材编写者参照。表7-3列出了课纲的部分目标。

表 7 - 3 《小学华文课程纲要》（1981）年级目标（部分）

语言范畴	年级目标	适用源流（一般目标）	适用源流（附加目标）
听说	·用简短的句子和别人交谈 ·讲述 100 字以上的故事 ·能够作简短的演讲	小二普通源流 小六普通源流	小三普通源流 小七延长源流
阅读	·了解普通成语的意义	小四普通源流 小六延长源流	
	·阅读一般的本地新闻		小六普通源流 小八延长源流
写作	·看图写长约 70 个字的短文 ·了解和应用学过的词语和句子 ·根据题目写长约 200 字的短文	小六普通源流 小七延长源流	小三普通源流 小八延长源流

资料来源：《小学华文课程纲要》（新加坡教育部，1981）。

《小学华文课程纲要》的总目标也强调通过华文课程培养有利于建国的东方价值观，保留了母语教育兼顾道德教育的特点。

2. 以字表控制教材字汇

1980 年代的华文课程首次编订字表。新加坡教育部希望通过分级字表，"适当地控制学生所学习的字汇"，以便使学生能够"循序渐进，系统地掌握华文字汇"（新加坡教育部，1981）。

《小学华文课程纲要》设定了《小学分级字表》，具体列出各源流各年级应习的汉字，教材编写者必须遵照《小学分级字表》编写教材。《小学分级字表》共收录 1800 个汉字，另有 200 个附加字。无论是普通课程还是延长课程，第二语文的学生均学习 1800 个字，第一语文的学生均学习 2000 个字。

（二）中学华文课程特点

1. 强调语文教学须兼顾道德教育

《中学华文课程纲要》列出的总目标，清楚阐明华文课程的教学目标在于"培养学生听、说、读、写四方面的语文能力，同时使他们通过华文的学习，认识并吸收有价值的东方传统文化"（新加坡教育部，1983）。总目标特别强调在进行语文教学时必须兼顾道德教育目标，这些德育目标包括灌输爱国意识；培养孝道；培养爱护他人、为民服务的精神；注重个人修养；灌输热爱劳动的精神以及尊重不同种族的生活方式与习俗礼仪等（新加坡教育部，1983），凸显了华文课程须"文以载道"的语文教育观，展现了传统的母语教育理念。

2. 采取单元制编写课纲

《中学华文课程纲要》摆脱了传统课程标准按照年级设定教学目标与教学内容的做法，改以单元为编写单位。整套课纲共有 60 个教学单元，各源流课程须修读的单元数目不同，学生根据所在的源流以及所修读的语文水平，在 4～5 学年内修读一定的教学单元。表 7-4 列出了各课程各年级的单元数目（新加坡教育部，1983）。

表 7-4　中学华文课程（1983）各年级单元数目

单位：个

课程	年级	单元数目	
		华文（第一语文）*	华文（第二语文）
特别源流	中一	13	
	中二	13	
	中三	14	
	中四	10	
	总计	50	
快捷源流	中一	13	10
	中二	13	10
	中三	14	10
	中四	10	10
	总计	50	40
普通源流	中一	10	7
	中二	10	8
	中三	10	8
	中四	10	7
	中五	10	10
	总计	50	40

＊华文第一语文源流从第十一个单元开始，未包括华文第二语文源流的前十个单元。

3. 按照"单元组"设定目标

《中学华文课程纲要》不是按年级设定目标，而是把中学阶段的60个教学单元分成三个单元组（每个单元组20个单元），列出各单元组的语文目标，各单元组的教学目标涵盖听、说、读、写四种语文能力的要求，按照"由浅入深，螺旋上升"的课程组织原则设定。表7-5列出了部分单元组目标。

表7-5 中学华文课程单元组目标（部分）

语言能力	第一单元组 （1~20单元）	第二单元组 （21~40单元）	第三单元组 （41~60单元）
听力	能听懂一般的本地新闻	能听懂一般的国外新闻	能听懂有关新加坡社会、政治、经济的谈话和新闻
说话	能够和别人交谈日常生活话题	能够和别人谈论与学业、职业有关的话题	能够讨论有关新加坡经济、社会、文化等问题
阅读	能读懂一般的本地新闻、通告、浅近刊物	能读懂政治领袖和社会领袖的演讲、一般报章杂志中的文章	能读懂报章社论、文艺作品
写作	能写简单书信及不少于220个字的命题文章	能写求职信和简单的启事及不少于300个字的命题文章	能写不少于500个字的命题文章

资料来源：《中学华文课程纲要》（新加坡教育部，1983）。

本纲要对各单元组的语文教学目标做了明确的规定，目标具体且逐渐提高要求，符合学习须循序渐进的教育原理。

4. 制定字表

和《小学华文课程纲要》一样，《中学华文课程纲要》亦制定字表来管控各年级教材的字汇数量。《中学华文课程纲要》根据分流教育应该对不同学习能力的学生有不同学习要求的原则，制定了各源流学生应学习的汉字字数。特别源流学生只修读第一语文课程，学习3500个字；快捷源流学生第一语文学习3500个字，第二语文学习3000个字；普通源流学生第一语文学习3000个字（中四）至3200个字（中五），第二语文学习2400个字（中四）至2700个字（中五）。中学应学习的汉字字数包括了小学应学习的字数。另外，课纲也制定了"成语数量表"来限定各源流应学习的成语数量。特别源流的学生学习250条成语，快捷源流的学生第一语文学习250条成语，第二语文学习150条成语；普通源流的学生，第一语文学习200条成语，第二语文学习125条成语。

5. 重视听说教学和实用文教学

这一时期的《中学华文课程纲要》也首次把听说教材和实用文教材纳入课程内容。纳入课纲听说教学范围的素材包括人物访谈、新闻播报、生活对话、座谈会、辩论会等，内容多样；实用文素材则包含本地新闻和常用的如便条、启事、通告、公函等应用文（新加坡教育部，1983）。

综观这一时期的华文课程，除了延续1970年代通过华文教学培养东方传统价值观的母语教育思路外，还开始关注新闻、访谈、实用文等与日常生活较有联系的素材，在课程编写的体制上也开始引入课程单元、单元组、字表等之前课纲所没有的机制。

三　源流纷呈的华文课程（1990年代）

进入1990年代，新加坡教育部进一步增加课程源流。在小学高年级阶段，设立了三个课程源流，即双语均为第一语文的EM1源流，英语为第一语文、母语为第二语文的EM2源流以及英语为第一语文、母语为基础水平的EM3源流，分别修读高级华文、华文和基础华文。在初中阶段，把原有的"普通源流"分为"普通（学术）源流"和"普通（工艺）源流"。普通（学术）源流的学生修读华文第二语文课程，普通（工艺）源流的学生修读基础华文课程。教育部也放宽了修读高级华文的学生标准，让成绩中上的快捷源流学生亦可修读高级华文，同时另设华文B课程来让少数各科成绩都不错，但学习华文有困难的学生修读（谢泽文，2001）。新加坡的华文课程至此迈入了源流纷呈、提供多套教材以适应不同源流学生学习华文的时代。配合源流的增加，新加坡教育部对华文课程进行了另一轮修订，并于1993年同步颁布了中小学华文科课程标准。这一轮华文课程具有三个方面的特点，现简述于后。

1. 从语言和文化两大范畴设置相同的中小学华文教学总目标

中学和小学的课程标准均遵循相同的"双范畴"课程设计理念，从语言和文化两大范畴设定课程总目标，中学目标是小学目标的提升与深化。表 7 - 6 是中小学华文科课程标准总目标的比较（新加坡教育部，1993a，1993b）。

表 7 - 6　中小学华文科课程标准总目标比较

范畴	《小学华文科课程标准》（1993a）	《中学华文科课程标准》（1993b）
语言	培养学生听、说、读、写等方面的能力，并提高他们学习华文的兴趣 ·使学生听懂日常生活中的一般话题和报告	加强学生听、说、读、写等方面的能力，并提高他们学习华文的兴趣 ·使学生听懂日常生活中的话题、新闻、报告等
	·使学生能针对一般话题，以流利、正确的华语与别人交谈、讨论及发表意见	·使学生能以流畅、准确的华语与人交谈、讨论、辩论、发表意见、即兴演讲等
	·使学生能阅读普通的篇章、儿童读物和简短的本地新闻，同时使他们具有广泛的阅读兴趣及欣赏儿童文学的能力	·使学生能阅读一般新闻、评论、通俗的文学作品等，同时使他们具有广泛的阅读兴趣及欣赏文学作品的能力
	·使学生能以华文写简短的文章、书信和报告	·使学生能以华文写文章（描写文、记叙文、说明文、议论文）、公函、私函、报告等
	·使学生具有独立思考的能力及自学的能力	·使学生能独立思考并掌握自学能力
文化	通过华文的学习，让学生认识并吸收华族文化与传统价值观 ·使学生认识华族文化	通过华文的学习，让学生进一步认识及吸收华族文化与传统价值观 ·使学生深入了解华族文化
	·使学生吸收并体现优良的传统价值观	·使学生吸收并体现优良的传统价值观
	·使学生明白在多元种族、多元文化和多元宗教的社会里，与人和睦相处的重要性	·使学生明白在多元种族、文化和宗教社会里，应该与人和睦相处
	·使学生认识并实践新加坡五大共同价值观纲目的精神	·使学生认识并实践新加坡五大共同价值观纲目的精神

资料来源：《小学华文科课程标准》（新加坡教育部，1993a）、《中学华文科课程标准》（新加坡教育部，1993b）。

从表 7 - 6 可以清楚地看出中学华文课程延续小学华文课程的目标，

但往纵深方向发展。小学在培养语言能力，中学在加强语言能力。在听、说、读、写四个方面，中学课标的总目标均在小学课标的基础上进一步提高要求、扩大范围。在文化目标方面，小学华文科课标基本是让学生认识和吸收华族文化和传统价值观，了解尊重多元种族和文化的重要性；中学华文科课标则进一步加强这一认识，并希望学生能知而后行，在生活中与不同种族、文化和宗教的同胞和睦共处。

2. 纳入建国共同价值观

1991 年，新加坡政府发表了《共同价值观白皮书》，提出五大"共同价值观念"："国家至上，社会为先；家庭为根，社会为本；关怀扶持，同舟共济；求同存异，协商共识；种族和谐，宗教宽容"（新加坡文献馆，2006）。新加坡的华文课程也把它们列入课程内容，通过华文教学使学生认识新加坡的立国根本，培养他们的爱国精神，增强国民意识。五大价值观涵盖了儒家忠孝仁爱礼的思想精髓，特别容易通过华文课程传授给学生。五大价值观融入中小学华文课程，进一步凸显了通过语言传承文化和传统价值观的母语教育特点。

3. 根据主题和副题组织课程内容

1993 年中小学华文科课程的另一个特点是根据八大主题以及各主题下的副题来组织课程内容、选择教材。中学课程标准和小学课程标准均按照统一的主题组织单元，在选择教材的时候，则以各主题下的副题为参照，中小学课程标准的副题不完全相同，以适应不同年龄层学生的认知能力与兴趣。表 7－7 是八大主题及各个主题下的副题。

表 7－7 1990 年代中小学华文课程标准主题和副题

主题	副题（小学）	副题（中学）
人际关系	·个人 ·家庭 ·学校 ·朋友	·个人 ·家庭 ·学校 ·朋友
社区与国家	·邻里/社区 ·国家	·邻里/社区 ·国家

续表

主题	副题（小学）	副题（中学）
外国文化与事物	·外国的文化、风俗习惯、奇闻趣事与神话等 ·外国的景物 ·外国的杰出人物 ·外国的社会动态及文学作品 ·到外国旅游时应注意的礼节 ·与邻国的相处之道	·外国的文化、风俗及历史故事 ·外国的新闻与事件 ·外国的景物 ·外国的杰出人物 ·与邻国的相处之道 ·外国的社会动态及文学作品 ·各种外交组织与机构
华族传统文化与传统价值观	·华族的传统节日 ·华族的传统习俗 ·华人家族观念 ·谜语、绕口令和歇后语 ·儿歌及童谣 ·十二生肖 ·中国寓言故事 ·中国民间传说 ·中国成语故事 ·中国古代神话故事 ·中国历史故事 ·中国文学、诗词与曲艺 ·中国的书法 ·中国古代杰出人物	·华族的传统节日与价值观 ·华族的传统习俗、风俗习惯 ·华人家族观念 ·华人的奋斗史 ·汉字趣谈、谜语、俗语、对联 ·传统的民间文化艺术活动 ·中国古代的音乐与娱乐 ·中国古代杰出的人物 ·中国古代各行业的人与事 ·中国古代的民间传奇故事 ·中国历史朝代演变及故事 ·中国古代的科学成就 ·中国武术与保健 ·中国古典文学
卫生与个人健康	·整洁 ·好习惯 ·个人卫生 ·居住环境 ·体育活动	·个人卫生与饮食习惯 ·居住环境的清洁与卫生 ·身心发展与精神健康 ·体育与消闲活动 ·优雅生活
自然世界	·植物世界 ·动物世界 ·人与自然 ·自然景象 ·环境生态 ·自然灾害	·自然环境 ·人类与自然的关系 ·环境生态
科技天地	·科学常识 ·科学发明 ·医药及用途 ·电脑及其他高科技产品 ·科技社会的特色 ·科技对人类的影响	·科学工艺常识 ·科学发明 ·科技人才的训练 ·科技对人类的影响

主题	副题（小学）	副题（中学）
想象与幻想	·神秘物体 ·幻想事迹	·中外寓言、古代神话与民间故事 ·古今侠义及科幻小说 ·魔术与催眠术 ·未来世界的幻想

资料来源：《小学华文科课程标准》（新加坡教育部，1993a）、《中学华文科课程标准》（新加坡教育部，1993b）。

"人际关系"和"社区与国家"在副题之下还列出了课题来指导教材的遴选。例如在"人际关系"的"个人"副题下列出了诸如"个人兴趣与爱好""个人理想与志向"等课题；在"社区与国家"的"邻里/社区"副题下，列出了"与邻居相处之道""社会上的各类新闻与事件"等课题（新加坡教育部，1993a，1993b）。在八大主题之中，以"华族传统文化与传统价值观"的副题最多，而 1990 年代的中小学华文教材，也以这一主题的单元和篇章为最多，说明 1990 年代的华文课程依然延续了前面两个时期母语教育课程理念，让学生通过学习华文认识中华文化和吸收传统价值观。而这一时期的华族家庭，还是以华语为主要家庭语言（新加坡教育部，1992），华文课程重视华族文化的传承，是华族学生的母语课程，符合当时的社会语言现实。

1990 年代也是家庭语言环境开始英文化的时期，到了 1999 年，家中主要用语为英语的小一新生已达 43%（谢泽文，2001），华文教学开始面对学习者能力差异扩大的挑战。因应华族家庭英语化的趋势，新加坡政府于 1999 年在政策上确定华文教学的两大目标，即训练学生听说读写的语言技能以及通过华文教学，灌输华族文化和传统价值观（《联合早报》，1999），这也是华文课程在国家政策层面，第一次被定位为传承华族文化的载体，以显示政府坚决贯彻双语教育、通过华文课程保留华族传统文化和亚洲价值观的决心。配合华文课程的重新定位，新加坡教育部于 1990 年代末修改华文课程，并于 2002 年颁布了新一轮中小学华文课程，从"工具性目标"（语言功能）和"思想性与文化性目标"（文化功能）两个方面规划华文课程目标。中小学华文课程也把单元主题归纳成五个，即以人为本、家庭为根、社会为先、胸怀祖国、放眼天下（新加坡教育部，2002a、2002b）。因应资讯科技时代的到来，2002 年的中小学华文课程也把使用教育资讯技术的要求列入中小学华文课程标准。

20 世纪的最后 20 年是新加坡华文课程的蜕变期。华文课程从目标简单明确的母语或第二语文双水平课程结构，发展至多层次、多水平的课程结构。

四　顺应学习差异的华文课程（2000 ~ 2010 年代）

进入 21 世纪，英语已经成为大多数国民的工作与生活用语，在家中以英语为主要用语的家庭有所增加。2000 年人口普查的数据显示，以华语为主要家庭用语的家庭为 35%，在四大官方语言中以华语为主要语言的人数最多，其次为英语，占总人口的 23%（新加坡统计局，2000）。以华语为主要语言的各年龄层人口虽然都比英语多，但 14 岁以下以华语或英语为主要语言的人口比例差距缩小。新加坡教育部于 2004 年对小学一年级新生家庭用语的调查显示，来自华英两种家庭语言背景的学生人数不相上下（新加坡教育部，2004），华文课程因此需要满足不同语言背景、不同语言起点学生的学习需要。

家庭语言环境的不统一给华文课程与教学带来了新的挑战。21 世纪初的新加坡华文课程经历了两轮改革，第一轮改革以重视学习者的差异、强调课程应为不同语言背景的学习者"量身定做"为目标；第二轮改革除延续第一轮的差异课程理念外，还提出了培养学习兴趣、重视生活应用的课改要求，并以"乐学善用"为目标，即乐于学习华文，在生活中使用华文。

（一）"量身定做"的华文课程

面对华族学生家庭语言背景日趋复杂的事实，新加坡的华文课程与教学到了需要转型并重新规划的临界点，华文课程应以不同于以往的课程模式，让不同能力与需要的学习者都能在力所能及的范围之内学习华文。为此，新加坡教育部分别于 2007 年和 2011 年发布了新一轮华文课程。这一时期的华文课程具备多个特点，现分述于后。

1. 重视课程的差异性

（1）小学华文课程

①分两个阶段规划课程

为实现差异课程的"因材施教"要求，2007年颁布的《小学华文课程标准》分成两个阶段设计课程。课标把小一至小四设定为"奠基阶段"，把小五和小六设定为"定向阶段"，从小学一年级开始就把华文课程分成华文课程和高级华文课程，以应对不同家庭语言背景的学生学习起点不同的情况。在"定向阶段"，课标增加一个基础华文课程，供学术能力比较弱的学生学习。

②从三个方面拟定课程总目标

《小学华文课程标准》以新加坡教育部颁布的"理想教育成果"为宗旨，以"'核心技能与价值观'为基础，兼顾国民教育、思维能力、资讯科技、社交技能与情绪管理等方面"（新加坡教育部，2007），从三个方面拟定总目标。这三个方面分别为"培养语言能力"、"提高人文素养"和"培养通用能力"。这也是新加坡华文课程首次对"人文素养"和"通用能力"提出要求。表7-8为《小学华文课程标准》的总目标（新加坡教育部，2007）。

表7-8 《小学华文课程标准》总目标（2007）

	总目标
培养语言能力	·能听懂日常生活中的一般话题、儿童节目、简单的新闻报道等。 ·能以华语与人交流，能针对日常生活话题发表意见。 ·能阅读适合程度的儿童读物，能主动利用各种资源多阅读。 ·能根据图意或要求写内容较丰富的短文，能在生活中用华文表达自己的感受。 ·能综合运用听、说、读、写的语言技能进行学习、与人沟通。
提高人文素养	·培养积极的人生态度与正确的价值观。 ·认识并传承优秀的华族文化。 ·关爱家人，关心社会，热爱国家。 ·关爱生活，感受美，欣赏美。
培养通用能力	·发展思维能力，能发挥想象力和创造力，具备分析问题、解决问题的能力。 ·具备基本的自学能力，能运用所学的知识。 ·能借助资讯科技进行学习，与人沟通。 ·具备社交技能与情绪管理能力，能对自己有一定的认识，并能和周围的人建立良好的关系。

资料来源：《小学华文课程标准》（新加坡教育部，2007）。

"培养语言能力"列出了预期的语言教学目标，"提高人文素养"列出了华文课程的情感目标，"培养通用能力"则顺应当代教育的要求，着重于发展学生 21 世纪所需的技能。

③采取"保底不封顶"的"能力单元"模式

2007 年的《小学华文课程标准》采用"能力单元"的模式，将每一种课程按照教学对象的特点把每个教学单元分成三个能力小单元，根据学生的语言起点和学习需要，从最适合他们语言能力的小单元开始教起。

小学一、二年级的华文课程每一单元分成"导入单元"、"核心单元"和"深广单元"三个小单元。"导入单元"是预备单元，以培养学生的听说能力、加强学习信心为教学重点，供来自讲英语背景家庭、在入学之前鲜少接触华文的孩子修习。有了"导入单元"的引导，学生便可以在达到这一单元的语言目标之后，学习同一单元的"核心单元"内容。"核心单元"是每一个教学单元的主要部分，是所有学生必须修读的单元，各年级的考试也以"核心单元"的要求为依据。那些来自讲华语家庭或有基本华语能力的学生，可以直接学习"核心单元"的内容。"深广单元"则是"核心单元"内容的延伸，供那些既有能力又对华文感兴趣的学生修读，以进一步提升语言水平。

到了小学三、四年级，大部分的学生直接修读"核心单元"，但对于少数学习华文依然有困难的学生，可以在修完"核心单元"的课程内容之后，另外修读"强化单元"，接受额外辅导。

到了小五、小六的定向阶段，华文课程每一单元只保留"核心单元"和"深广单元"，没有"导入单元"或"强化单元"。那些学习能力比较弱的学生，则转而修读基础华文。华文起点高、对学习华文感兴趣也有能力学习的学生，从奠基阶段便可以修读高级华文。高级华文的每一单元也分成"核心单元"和"深广单元"两个小单元，以实现"保底不封顶"的差异课程设计理念。

④各单元教学重点有所侧重

配合差异课程的设计理念，这三种课程在教学重点上也有所不同。表 7-9 是各课程单元的教学重点。

表 7 - 9　小学华文课程（2007）单元教学重点

奠基阶段（小一至小四）		
课程	单元	教学重点
华文	导入单元（小一、小二）	·着重听说 ·着重识字
	强化单元（小三、小四）	·着重识字
	核心单元	·着重听说 ·着重识字与写字 ·着重阅读
	深广单元	·增加阅读量，拓宽阅读面
高级华文	核心单元	·着重听说 ·着重识字与写字 ·着重阅读 ·增加阅读量，拓宽阅读面
	深广单元	·着重写作
定向阶段（小五至小六）		
课程	单元	教学重点
基础华文	核心单元	·着重听说
华文	核心单元	·着重阅读
	深广单元	·增加阅读量，拓宽阅读面 ·着重写作
高级华文	核心单元	·着重阅读 ·增加阅读量，拓宽阅读面 ·着重写作
	深广单元	·加强写作

资料来源：《小学华文课程标准》（新加坡教育部，2007）。

（2）中学华文课程

①根据不同的能力提供多种课程

为全面照顾不同语言背景和能力的学生的学习需要，2011 年颁布的《中学华文课程标准》推出五种不同的课程，以适应不同学习能力学生的需求。各课程需要达到的语言能力目标各有不同，表 7 - 10 是这五个课程的总目标。

表 7 - 10　中学华文五种课程总目标

课程	总目标
基础华文	加强学生的口语交际能力，培养基本的读写能力，最终达到以下目标： ·能听懂适合程度的记叙性、说明性和实用性语料 ·能初步针对一般话题表达看法与感受，并与人进行交流 ·能阅读适合程度的记叙性和实用性语料，体会文章表达的思想感情 ·能写简单的记叙文和实用文 ·能认读 1500～1600 个常用字，能写其中的 1000～1100 个字
华文 B	加强学生的口语交际能力，培养基本的读写能力，最终达到以下目标： ·能听懂适合程度的记叙性、说明性和实用性语料 ·能初步针对一般话题表达看法与感受，并与人进行交流 ·能阅读适合程度的记叙性、说明性和实用性语料，并能初步进行简单的文学欣赏 ·能写适合程度的记叙文和实用文 ·能认读 1600～1700 个常用字，能写其中的 1100～1200 个字
华文（普通学术）	加强学生听说读写的能力，着重读写能力的培养，最终达到以下目标： ·能听懂适合程度的记叙性、说明性、议论性和实用性语料 ·能针对一般话题表达看法与感受，并与人进行交流 ·能阅读适合程度的记叙性、说明性、议论性和实用性语料，并能初步进行文学欣赏 ·能写适合程度的记叙文、说明文、议论文和实用文 ·能认读 2200～2300 个常用字，能写其中的 1800～1900 个字
快捷华文	加强学生听说读写的能力，着重读写能力的培养，最终达到以下目标： ·能听懂适合程度的记叙性、说明性、议论性和实用性语料 ·能针对较复杂的话题表达看法与感受，并与人进行有效的交流 ·能阅读适合程度的记叙性、说明性、议论性和实用性语料，并能进行文学欣赏 ·能写适合程度的记叙文、说明文、议论文和实用文，并能初步进行简单的文学创作 ·能认读 2400～2500 个常用字，能写其中的 2000～2100 个字
高级华文	加强学生听说读写的能力，着重写作能力的培养，最终达到以下目标： ·能听懂适合程度的记叙性、说明性、议论性和实用性语料 ·能针对较复杂的话题与人进行有效的交流，能根据题目发表简短的演讲 ·能阅读适合程度的记叙性、说明性、议论性和实用性语料，并能深入地进行文学欣赏 ·能写适合程度的记叙文、说明文、议论文和实用文，并能进行简单的文学创作 ·能认读和写 2700～2800 个常用字

资料来源：《中学华文课程标准》（新加坡教育部，2011a）。

除了语言目标之外，2011 年的《中学华文课程标准》也延续了 2007

年《小学华文课程标准》的做法，纳入"人文素养"和"通用能力"的课程目标。"人文素养"的课程目标基本上与小学课程的一致，是情意目标；"通用能力"的课程目标则提升了要求，进一步培养学生 21 世纪所需的能力，包括创造性和批判性思维能力、自主探究能力、资讯通讯能力以及群体协作能力。

②各课程侧重于不同语言技能

基于课程总目标的不同，各语言技能在五种课程中各有侧重。表 7 - 11 是各课程语言技能的教学比重。

表 7 - 11　中学华文五种课程语言技能教学比重

语言技能	基础华文	华文B	华文（普通学术）	快捷华文	高级华文
听说	65%	50%	40%	35%	25%
阅读	25%	30%	30%	35%	30%
写作	10%	20%	30%	30%	45%
总计	100%	100%	100%	100%	100%

资料来源：《中学华文课程标准》（新加坡教育部，2011a）。

2. 根据语言范畴进行"目标分级"

2007 年和 2011 年颁布的两套华文课程标准采用了"目标分级"的概念，按照语言范畴设定分级目标。

（1）小学华文课程

小学华文课程共有五个语言范畴，即"听说""识字与写字""阅读""写作""语言技能的综合运用"，共分三级，其中的第三级部分目标与中学的基础华文、华文 B 重叠，外加四个向度的"人文素养"（价值观、华族文化、关爱意识、审美情趣）和四个向度的"通用能力"（思维能力、自学能力、借助资讯科技学习的能力、社交与情绪管理能力）。

（2）中学华文课程

中学华文课程有四个语言范畴，即"聆听""说话""阅读""写作"，共分五级，即第三级到第七级，另加与小学华文课程相同的四个向度的"人文素养"与四个向度的"通用能力"。表 7 - 12 为中小学课程语言范畴的部分分级目标。

表 7 - 12　中小学华文课程语言范畴的分级目标（部分）

课程	级别	分级目标
小学华文课程	一	·在教师的引导下，学会使用句号、逗号和问号 ·能写完整的句子 ·在教师的引导下，能根据图意写几个简单的句子 ·能自由写话（深广单元和高级华文）
	二	·能正确使用句号、逗号和问号 ·在教师的引导下，学会使用顿号、感叹号、冒号和引号 ·能写意思完整的段落 ·能根据图意或要求写短文 ·能根据图意或要求，写内容较丰富的短文（深广单元和高级华文） ·能在生活中用华文作简单的书面表达，如写手机短信、写日记等 ·在教师的指导下，学会用资讯科技，以华文进行简单的网上交流（包括写简短的电子邮件）
中小学华文课程标准交叉部分	三	·能正确使用顿号、感叹号、冒号和引号 ·在教师的指导下，学会使用书名号和省略号 ·能根据图意或要求，写内容较丰富的短文 ·能根据图意或要求，写内容较丰富、表达较清楚的短文（深广单元和高级华文） ·能在生活中用华文表达自己的感受，如写信、写读后感等 ·能在生活中利用资讯科技，以华文进行网上交流（包括写电子邮件） ·能正确使用标点符号 ·能初步运用基本的写作技巧 ·能写简单的记叙文 ·能写比较简单的实用文 ·（斜体字为与小学华文课程重叠的中一至中四基础华文课程、中一至中二华文 B 课程的分级目标）
中学华文课程	四	·能运用基本的写作技能 ·能写记叙文和简单的说明文 ·能写简单的实用文
	五	·能运用较复杂的写作技巧 ·能写记叙文、说明文和简单的议论文 ·能写比较复杂的实用文
	六	·能综合运用写作技巧 ·能写记叙文、说明文和议论文，并初步进行简单的文字创作 ·能写复杂的实用文
	七	·能写记叙文、说明文和议论文，并进行简单的文字创作 ·能综合运用各种表达方式，写复杂的实用文

　　资料来源：《小学华文课程标准》（新加坡教育部，2007）；《中学华文课程标准》（新加坡教育部，2011a）。

3. "校本课程"组成课程的有机部分

2007 年和 2011 年颁布的两套华文课程标准首次把校本课程纳入课程的架构，以便更好地因材施教，满足不同的语言能力、学习兴趣学生的学习需要，激发学生潜能。

（1）小学华文课程

《小学华文课程标准》建议校本课程可占 20%～30% 的授课时间（新加坡教育部，2007），学校可以根据具体情况，以核心单元的教材为基础，丰富教学活动；也可以自行设计教材，丰富学习内容。在定向阶段，学校可以根据学生的需要，把校本课程作为强化学习和深广学习的单元，以提高华文的教学效果（新加坡教育部，2007）。

（2）中学华文课程

《中学华文课程标准》建议校本课程可占 10%～15% 的授课时间（新加坡教育部，2011a），学校可以利用中央课程的教材，根据学生的需要进行简化、扩展或深化，也可以采用真实性教材、课外读物进行教学，辅助华文的学习。条件允许的学校，也被鼓励自行设计和开发教材，拓展学习（新加坡教育部，2011a）。

无论是小学还是中学的校本课程，都应以中央课程的总目标为指导，有计划地推行。校本课程是辅助中央课程的有机单元，不是独立的课程单元。

（二）"乐学善用"的华文课程

进入 21 世纪，知识经济时代到来，世界各国全球化的趋势加快，越来越多的国家意识到在高度竞争的全球化环境中掌握多种语言的重要性，世界正朝着多语言的方向发展。新加坡是一个经济开放的国家，为了持续保有竞争力，掌握多种语言成为新时代国民必须具备的生存能力，而不是少数精英的专利。

随着亚洲经济实力的提升，新加坡国民掌握母语，除了能保留传统文化与价值观外，还能在各种真实的情境下使用母语和本国、本区域乃至世界各地具有相同语言文化背景的社群建立联系。新加坡教育部因此在 2010 年对包括华文在内的母语课程进行了检讨，并于 2011 年 1 月发布了《乐学善用：2010 母语检讨委员会报告书》，提出母语教学的三大目的——沟通（Communication）、文化（Culture）和联系（Connection），即在工作或生活中使用母语与人沟通；学习母语认识自己的文化、文学和历史，传承传统文化与价值观；使用母语与本区域乃至世界各地具有相同语言文化背景的社群建立联系（新加坡教育部，2011b）。

新加坡的华文课程在 21 世纪迎来了新的使命。华文课程除了传承文化，也要协助不同语言背景与语言能力的华族学生提高语用能力。要做到这一点，华文教学就需要生活化，尽量结合学生的生活与兴趣，采用各种策略、通过各种有效的活动使学生乐于学习母语，并在真实的生活情境下使用母语。新加坡教育部相信，接近学生生活经验与兴趣的课程内容能提高学生学习母语的兴趣，使学生乐于在生活中使用母语。母语教学应以"乐学善用"为主要发展方向，只有"乐学"才能"爱学""愿意学"，最后才能学以致用。"乐学"是过程，"善用"是目标。

基于《乐学善用：2010 母语检讨委员会报告书》（以下简称《报告书》）的建议，新加坡教育部开始编写课程，并于 2015 年颁布新的《小学华文课程标准》。这套华文课程标准具有三个方面的特点。

（1）紧密切合母语教学 3C 目的

《小学华文课程标准》（2015）从"培养语言能力"、"提高人文素养"和"培养通用能力"三个方面设定总目标，作者根据《报告书》所建议的"沟通、文化、联系"母语教学的 3C 目的，对目标做了对焦。表 7 – 13 为 2015 年《小学华文课程标准》的总目标。

表 7 – 13　《小学华文课程标准》（2015）总目标

课程范畴	总目标［Cn 为目标所对应的母语教学 3C 目的］ C_1：Communication　C_2：Culture　C_3：Connection
培养语言能力	·能听懂适合程度的一般话题、传媒资讯（平面媒体、广播、新媒体等）的信息与内容。（C_3） ·能具体明确地说出自己的见闻、体验和想法。（C_1） ·能独立阅读适合程度的阅读材料，获得知识与信息。（C_2/C_3） ·能根据需要，运用常见的写作方法，表达情感和看法。（C_1） ·能与他人进行口语和书面互动，交流情感、传达信息、表达看法。（C_1/C_3） ·能综合运用聆听、说话、阅读、写作的语言技能与人沟通。（C_1）

续表

课程范畴	总目标［Cn 为目标所对应的母语教学 3C 目的］ C_1：Communication C_2：Culture C_3：Connection
提高人文素养	·培养品德修养，培养积极正面的价值观，促进全人发展。（C_2） ·重视、热爱、欣赏与传承优秀的华族文化。（C_2） ·具有生活常识和科普知识，并认识新加坡本土的事物、习俗等。（C_2） ·关爱家人、关心社会、热爱国家、关怀世界。（C_2） ·培养环球意识，理解并尊重不同文化，以进行跨文化沟通。（$C_1/C_2/C_3$）
培养通用能力	·培养想象能力、创造力和批判性思维能力，能分析问题和解决问题。 ·培养自主学习的能力，能主动进行探究式的学习，为终身学习打下基础。 ·培养社交技能与情绪管理的能力，能够处理人际关系，与他人协作，并在团队中做出贡献。 ·能以资讯科技作为交流的手段，与他人进行有效的口头和书面交流（C_1/C_3）。 ·能以资讯科技作为学习的工具，搜索和处理信息，获取知识，提高学习效益。

资料来源：《小学华文课程标准》，（新加坡教育部，2015）。

就表 7－13 的课程总目标看，"培养语言能力"和"提高人文素养"范畴的总目标均和母语教学的三大目的密切联系，而"培养通用能力"范畴所着重培养的是当前国际教育所重视的 21 世纪技能，不一定必须和 3C 发生联系。

（2）延续差异性课程单元模式

《小学华文课程标准》（2015）保留了 2007 年小学华文课程的能力单元模式，延续"保底不封顶"的课程理念。对于"奠基阶段"和"定向阶段"三种课程的学习重点，基本上也和 2007 年课程保持一致。

（3）强调沟通和表达能力的训练

《小学华文课程标准》（2015）更强调培养学生在生活中使用华文华语进行沟通和表达的能力。为了培养学生在生活中使用华文华语进行沟通表达的能力，这套课程标准在传统的语言四技目标以外，增加另外两个语言技能目标，即"口语互动"和"书面互动"目标，明确要求华文的教学应结合学生的生活经验，培养沟通交流的语用能力。表 7－14 是"口语互动"和"书面互动"在小学阶段须培养的知识与技能。

表 7-14 《小学华文课程标准》(2015) 语言互动目标

	口语互动目标	书面互动目标
1	能有针对性地进行口语交流	能使用适当的方式和语言进行书面交流
	·能提出问题,并对他人的提问做出适当的回应	·能使用适当的交流媒介达到交流的目的(如用贺卡交流情感、用便条交换信息、用网上论坛交流看法)
	·能发表看法,并对他人的看法做出适当的回应	·掌握交流媒介(如贺卡、便条、书信、电邮)的格式与用语
	·能根据情境和对象选择说话内容和用语	
2	能运用适当的方式进行口语交流	能有针对性地进行书面交流
	·能在话语不清楚时要求澄清	·能提出问题,并对他人的提问做出适当的书面回应
	·能通过讨论完成话语任务	·能发表看法,并对他人的看法做出适当的书面回应
	·能通过有效的话轮转换与人对话	·能根据情境和对象选择书面互动的内容和用语
	·能借助肢体、语气等(如手势、改述、代替词、修正、重组话语)辅助说话,自我修正错误	

资料来源:《小学华文课程标准》(新加坡教育部,2015)。

2015 年的《小学华文课程标准》遵循"语言六技"设置华文课程目标,能够更全面地培养学生的语言能力。在重视发展学生语言互动能力的理念下,华文教学就不仅仅停留在语言技能的操练上,华文学习也不再局限于课室空间,而必须和学生的课外生活经验进行更好的衔接。家庭、邻里、社区、社会都可以是语言学习的真实情境。

至于根据《报告书》建议所编写的中学华文课程在本文撰写时还处于撰写阶段,本文因此未做分析与讨论。

综观 21 世纪初期的华文课程,最为突出的特点就是提出了顺应学生语言背景和语言能力趋向多层性差别的差异课程理念,并以中央课程配合校本课程的模式处理学习者差异,而不再把华文课程的语言要求和教育分流结果捆绑在一起。语言能力强的学生,都有修读高级华文的机会。

这一时期的华文课程,也根据学习者所属课程源流的不同,在教学上有所侧重,不再要求听说读写能力同步发展。2015 年的小学华文课程,更是以培养基本的口语能力作为华文教学的起点，之后再以口语能力为基础发展阅读和写作能力。从口语开始、重视口语能力的培养是这一时期的华文课程和前两个阶段的华文课程在语言教学观上最大的不同，华文教学开始走向二语教学的方向。虽然如此，新加坡的华文课程仍然保留通过华文的学习传承华族文化的目标，但把这些文化目标归入人文素养范畴的"价值观"和"华族文化"次范畴，把提高人文素养作为学习华族传统文化的目的。

五 课程变革简评

新加坡各阶段华文课程的发展是各时期语言政策的反映，而各时期的语言政策又受到该时期政治层面和社会语言层面因素的影响，是政治和社会语言生态因素交互作用的结果，并对课程发展产生了指导作用。

新加坡于 1959 年成为自治邦，并于 1965 年独立。建国伊始，政府便制定了务实的语言政策。当时以英美为首的西方国家执世界经济之牛耳，世界科技和商贸中心都在西方。对于土地面积有限、没有天然资源的新加坡而言，经济发展须依赖西方工业强国的投资和输送技术，掌握英文的重要性对于初生的小国不言而喻。与此同时，新加坡有华族、马来族和印度族三大种族，各有其不同的语言文化。鉴于新加坡多元种族和多元语言的社会环境，在政策上偏向任何一种当地族群的语言，对其他种族的谋生与就业都不公平。语言政策和语言教育是建设国家、梳理族群关系的重要因素，处理不当势必将付出沉重的政治代价。

从凝聚族群团结、建立国家认同、发展国家经济的角度衡量，英语很自然就被政治决策者定为新加坡各族之间的共同语言、商贸用语和行政语言。而发生在 20 世纪上半叶殖民地和半殖民地时期的政教对立、母语教育抗争不断的历史事实，也给建国的领袖们发出了强烈的警讯，使他们意识到保留各族群语言文化的重要性。政府在教育政策上因此平等对待各语言源流的学校，并在学校全面实施双语教育。政府当时的语言政策思维是因为英语为国际商业、外交和科技的语言，应被选为新加坡的工作语言和各族的共同语，但一个人了解母语也非常有必要，因为母语是认识个人的文化遗产、加强价值观和提升文化认同的语言（Lee，2012）。新加坡因此在 1960～1970 年代，在教育上开启了母语源流学校和英语源流学校并存的时代。英语成为母语源流学生必修的第二语文，华语则是华文源流学生的第一语文、英文源流学生的第二语文。

新加坡建国初期，报读华文源流的学生依然很多，华族家庭的主要语言是方言，华语则是官定的华族母语。因此，华文课程设计均遵循传承母语和母族文化的语文课程的思路，即通过课程传扬优良的母族传统文化（新加坡教育部，1971，1973）。传统意义上的语文课程，是通过丰富的人文内涵对学生产生熏陶感染作用，并注意教学内容的价值取向（林治金，2002）。赵守辉、王一敏（2009）亦认为，语文教学着重于各类知识的传授、文化价值的传承，除读写的技术性功能以外，还具有文化性、艺术性和性格养成的功能。这一时期的新加坡华文课程，在教学理念上和其他中华文化地区语文课程的教学思路相近，无论是第一语文还是第二语文，均通过语言教学传承文化，以名家名篇或根据名篇改写后的文学性篇章熏陶学生性格，培养家国情怀和个人道德价值观，体现了语文教学的特点。第一语文和第二语文的课程之间只有语文程度的差别，没有教学观念的不同。

1980 年代，新加坡政府对独立后实施的双语教育进行检讨，总结出建国以来实施的双语教育未取得应有的功效。官方数据显示，1975～1977 年参加小六和初中四年级会考的学生中，超过 60% 的学生至少一门语言（英语或第二语文）不及格（Goh，1978）。数据也显示，由于有 85% 的华族家庭以方言为家庭语，英语和华语对他们而言都是新的语言，由于缺少语言背景，学生的两种语文不可能达到相同的水平（Goh，1978）。教育检讨小组因此认为，一刀切的课程没有达到"因材施教"的目的，因而对新加坡的教育体制做出了重大的调整，根据学生的学习能力，在小学和初中阶段把学生分流，实施"分流教育"。学生从小学四年级开始按照分流考试的结果分流，修读不同程度的两种语言课程，在语言政策上要求学生至少能掌握一种语言。为加强下一代掌握英语的能力，1987 年新加坡在教育上进一步统一语言源流，全国中小学学生均修读英语为第一语文的课程，母语则按照分流结果，修读第一语文或第二语文程度的课程。新加坡从此不再有不同语言源流的学校，而以全国统一的分流框架为学生提供不同的课程源流，各源流对于学生的双语能力有不同的要求。

1980 年代的中小学华文课纲在培养学生语言能力之外，亦继续重视灌输东方价值观念。这一时期华文课纲的主要改变在于把真实性材料纳入教材，小学课程中也列入简短的本地新闻（新加坡教育部，1981），中学课纲除新闻素材外，也纳入访谈、座谈会、实用文等元素（新加坡教育部，1983）。华文课程开始关注语言的实用价值。

进入 1990 年代，说方言的华族家庭减少，说华语和英语的家庭增加。1990 年代也是新加坡家庭语言英语化的开始。教育上语言源流的统一，致使英语逐渐成为下一代国民的共同第一语言、新加坡社会上的主要语言。越来越多家庭以英语为主要语言，但华语依然是华族家庭最常使用的家庭语（新加坡教育部，1992）。新的社会语言现实，导致学生华语能力的差异，政府必须在政策上重新检讨母语教学。新加坡在 1990 年代的十年内，对华文教学进行了两次的检讨（新加坡教育部，1992；《联合早报》，1999），修订语言政策以顺应家庭语言变化带来学生语言能力差异的现实。新加坡教育部增加了课程源流，高小阶段提供三种不同程度的华文课程，初中阶段提供五种华文课程。可以说，1990 年代是新加坡华文课程从双水平课程结构（一语或二语）转变为多层次、多水平课程结构的阶段。课程源流纷呈是这一时期华文课程的一大特色。另一特色则是这一时期颁布的中小学华文课程标准也开始扩大课程内涵，除保留过去课纲所强调的传统文化内容外，还通过华文课程让学生吸收广泛的知识。1993 年颁布的中小学华文课程标准，首次围绕主题规划教材，要求华文教材围绕八大主题选材，而华族传统文化与价值观是八大主题之一。按照主题规划教材，意味着华文课程除传承文化之外，也加强非文化性知识的传授，强调华文的学习须与学生所生活的社区、社会、国家乃至世界有较密切的联系。

进入 21 世纪，新加坡华族家庭以英文为主要语言的趋势愈加强烈，华族学生因家庭语言的不同而产生的语言程度差异也愈加明显。因应差异学习者的出现，华文课程在 21 世纪的前十年进行了两轮的检讨。官方在这一时期发表了两份报告书，为华文课程重新制定发展方向。第一份报告书在 2004 年以国会白皮书的形式公布（新加坡教育部，2004），检讨重点为照顾学习者的差异性，提出应为不同程度的学生提供更具伸缩性的单元制课程，让学生从不同的起点开始学习，达到力所能及的程度。因应 2004 年发布的白皮书的建议所产生的小学华文课程，提出了基于能力单元的课程编写模式，给不同语言起点的学生设计不同的课程单元，通过单元之间的有机配合，协助大部分学生掌握读和说的能力和基本的写的能力，让语言能力较强的学生继续提升华文水平，从而提高教学效果。这时期的中小学华文课程也建议把校本课程纳入中小学的课程框架，鼓励学校根据学习对象的需要编写校本课程，以满足不同兴趣、不同能力学生的学习需要，从而加强华文的学与教。校本课程简单地说就是"以学校为本位，由学校自己决定的课程"（刘旭东、张宁娟、马丽，2002）。在校本课程的理念下，学校教师可以根据国家制定的教育目的，在分析校内外环境的基础上，编制、实施和评价课程（王斌华，2000）。校本课程可以较中央课程更灵活地照顾本校学生的兴趣，发展他们的特长。在新加坡复杂的社会语言环境下，把校本课程纳入华文课程，成为国家课程的一个有机部分，能更好地缩小华文学习者愈趋明显的学习差异，是正确的课程决策。因应 2004 年发布的白皮书的建议产生的华文课程，也一改以往从语言和文化两个角度设计目标的做法，另从三个方面设定目标，即小学华文课程的"培养语言能力""提高人文素养""培养通用能力"（新加坡教育部，2007），中学华文课程的"加强语言交际能力""提高人文素养""提高通用能力"（新加坡教育部，2011a），文化目标纳入了"人文素养"，成为三大目标之一。以培养 21 世纪所需的创造力、想象力、分析与解决问题能力、信息科技能力、自主学习能力、社交能力和情绪管理能力等为核心的"通用能力"，首次被列入华文课程，凸显了华文课程开始重视培养下一代国民有利于提高全球竞争能力的实用能力。《中学华文课程标准》（2011）具体列明了五种课程源流的不同目标，而学习实用性语料被列入所有课程源流的目标。21 世纪的第二份母语检讨报告书在 2011 年公布（新加坡教育部，2011b），该报告延续 2004 年白皮书的基本精神，并进一步提出了 3C 教学目的，具体列明华文课程须培养学生以华语文进行沟通、吸取文化养分和传统价值观、和各地使用华文的人士联系的能力。《报告书》的主题"乐学善用"，清楚阐明了培养学生善用华文、使华文成为生活中使用的语言的课程检讨的主导思想。顺应这一《报告书》重视语言应用的建议，2015 年发布的小学华文课程首次在传统的语言四技以外增加了"口语互动"和"书面互动"的语言技能，组成"语言六技"，清楚反映了新一轮的华文课程重视培养学生语言应用能力的"学以致用"课程理念。可以说，21 世纪的华文课程虽然继续要求学生通过语言了解与学习文化，文化传承的教学动机还在，但主要目的还在于培养学生应用华文思考、交流、掌握资讯的能力，让华文成为在新时代里有应用价值的语言，不再以文化传承为主要甚至唯一的目的。

从华族家庭语言急速英语化所导致的华文课程不断发展的趋势看，新加坡当前的华文教学已无法以母语、第一语文或第二语文教学来简单定义，而是开始向以第二语文学习主体为主的多水平教学方向发展，因此不可避免地出现以下语言教学的特点，即教学理念与目的以交际为主、教材设计围绕交际功能和语言难度、学习主体为第二语文学习者、教学媒介语一语和二语并用等（赵守辉、王一敏，2009）。新加坡当前的华文课程非常重视培养沟通、交际互动的语言应用能力，教学媒介语虽还是以华语为主，但允许英文在教学过程中扮演辅助学习的角色。对于汉字的学习，当前的华文课程也不再简单地设定第一语文和第二语文学习者在初中毕业后需要掌握的统一汉字数量，而是在汉字的认读和识写数量上，依照学生所修读的课程源流做适当调整。

在课程发展模式方面，新加坡过去 50 多年的华文课程可以说是"情境模式"和"目标模式"的结合，由分析当前社会语言情境开始，归纳华文学习者的特点与需要，再根据目标模式为不同语言背景的学习者设定课程目标，开发课程。在情境分析环节，除了 1970 年代第一套中小学华文课纲未见有政策性报告书为课程方向提供指引外，其他各时期的课程改革或检讨，都先由官方发布报告书，对当前的社会语言状况、学习华文的目的与价值、影响学习的因素、学生的学习需要等进行总结，指出存在的问题，并提出政策性建议。教育部再根据报告书建议，修订或编写新一轮的课纲或课标，拟定总目标和各源流目标，开发新教材。各套华文课程均定下了具体的课程目标，目标具顺序性和连贯性。就各时期华文课程所列明的总目标、分项目标、分级目标看，中小学课程的编写思路相当一致，小学为知识和技能的打基础阶段，中学则延续小学的目标并在已有的基础上加深加广，"螺旋式上升"；小学主要训练和培养语言技能，介绍母族文化和传统价值观、了解他族文化，中学则进一步提高语言技能，加强学生的文化素养，培养环球意识，中小学课程目标衔接紧密。有关新加坡自独立以来涉及华文课程和教学改革的报告书的提出背景与主要内容，请参阅拙文《新加坡独立以来各阶段华文课程与教学改革重点及其影响与评价（1965—2010)》（陈之权，2013），本文不再赘述。

纵观新加坡1960年代至21世纪初期的华文课程发展历程，清楚展现了以下十个特点。

（1）教育观念在保留学习华文是为了培养母语能力、认识华族传统文化、培养东方价值观和建国所需的国家意识的语文传承观的基础上向培养语用能力、提高人文素养和培养通用能力的学以致用观发展。

（2）课程类型从根据语言源流规划课程向按照学生教育分流的流向规划的方向发展。

（3）课程水平从简单的第一语文或第二语文双水平向多层次、多水平的方向发展。

（4）课程受众从单一背景的以华语为主要语言的学生转变为多元语言背景的学生。

（5）课程结构从篇章组合模式向单元组合模式的方向发展。

（6）课程目标从语言和文化双目标向培养语言能力、人文素养、通用能力的多维目标方向发展。

（7）课程内容从不依据主题编选教材至按照既定的主题编选教材的方向发展。

（8）课程组合从只有统一的中央课程向以中央课程为主、校本课程为辅的灵活组合、职能分工的方向发展。

（9）课程进度从同步发展学生听说读写能力向根据学习者的语言背

景和学习能力、在教学上有所侧重的方向发展。

（10）课程性质从以读写为主的语文教学向以口语发展带动书面语发展的语言教学的方向发展。

六　总结

新加坡独立后到1990年代的历年华文课程，均以母语教学作为规划课程、编写教材的理念，符合各个时期华语为华族家庭的唯一或主要使用语的社会语言环境。到了21世纪初，随着以英语为主要语言的华族家庭的迅速增加，社会语言环境发生了转变，华文课程的学习者出现了多元、多层次现象。华文对学习者而言，已不是必然的母语，华文课程不再能够按照单一的母语教学理念进行规划。华文课程必须更重视语言的实用性，提供灵活多元的组织架构，从学以致用的角度来规划课程，加强学生的沟通交流能力，以激发学生的学习动机。华文课程因此经历了从语文传承到学以致用的发展历程（Chin，2018）。

放眼未来10年，在新加坡的社会语言环境下，华文教学必须继续植根于真实情境，发展学生在现实生活中应用华语和华文与世界各地华语文使用者沟通交流的能力。可以充分利用社区乃至社会的语言资源和网络上的交流空间，营造各种真实的语言学习情境，让学生在情境中实时交际，增强他们使用语言的信心，提高他们对于语言的应用能力。新加坡有很好的社会语言环境和通信基础设施，向不同语言背景和能力的学生提供在虚拟或真实的情境下应用语言的机会，把课内的语言学习和课外的语言应用有机地结合起来。

新加坡的华文课程也必须从一开始就正视华文学习者家庭语言环境不同、语言起点有异的客观事实，通过有效的课程规划模式，首先缩小学生的语言能力差距，再提供符合个性发展、适合学生语言程度的学习经验，让不同语言能力的学生都能够可持续发展与提高他们的语言能力。"保底不封顶"、重视华语文的实用性是新加坡华文课程与教学必须继续坚持的方向。此外，通过华文课程传承中华文化与价值观，培养学生21世纪所需的技能，更是新加坡华文课程必须坚守的重要目标，是保留华族国民的文化身份、增强他们生存与发展能力的重要基础，不会因任何国内外因素而改变。

参考资料

陈之权：《新加坡独立以来各阶段华文课程与教学改革重点及其影响与评价（1965 – 2010)》，《中华语文学报》2013 年第 11 期，第 73 ~ 97 页。

《华文课程标准与教学指引》，新加坡教育部，1971。

《华文课程与教学检讨委员会国会白皮书》，新加坡教育部，2004。

《华英中学华文科课程标准》，新加坡教育部，1973。

《乐学善用：2010 母语检讨委员会报告书》，新加坡教育部，2011b。

《李显龙副总理政策声明全文》，《联合早报》1999 年 1 月 21 日，第 5 版。

林治金：《语文课程研究》，山东人民出版社，2002。

刘旭东、张宁娟、马丽：《校本课程与课程资源开发》，中国人事出版社，2002。

王斌华：《校本课程论》，上海教育出版社，2000。

《王鼎昌报告书：新加坡华文教学的检讨与建议》，新加坡教育部，1992。

《小学华文科课程标准》，新加坡教育部，1993a。

《小学华文课程标准》，新加坡教育部，2002a。

《小学华文课程标准》，新加坡教育部，2007。

《小学华文课程标准》，新加坡教育部，2015。

《小学华文课程纲要》，新加坡教育部，1981。

谢泽文：《新加坡的双语教育与华文教学》，《新加坡华文教学论文二集》，新加坡华文研究会，2001。

新加坡文献馆：《新加坡共同价值观及其启示》，2006。［Retrieved from https://www. sginsight. com/xjp/index. php? id = 259］

新加坡统计局：《2000 新加坡人口调查》，新加坡贸工部，2000。

赵守辉、王一敏：《语言规划视域下新加坡华语教育的五大关系》，《北华大学学报》（社会科学版）2009 年第 3 期，第 47 ~ 58 页。

《中学华文科课程标准》，新加坡教育部，1993b。

《中学华文课程标准》，新加坡教育部，2002b。

《中学华文课程标准》，新加坡教育部，2011a。

《中学华文课程纲要》，新加坡教育部，1983。

Chin C. K. ，"Chinese Language Curriculum in Singapore（1960 – 2000）：from culture transmission to language application," in Soh K. C. ，ed. ，*Teaching Chinese Language in Singapore*：*Efforts and Possibilitie*（Singapore：Springer Nature，2018）.

Goh Kim Swee，the Education Study Team，*Report on the Ministry of Education*（Singapore：Ministry of Education，1978）.

Lee K. Y. ，*My Lifelong Challenge*：*Singapore's Bilingual Journey*（Singapore：Straits Times Press，2012）.

Shepherd J. ，*Striking a Balance*：*The management of language in Singapore*，2005. ［Retrieved from：http：//eservice. nlb. gov. sg/item_ holding_ s. aspx？ bid = 12544004］

从新加坡学生日常使用汉字字频
谈新加坡华文课程与教学规划[*]

一　新加坡华文教学的独特性

新加坡自独立以来就施行双语教育政策，双语教育是全民性的。新加坡虽然实行的是非平行的双语教育（周清海、梁荣基，1992），但在国家独立之后出生的所有华族国民，除非有特别的原因，都学习过华语，尽管所掌握的水平参差不齐。

华文在新加坡这个华人人口占大多数的国家并非官方语言，也非主流语言，却是一个通行的语言，因此，新加坡依然具备了学习华文的社会语言环境。在任何时候，新加坡都有 30 余万名在籍学生在学习华文，是全世界除中华文化地区以外学习华文的人口最多的地方之一。学校大多数的科目都以英语教学，华族学生在课堂上接触华文、以华文进行思考与表达的时间只占总课时的 15% ~ 20%，因此，除少数学习能力特别强的学生外，一般学生的华文水平难以达到很高的水平。

新加坡华文教学的独特性表现为多元背景的学习者、多层的语言能力以及多样的学习需求。但它既非母语教学，也非外语教学，是介于母语和第二语言的语言教学，包括了准母语和非母语学习者，又以非母语学习者为主流。独特的社会语言背景意味着我们不能以母语的要求来看

　＊　本文为作者在"第六届'汉字与汉字教育'国际研讨会"（浙江外国语学院，2015 年 7 月）上的主题演讲论文。文章亦曾刊载于 2016 年第 40 辑《汉字汉文教育》。本文初稿得到苏启祯博士和张丽妹博士的指点和帮助，在此一并致谢。

待新加坡的华文。因此，新加坡以华文作为非母语的学生究竟应该掌握多少汉字才够呢？汉字教学应遵循怎样的教学顺序才能产生效果呢？华文课程中汉字教学的量和序，一直是新加坡华文教学工作者关心的问题。

二　新加坡华文课程中汉字教学的需要

从新加坡社会语言的发展趋势看，"英文为主，华文为辅"的语言环境已然形成，但华文华语依然是学生在学校以外经常会接触的语言，是日常生活中需要使用的语言。因此，在规划华文课程的时候，必须从"学以致用"的角度来思考，华文课程必须以培养学生在生活中运用华文的能力为主要目的，华文课程的字词教学也必须以"用"为出发点，在充分了解学生的语言使用需要的情况下，做出有序的安排。换言之，华文课程的编写者必须把握学生在生活中对这一语言的实际需要，方能编写出符合学习者认知能力、切合他们学习需要的课程与教材。

（一）规划汉字教学须重视的问题

新加坡过去在规划华文课程的时候，编写单位都会以当地华文报公布的字词表（如《南洋·星洲联合早报用字用词调查报告》）或由高校个别学者所做的语文教材的用字用词调查成果为参考依据，定出字表编写教材。这些语料和研究成果虽有一定的科学性，但未充分考虑当前学生的实际语言应用环境，比较不容易反映华文作为非母语学习者的实际学习需要。

语言的学习必须与生活相结合，要强调语言的现实性、实用性（Benson，2001；Tarone & Yule，1999；Nunan，1988）。从非母语学习者的角度考虑，学生学习汉字是为了阅读，不是为了创作。因此，编写新加坡华文课程的汉字教学内容，一定要了解在当前语言环境下，学生需要掌握的汉字数量，借鉴汉字教学与研究领域的研究成果规划汉字的学习顺序，再依照合理的顺序编写教材。

（二）借助语料库掌握学生需要学习的汉字范围

当前国际二语教学的一个趋势是基于语料库的语言教学。开发语言课程，需要把来自生活的语料作为基础，建立语料库，之后再提取语料库中所提供的语言信息，科学地规划语言课程。因此，要实现新加坡非母语华文学习者以"用"为出发点的目标，需要建构属于非母语华文学习者的华文语料库。为此，新加坡华文教研中心于 2010 年开始创建"新加坡学生日常华文书面语语料库"，并于 2012 年完成。本语料库通过对新加坡中小学生所接触的日常书面语进行收集、整理和分析，归纳出近年来中小学生在生活上常接触的华文用字、词语和句型，产出了《新加坡学生日常华文用字频率字典（新加坡学生日常华文用语调查系列）》（以下简称《频率字典》）（林进展等，2014）、《新加坡学生日常华文用词频率词典》（吴福焕等，2013）和《新加坡学生日常华文句型频率索引》（赵春生等，2015）。

1. 语料库介绍

"新加坡学生日常华文书面语语料库"通过进行学生阅读调查与系统的语料库采样，收集了 3613 个文本。文本类型涵盖报章、文学书籍、杂志、漫画、歌词、网页、教辅材料、广告、传单、壁报、商品说明等，合计 2637990 字次，经自动化分词、词性赋码、语法标注与专业校对建成该语料库（吴福焕等，2013）。

本文所引用的汉字数据，取自语料库产出的《频率字典》。该字典收录语料库中全部的华文用字，共 4855 个，包括普通词汇用字 4436 个和专有名词用字 419 个（林进展等，2014）。

2.《频率字典》的结构和所含汉字信息

（1）结构

本字典共有五个表，分别收录不同的汉字信息。

检字表	普通词汇用字检索，按照笔画数由多到少顺序排列
主表一	字频表（频率、累加频率、文本分布率）
主表二	汉字使用信息表（笔画数、字音、构字部件、构词）
附表一	专用名词（人名、地名、机构团体名）
附表二	部件及构字数分布表

（2）信息

《频率字典》根据收集、整理和分析的语料，从"频率信息"和"用字信息"两大方面提供了8种本地日常华文用字信息，对规划华文课程有专业参考价值。

《频率字典》为每一个字提供了3种与频率相关的信息。

　　①频率：注明每个字之频次在语料总字数中所占的百分比。

　　②累加频率：提供按频率排列的每个汉字本身频次加上之前所有汉字频率的总和。

　　③文本分布率：提供每个字所出现之文本数在语料总文本数中所占的百分比。

本字典为每一个日常用字提供了5种用字信息。

　　①笔画数：根据汉字的规范写法，字典列出了每一个字的笔画数。

　　②字音：为每个字进行注音，如为多音字，则在提供注音以外，注明不同读音占该字总字频的比例，并按比例高低排列。

　　③构字部件：列出组成每一个字的部件，并按照笔画排列。

　　④构字：提供每个部件在语料库中的构字数。

　　⑤构词：列出由每个单音字构成的5个最常用词；若为多音字，则为每一读音列出2个构成的常用词。

三　当代汉字教学的研究成果

大量当代汉字教学理论与教学研究成果显示，字频、笔画数、汉字的构词能力都是影响汉字学习效果的重要因素，汉字的学习效果受字频、构词数、字形的复杂度（笔画与部件数）的影响（江新、赵果、黄慧英等，2006）。

许多学者的研究显示，汉字的识别受字频的影响，出现频率越高的汉字，熟悉度越高，受到学习强化的机会也就越多，学习效果自然越好（高定国、钟毅平、曾铃娟，1995；沈烈敏、朱晓平，1994）。一项针对新加坡学生汉字学习成效的研究也发现，以华文为非母语的学生对华文字音、字形和词音、词形的辨认，跟字词的频率有密切关系（周清海、梁荣基，1992）。因此，在进行汉字教学的时候，要先选择频率高的汉字教给学生。此外，在考虑汉字的频率之余，也不能忽视汉字的常用度，即所学习的汉字和学生日常生活是否相关。有效的汉字教学，应是先教给学生频率高又常用的字，后教给学生频率低又不常用的字（江新、赵果、黄慧英等，2006）。

许多针对非母语的留学生的汉语单字识别的研究也发现，汉字识别中存在笔画数效应（张金桥，2008；尤浩杰，2003；冯丽萍，2002）。汉字由不同的笔画构成，笔画数和汉字视觉上的复杂度直接相关，笔画多的字比笔画少的字难以辨认（沈烈敏、朱晓平，1994）。刘丽萍（2008）的研究则发现，在留学生认读汉字的过程中没发现存在笔画效应，但在书写汉字的过程中则存在笔画效应。她因此建议应根据不同的教学任务来决定汉字的教学方法，在学习初期只要求学生认汉字，到学生积累了较多汉字的时候，便可以在教学中分成两个部分进行处理，笔画少、结构简单的汉字让学生写，笔画多和结构比较复杂的则只需要学生认读。近十年来对非汉字圈汉字教学的研究也进一步发现，汉字频率效应的大小受笔画数的制约，汉字输入频率越高学习效果越好，但笔画数越多，频率的影响越小（江新，2006）。

汉字部件对汉字的学习也起到了一定的作用，因为，"汉字的加工要经过笔画、部件和整字三个阶段"（彭聃龄、王春茂，1997），当部件保持恒定时，有笔画效应；当笔画数被控制时，部件效应也存在（彭聃龄、王春茂，1997）。王宁（2002）认为，构成汉字的基本部件保持在400个左右的稳定数量，而构字量较大的部件只占其中的48%，是人类记忆可以承受的负荷。部件是能够进行理据性拆分的汉字基本单位，有表形、表义、示音和记号的功能，能减少学生在理解字义、掌握字形和牢记读音方面的困难，因此，如能通过有限的部件集去组合相对有规律可循的汉字，能产生事半功倍的教学实效（韩秀娟，2012）。有学者认为，可以根据部件来规划汉字的教学顺序。汉字的部件一般起着"意符"或"音符"的作用，由于充当意符的独体字多为名词，意义比较具体，且较为常用，在教学中应先教这些能充当合体字意符的独体字。至于充当音符的独体字，则可视其与形声字读音的相似度决定教学顺序。那些与形声字同音而常用程度又比较高的音符，可以先行讲授；那些读音和所组字并不完全相同又不常用的音符，则可以较晚讲授（万业馨，2001）。也有学者认为，调动学生的部件知识，有利于汉字的教学（黄贞姬，2000）。

西方学者的研究发现，学习者对所学习的目标语的分布特征是敏感的，这些特征既包括某个语言形式单独出现的频率，也包括它和其他语言形式共同出现的频率（Harington & Dennis，2002）。因此，从汉字学习的角度来看，影响汉字学习效果的不仅仅是单字出现的频率，单字和其他汉字共同出现的频率也会发生作用（江新，2006），换言之，汉字的构词能力和词在不同的语境中出现的频率，会影响汉字的学习效果。赵果（2008）所做的关于构词数和汉字学习效果的一项研究发现，构词数越多的汉字学习效果越好，这是因为构词数多的汉字，能够在教材所出现的"词"的环境中反复出现，这将强化学生对相关汉字的认知，对识字量有正面的影响。相关学者的研究说明了汉字在学习者所接触的语言材料中出现的频率对汉字学习效果有重要的影响。因此，课程编写者要重视提高生字的复现率，以此提高汉字的学习效果。汉字的教学不能独立进行，必须和词汇教学结合起来，让学生从汉字出现的语境中去学习汉字（刘默，2012；江新，2006）。

四　应用语料库产出规划汉字教学

基于"新加坡学生日常华文书面语语料库"产出的《频率字典》对新加坡华文课程的一个重要价值就是为课程规划者提供了关于非母语学生需要掌握和使用的汉字信息，为新加坡华文课程的编写提供了汉字教学的重要参考数据。新加坡华文课程的规划者可以以语料库为基础，从当代汉字教学的研究成果中提炼课程的编写原则与教学规律，从而更好地解决汉字教学的量和序的问题。

1. 新加坡华文课程的汉字数量

《频率字典》提供了汉字频率、累加频率和文本分布率，有助于课程规划者决定汉字教学的合理数量和需要学生掌握的汉字范围。新加坡华文教研中心开发的语料库采集的语料来自学习者在课内和课外较常接触的文本类型，并对汉字语料做了频率和文本分布率的分析。作者对本语料库中汉字的频率和文本分布率做了相关性分析，显示汉字的频率和文本分布率呈现很高的正相关（$r = 0.9986$，$p < 0.05$），说明语料库中生成的字表有很高的代表性，足以代表掌握日常语料所需的汉字范围。对语料库中汉字数据的分析显示，频率最高的 1000 个汉字，覆盖了 90% 的生活语料；频率最高的 1500 个汉字，覆盖了 95% 的生活语料；频率最高的 2000 个汉字，覆盖了 97% 的生活语料，这和当前对汉字教学数量研究的结果相近。如《中国语言生活状况报告（下编）》（2006）对大众传媒所使用的大批汉字语料的统计结果也显示，使用频率最高的 934 个汉字覆盖了全部传媒语料的 90%；使用频率最高的 2314 个汉字覆盖了全部传媒语料的 99%。这表明，学生掌握 1000 ~ 2000 个汉字，就能阅读生活中需要接触的汉字文本，这和一些汉字研究专家的看法一致。如李泉和阮畅（2012）便认为，对于一般的汉语学习者，掌握约 1000 个汉字基本上就能满足一般性的阅读需要；而根据 *Oxford Chinese Dictionary*，学会 1000 个常用的汉字，就能读懂 90% 的现代汉语文章。因此，在规划新加坡的华文课程中的汉字教学时，可以通过同时考虑汉字的累加频率和每个汉字在学生最常接触的文本中出现的概率，来决定应教的汉字数量。基本上，新加坡学生需要学习并掌握的汉字，可以界定在 1500 到 2000 个字，再按照教育分流进一步规划不同源流华文课程的汉字数量。

2. 新加坡华文课程的汉字教学顺序

比较复杂的是汉字教学的顺序问题。当前汉字教学界对影响汉字学习的因素谈得不少，我们可以从他们的文献中基本归纳出影响汉字教学的五大因素，即字频、笔画、部件、构词和文本分布率。一些学者也就汉字教学的顺序提出了各种看法，如高频而常用且构词能力强的汉字应先教给学生；学生应先学习笔画和部件数较少的字形简单的字，后学习笔画和部件数较多的字形复杂的字；等等。学者们较多是针对影响汉字教学的其中一两个因素提出教学原则或教学建议，但对于如何综合各项影响汉字学习的因素来规划汉字教学的优先顺序讨论得比较少。作者认为，在华文课程中规划汉字教学顺序的时候，我们应寻求建立一个能综合考虑前面所述的五大因素的既容易操作，又相对客观的参照标准，以协助课程规划者做出决定。下面作者谨从规划新加坡华文课程的汉字教学的角度提出自己看法。

根据前面的文献分析，汉字的学习基本上受两类因素的影响，一类是频率因素，另一类是用字因素。频率因素主要是指字频，而谈到字频，也就连带谈论汉字的常用度，即汉字在文本中的分布状态或重现率。用字因素则主要包括了笔画数、部件数和构词数三个重要变项。作者认为，在讨论华文为非母语学生学习汉字的问题时，较之用字因素，对字频和常用度需要予以更大的关注。这是因为对于非母语的学习者，需要掌握足够多的文字来使他们较好地阅读生活当中所接触到的用汉字书写的生活文字。因此，课程规划者在处理汉字的教学顺序的时候，应更多地考虑频率因素。在规划华文课程的汉字教学的时候，作者建议首先根据语料库中的信息把笔画数、部件数、构词数分级，然后按照分级标准把每个汉字归入笔画、部件和构词这三个因素（或变项）当中的一个级别，找出每个字的级别平均值，之后将平均值乘以字频和文本分布率，以取得一个指数（作者暂时称之为"优习指数"，Priority Index，PI），课程规划者便可以根据所得指数，比较客观地安排汉字的教学顺序。现以"新加坡学生日常华文书面语语料库"产出的《频率字典》中首 100 个汉字为例，说明"优习指数"的产出过程。

（1）汉字的再分级

我们首先为组成这 100 个汉字的部件进行分级。在这 100 个汉字中，部件最多的为 4 个，最少的为 1 个。根据这一原则，我们很自然地根据部件数把汉字分成了四级，并以此作为其他两个变项的分级标准。

接下来，我们为这 100 个汉字的构词数和笔画数进行分级。根据汉字教学的构词数效应，构词能力越强的汉字学习效果越好，而汉字的笔画效应基本显示笔画多的字比笔画少的字难辨认、识别时间长，我们因而可以根据这两类效应来给汉字的构词数和笔画数进行分级。

为确保构词数和笔画数分级的客观性和有效性，我们采用统计学中的"四分位数概念"（quartiles），利用 IBM SPSS Version 分别计算出这 100 个字的构词数和笔画数的四分位数。构词数的四分位为 Q1 = 11、Q2 = 25、Q3 = 47，最高值为 137；笔画数的四分位数为 Q1 = 5、Q2 = 6、Q3 = 8，笔画数最多为 13。表 8 - 1 是汉字变项的分级，基本假设是级数增加，学习难度也增加。

表 8 - 1   "汉字因素" 变项级别

单位：个，画

级别	构词（Median = 25）	笔画（Median = 6）	部件
1	47 - 137	1 - 4	1
2	25 - 46	5	2
3	11 - 24	6 - 7	3
4	0 - 10	8 - 13	4

（2）汉字的平均级数

有了这三个变项的分级，课程规划者便可以根据每一个汉字在三个变项中所属的级数，计算平均级数。例如"好"字，笔画数为 6，在笔画变项中属于第 3 级；部件数为 2，部件级亦为 2；构词数为 57，构词级数为 1，所得平均级数为 2 [（3 + 2 + 1）/3 = 2]。又如"说"字，笔画数为 9，笔画级数为 4；部件数为 4，部件级数便为 4；构词数为 23，构词级数为 3，所得平均级数为 3.67 [（4 + 4 + 3）/3 = 3.67]，以此类推。

（3）汉字"优习指数"的计算

计算了每一个汉字的平均级数之后，便可以开始计算"优习指数"。对于华语为非母语的学习者，我们应当教给他们在生活中较常接触到的汉字，培养他们运用这些汉字来阅读日常文本的能力。因此，在规划汉字教学顺序的时候，应当对汉字的频率以及出现在日常文本中的概率予以更大的重视。基于这个考虑，作者提出了计算汉字"优习指数"的方式：

$$优习指数 = 汉字平均级数 \times 字频 \times 文本分布率$$

以前面所提的两个汉字为例，"说"字的字频为0.50363，文本分布率为58.11；"好"字的字频为0.41427，文本分布率为55.50，它们的"优习指数"如表8-2所示。

表8-2　汉字"优习指数"示例

	A 平均级数	B 字频	C 文本分布率	D（A×B×C） 优习指数
好	2	0.41427	55.50	45.98
说	3.67	0.50363	58.11	107.31

根据计算所得的"优习指数"，在安排汉字教学顺序的时候，"说"字应安排在"好"字之前教给学生。表8-3是《频率字典》首100个汉字的"优习指数"，按照指数高低排列。

表8-3　样例中首100汉字的"优习指数"（按指数高低排列）

字	笔画数	笔画数级	部件数	部件数级	构词数（常用词）	构词数级	字频%	文本分布率%	平均级数	"优习指数"
的	8	4	2	2	7	4	3.50598	89.58	3.33	1046.89
是	9	4	3	3	20	3	1.33702	78.58	3.33	350.21
在	6	3	2	2	19	3	0.97862	79.34	2.67	207.05
我	7	3	1	1	2	4	1.26611	60.41	2.67	203.96
了	2	1	1	1	10	4	1.18721	73.41	2.00	174.31
有	6	3	2	2	47	1	0.92852	78.61	2.00	145.98
他	5	2	2	2	5	4	0.77721	60.34	2.67	125.06
一	1	1	1	1	75	1	1.46447	83.90	1.00	122.87
这	7	3	2	2	11	3	0.67165	68.12	2.67	122.01
到	8	4	2	2	34	2	0.61457	69.65	2.67	114.15
说	9	4	4	4	23	3	0.50363	58.11	3.67	107.31
和	8	4	2	2	8	4	0.46203	67.17	3.33	103.45
不	4	1	1	1	98	1	1.25856	77.72	1.00	97.82

续表

字	笔画数	笔画数级	部件数	部件数级	构词数（常用词）	构词数级	字频%	文本分布率%	平均级数	"优习指数"
们	5	2	2	2	7	4	0.57743	57.09	2.67	87.91
就	12	4	2	2	11	3	0.48435	59.87	3.00	86.99
要	9	4	2	2	20	3	0.47187	59.29	3.00	83.93
得	11	4	3	3	42	2	0.39973	60.82	3.00	72.93
来	7	3	1	1	49	1	0.62776	69.46	1.67	72.67
会	6	3	2	2	49	1	0.53931	65.95	2.00	71.13
时	7	3	2	2	50	1	0.50968	68.38	2.00	69.70
以	5	2	2	2	21	3	0.42952	67.71	2.33	67.86
个	3	1	1	1	13	3	0.60180	67.45	1.67	67.65
都	10	4	3	3	5	4	0.33359	54.61	3.67	66.80
后	6	3	3	3	38	2	0.37314	63.60	2.67	63.28
能	10	4	4	4	17	3	0.31032	53.68	3.67	61.08
人	2	1	1	1	131	1	0.84015	72.33	1.00	60.77
也	3	1	1	1	3	4	0.45148	64.55	2.00	58.29
你	7	3	3	3	2	4	0.47803	36.28	3.33	57.81
家	10	4	2	2	46	2	0.37915	56.65	2.67	57.28
很	9	4	2	2	0	4	0.32672	49.79	3.33	54.22
可	5	2	2	2	24	3	0.37026	60.18	2.33	51.99
为	4	1	1	1	29	2	0.53816	70.35	1.33	50.48
还	7	3	2	2	7	4	0.29780	55.85	3.00	49.90
过	6	3	2	2	30	2	0.34142	61.14	2.33	48.71
地	6	3	2	2	48	1	0.40976	57.48	2.00	47.11
多	6	3	2	2	19	3	0.30349	57.25	2.67	46.33
学	8	4	3	3	45	2	0.41778	36.88	3.00	46.22
好	6	3	2	2	57	1	0.41427	55.50	2.00	45.98
最	12	4	3	3	7	4	0.22574	52.06	3.67	43.09
上	3	1	1	1	74	1	0.58478	73.67	1.00	43.08
新	13	4	3	3	30	2	0.27125	52.76	3.00	42.93
看	9	4	2	2	25	2	0.31451	49.67	2.67	41.66
前	9	4	3	3	40	2	0.23874	55.79	3.00	39.96
没	7	3	2	2	6	4	0.27445	46.19	3.00	38.03

续表

字	笔画数	笔画数级	部件数	部件数级	构词数（常用词）	构词数级	字频%	文本分布率%	平均级数	"优习指数"
然	12	4	3	3	25	2	0.24545	51.23	3.00	37.72
年	6	3	1	1	48	1	0.39724	56.77	1.67	37.59
大	3	1	1	1	93	1	0.55582	67.39	1.00	37.46
国	8	4	2	2	42	2	0.30590	43.86	2.67	35.78
里	7	3	1	1	17	3	0.32233	47.50	2.33	35.72
对	5	2	2	2	25	2	0.32075	55.34	2.00	35.50
着	11	4	2	2	19	3	0.25999	44.63	3.00	34.81
去	5	2	2	2	14	3	0.30882	48.23	2.33	34.75
现	8	4	2	2	21	3	0.22124	52.06	3.00	34.55
自	6	3	1	1	40	2	0.32186	53.30	2.00	34.31
出	5	2	1	1	70	1	0.39637	64.68	1.33	34.18
小	3	1	1	1	41	2	0.47641	51.90	1.33	32.97
起	10	4	2	2	27	2	0.24210	49.12	2.67	31.71
成	6	3	2	2	35	2	0.25525	52.09	2.33	31.02
因	6	3	2	2	6	4	0.20966	48.61	3.00	30.57
她	6	3	2	2	1	4	0.32806	30.95	3.00	30.46
但	7	3	2	2	2	4	0.20389	49.22	3.00	30.11
而	6	3	1	1	9	4	0.21950	50.65	2.67	29.65
只	5	2	2	2	10	4	0.23431	46.83	2.67	29.26
生	5	2	1	1	59	1	0.42079	52.06	1.33	29.21
想	13	4	3	3	20	3	0.21981	39.31	3.33	28.80
道	12	4	2	2	34	2	0.22428	47.66	2.67	28.50
么	3	1	1	1	8	4	0.35161	40.13	2.00	28.22
把	7	3	2	2	1	4	0.22140	41.31	3.00	27.44
那	6	3	2	2	12	3	0.26418	38.38	2.67	27.04
所	8	4	2	2	13	3	0.19252	46.73	3.00	26.99
天	4	1	2	2	49	1	0.34418	58.78	1.33	26.97
如	6	3	2	2	18	3	0.21081	47.78	2.67	26.86
中	4	1	1	1	49	1	0.40731	63.15	1.00	25.72
当	6	3	2	2	34	2	0.21942	49.95	2.33	25.57
经	8	4	2	2	19	3	0.18675	44.72	3.00	25.05

续表

字	笔画数	笔画数级	部件数	部件数级	构词数（常用词）	构词数级	字频%	文本分布率%	平均级数	"优习指数"
同	6	3	3	3	29	2	0.20208	45.90	2.67	24.73
让	5	2	2	2	2	4	0.18525	47.34	2.67	23.39
作	7	3	2	2	38	2	0.22989	43.10	2.33	23.12
样	10	4	2	2	17	3	0.18679	39.40	3.00	22.08
子	3	1	1	1	123	1	0.43880	47.37	1.00	20.79
加	5	2	2	2	25	2	0.20994	47.94	2.00	20.13
事	8	4	1	1	47	2	0.22681	42.84	2.00	19.43
下	3	1	1	1	55	1	0.31005	57.54	1.00	17.84
明	8	4	2	2	28	2	0.18106	35.83	2.67	17.30
回	6	3	2	2	28	2	0.17948	40.26	2.33	16.86
于	3	1	1	1	24	3	0.19299	50.40	1.67	16.21
心	4	1	1	1	85	1	0.30791	52.47	1.00	16.16
发	5	2	1	1	66	1	0.23755	50.21	1.33	15.90
面	9	4	1	1	54	1	0.18264	42.91	2.00	15.67
动	6	3	2	2	50	1	0.18458	40.42	2.00	14.92
老	6	3	1	1	36	2	0.23285	31.59	2.00	14.71
用	5	2	1	1	44	2	0.20875	41.79	1.67	14.54
本	5	2	1	1	25	2	0.18635	45.78	1.67	14.22
分	4	1	2	2	41	2	0.18141	46.86	1.67	14.17
己	3	1	1	1	2	4	0.18671	35.70	2.00	13.33
什	4	1	2	2	3	4	0.19659	28.88	2.33	13.25
开	4	1	1	1	54	1	0.24158	54.03	1.00	13.05
比	4	1	1	1	12	3	0.17758	37.87	1.67	11.21
妈	6	3	2	2	3	4	0.21575	14.98	3.00	9.70
手	4	1	1	1	69	1	0.19319	40.80	1.00	7.88

（4）"优习指数"与字频和文本分布率的关系

作者进一步计算出了"优习指数"与"字频"及"文本分布率"的相关性。由于"优习指数"与汉字频率数据集并非正态分布，我们因此用了斯皮尔曼相关性（Spearman correlation）计算相关系数，结果如下。

- ·"优习指数"与汉字频率的相关性 r = 0. 84;
- ·"优习指数"与文本分布率的相关性 r = 0. 77。

　　两个相关系数表示，就这 100 个汉字的小样本而言，按照"优习指数"来规划汉字的教学顺序，基本上能让课程规划者把握好字频高和常用度（文本分布率）高的汉字先教，字频低、常用度低的汉字晚教的原则。这个规划汉字教学顺序的方式也能较好地发挥决定汉字教学效应的字频和常用度的预测作用。这个以"优习指数"规划汉字的方法，能综合考虑笔画数、部件数、构词数、字频和文本分布率等诸因素，有助于提高华文课程规划者编写课程与教材的效率。

3. 根据"优习指数"规划华文教材字词

　　在处理了汉字学习的量和序的问题之后，便可以选排教材中需要出现的字词。

　　新加坡的华文课程有按照主题选择教材的传统，最近的两套课程标准分别列出了教学主题。如根据 2002 年的小学课程标准编写的小学华文教材的五大主题为以人为本、家庭为根、社会为先、胸怀祖国、放眼天下；根据 2015 年的课标编写的小学华文教材，按照内容素材亦可分为个人、家庭、学校、社会、国家和世界六个主题。在作者所建议的规划汉字教学顺序的概念下，华文课程的规划者可以根据主题，把需要纳入教材当中的汉字按照"优习指数"，有序地逐年逐课编入教材，指数高的汉字尽量在低年段有序出现，并在教材中重复出现；指数较低的汉字则在高年段出现，并在教材中重现。为了避免过于限制教材编写者的工作，只要符合文本的语境，我们也可以让指数较低的汉字提早出现，但对于这些提早出现的汉字，可以只要求认读，作为"见面字"出现，不做重点教学，到适当的时候，才对它们进行讲解。

　　作者建议分两个阶段处理华文课程中的汉字教学编排：建立字词列表、产出词汇清单。

4. 建立字词列表

　　根据"优习指数"，课程规划者从语料库中调取频率最高的 1500 ~ 2000 个汉字，决定中小学须掌握的汉字字数，然后按照指数排列，列出语料库中存在的以每一个汉字为语素的词语。所有词语可以按照语料库中可以提取到的词频进行排列，方便教材编写人在选择教材词语的时候参考。表 8 - 4 是以《频率字典》首 100 个汉字为范围，并任意挑选 5 个汉字各 10 个词汇列表作为示例（词语后的数字为该词在语料库中的文本分布率）。

表 8 - 4　汉字字词列表示例

汉字	"优习指数"	构词数	词汇（例）
有	145.98	47	没有（24.74）、有趣（5.07）、有时候（1.77）、有如（1.02）、有用（0.83）、有害（0.61）、有益（0.61）、有说有笑（0.58）、有礼（0.39）、应有尽有（0.28）
家	57.28	46	大家（19.43）、回家（9.60）、国家（8.83）、家人（5.95）、家庭（5.37）、家长（3.27）、全家（1.55）、家务（1.00）、家园（0.47）、离家出走（0.36）
国	35.78	42	国家（8.83）、外国（2.35）、各国（1.36）、国庆（0.89）、国民（0.64）、岛国（0.58）、邻国（0.53）、国土（0.44）、爱国（0.39）、祖国（0.30）
动	14.92	50	动物（4.21）、感动（3.18）、动手（1.44）、动物园（1.13）、动人（0.77）、动画（0.58）、出动（0.53）、灵机一动（0.53）、一举一动（0.39）、动听（0.33）
用	14.54	44	利用（5.65）、用心（1.47）、用餐（1.11）、用途（0.89）、用功（0.75）、零用钱（0.72）、用处（0.53）、用心良苦（0.44）、信用（0.33）、应用（0.33）

5. 产出词汇清单

在把 1500 ~ 2000 个常用汉字作为语素的词列出之后，便可生成词表供教材编写人参考。课程规划者接下来便按照选定的课程主题选择素材编写教材，根据教材语境选用词语；或根据词表创作教材。无论是编写教材还是创作教材，在完成教材之后，要计算教材中所用的汉字数目，检查哪些汉字已经教过了，哪些还未教过，之后根据课程规划蓝图决定这一篇课文必须教的新字数量，再根据该篇教材中尚未教过的汉字的"优习指数"决定目标汉字，选择适当的教学策略进行教学设计。至于非目标汉字，依旧可以在课文的语境中出现，但只把它们当作"见面字"处理，不做任何教学设计。要有效地根据词表规划生字新词，课程规划者和教材编写人必须在编写教材的过程中对字词的处理情况做完整而清楚的记录，并和教材编写组分享，以便及时把握汉字用度。必须强调的是，每个词完全可以在多个主题下出现，但只在其中一个主题的课文中当成目标汉字作教学处理，在这篇课文之前出现则为"见面字"，在这课文之后出现则是重现字以加深记忆。表 8－5 是课文用字示例。

表 8－5　课文用字记录示例

单元	课文	主题	词汇	见面字	目标字	重现字
5	1	个人	有时候、家人、大家、动物、用心、有说有笑	动、物、用、时、候、心、笑	家、人、大	有、说
8	3	学校	大家、动物园、用功、国家、出动	动、用、园、功、物	国、出	家、大
10	2	国家	国家、应有尽有、家园、国庆、感动、用处	应、尽、园、庆、感、处	动、用	国、有、家、出

五　总结

本文初步提出了以语料库为基础的处理新加坡非母语华文课程中汉字教学的数量和教学顺序的方案，建议根据学生在生活中阅读文本的需要，教授 1500～2000 个能够覆盖 90%～95% 日常接触文本的汉字，并建议将语料库中所收集的汉字的"优习指数"作为教学顺序的决定标准。本文的核心观点是，在规划顺应新加坡当前社会语言环境的华文课程的时候，必须从"学以致用"的角度出发，以培养学生在生活中运用华文的能力为主要目的，在充分了解学生的语言使用需要的情况下，对华文课程的字词做出有序安排。换言之，华文课程的编写者必须把握学生在生活中对这一语言的实际需要，方能编写出切合他们学习需要的课程与教材。

作者在讨论规划汉字教学顺序的"优习指数"概念的时候虽只以《频率字典》中首 100 个汉字为样本分析数据，但作者相信此一概念也适用于完整的语料库，能据此概念规划新加坡的华文课程的汉字教学顺序。

当然，本文也存在一些不足，有待进一步充实改进。例如本文提出的"优习指数"计算方式是假设三个汉字变项对汉字的学习效果具有同等程度的影响，但实际情况是三个变项对汉字的教与学可能有不同程度的影响。此一计算方式也未考虑其他和汉字教学相关的变项如部件的构字能力、汉字的字形结构等对汉字的学习效果可能产生的影响。未来的研究可以纳入更多变项并进行因子分析和回归分析，从而更具体地掌握影响汉字教学的因素，更好地规划华文课程。此外，作者提出的这个算法更多还是基于文献和经验，没有实证数据支持。如有可能的话，可以通过实证研究检验它的效果和可操作性。

参考文献

冯丽萍：《非汉字背景留学生汉字形音识别的影响因素》，《汉字文化》2002 年第 3 期，第 47 ~ 49 页。

高定国、钟毅平、曾铃娟：《字频影响常用汉字认知速度的实验研究》，《心理科学》1995 年第 4 期，第 225 ~ 229 页。

国家语言资源监测与研究中心：《中国语言生活状况报告（下编）》，商务印书馆，2006。

韩秀娟：《汉字部件教学和部件关系数据库的建设》，《数字化汉语教学 – 2012》，"第八届中文电化教学国际研讨会"编委会，2012，第 339 ~ 343 页。

黄贞姬：《〈汉语水平汉字等级大纲〉 中的汉字与韩国教育用汉字构词能力的比较》，《韩语学习》2000 年第 1 期，第 51 ~ 55 页。

江新：《汉字频率和构词数对非汉字圈学生汉字学习的影响》，《心理学报》2006 年第 4 期，第 489 ~ 496 页。

江新、赵果、黄慧英、柳燕梅、王又民：《外国学生汉语字词学习的影响因素 – 兼论〈汉语水平大纲〉字词的选择与分级》，《语言教学与研究》2006 年第 2 期，第 14 ~ 22 页。

李泉、阮畅：《"汉字难学"之教学对策》，《汉语学习》2012 年第 4 期，第 83 ~ 90 页。

林进展、吴福焕、赵春生编《新加坡学生日常华文用字频率字典》，南大 – 新加坡华文教研中心出版社，2014。

刘丽萍：《笔画数与结构方式对留学生汉字学习的影响》，《语言教学与研究》2008 年第 1 期，第 89～96 页。

刘默：《对外汉语教学中的汉字教学》，《边疆经济与文化》2012 年第 108 期，第 125～126 页。

彭聃龄、王春茂：《汉字加工的基本单元：来自笔画数效应和部件数效应的证据》，《心理学报》1997 年第 1 期，第 9～16 页。

沈烈敏、朱晓平：《汉字识别中笔画数与字频效应的研究》，《心理科学》1994 年第 4 期，第 245～247 页。

万业馨：《文字学视野中的部件教学》，《语言教学与研究》2001 年第 1 期，第 13～19 页。

王宁：《汉字构形学讲座》，上海教育出版社，2002。

吴福焕、林进展、赵春生编《新加坡学生日常华文用词频率词典》，南大－新加坡华文教研中心出版社，2013。

尤浩杰：《笔画数、部件数和拓扑结构类型对非汉字文化圈学习者汉字掌握的影响》，《世界汉语教学》2003 年第 2 期，第 3、72～81 页。

张金桥：《留学生汉语单字词识别的笔画数效应、词频效应和词素频效应》，《暨南大学华文学院学报》2008 年第 1 期，第 22～29 页。

赵春生、林进展、吴福焕编《新加坡学生日常华文句型频率索引》，南大－新加坡华文教研中心出版社，2015。

赵果：《初级阶段欧美留学生识字量与字的构词数》，《语言文字应用》2008 年第 3 期，第 106～112 页。

周清海、梁荣基：《字词频率与语文学习成效的相关研究》，载"第四届国际汉语教学讨论会"编委会《第四届国际汉语教学讨论会论文选》，北京语言学院出版社，1992，第 87－92 页。

Benson P. , *Teaching and Researching Autonomy in Language Learning* (London： Pearson Education Limited, 2001).

Harington, Dennis, "Input Driven Language Learning," *Studies in Second Language Acquisition* 24 (2002)：261－268.

Nunan D. , *The Learner-centred Curriculum：A Study in Second Language Teaching* (Cambridge：Cambridge University Press, 1988).

Tarone E. , Yule G. , *Focus on the Language Learner* (Oxford：Oxford University Press, 1999).

新加坡中学华文教材的结构与特点[*]

新加坡实行教育分流体制，根据中央编订的课程标准编写适用于不同源流、不同背景学习者的华文教材①。新加坡的华文教学既不同于中华文化地区的母语教学，也非欧美地区的外语教学，而是多水平、多层次的华文教学。

新加坡华族人口虽占总全国人口的大多数（约为74%），但新加坡建国以来为生存与发展需要而注重经贸发展，施行以英语为各族群的共同语、行政语和法律语言的国家语言政策，致使英语的地位超越其他语言。语言的经济价值致使家长纷纷送孩子接受英文教育，促成了英文教育的一枝独秀，英语最终成为在国家坚决贯彻双语教育政策下，学校的第一语言和授课语言，华语成为华族孩子必须修读的第二语言科目。新加坡独立以后出生的接受双语教育的一代国民很自然地以英语为思考语言和沟通语言，以英语为唯一或主要语言的家庭比例逐年增加，并在2010年开始超越以华语为主要语言家庭的比例（新加坡教育部，2011）；与此同时，不同程度的双语家庭也在稳健增加。家庭语言的多元化改变了新加坡的社会语言结构。复杂的语言环境给华文教学带来了艰巨的挑战。

此外，来自东亚、东北亚、东南亚、南亚乃至西方国家的新移民的孩子，近年也越来越多要求修读华文，华文课堂因而出现了差异，一套教材远远满足不了多水平、多层次学习者的学习需要。

---

* 本文为2018年浙江大学主办的"知识·图像·课程：民国教科书研究国际论坛"的大会主题演讲论文。

① 新加坡的教育分流制度即将调整，新加坡教育部将在2024年实行科目分班，学生根据各个科目的实际学习能力，修读适合个人水平的教材，华文课程也不例外。

特殊的语言环境致使新加坡不能直接采用由中华文化地区编写的华文教材，也不能采用由欧美地区开发的教材。新加坡需要自行编写华文教材，以满足不同源流、不同背景学生的学习需要。

自 1980 年代开始实施分流教育后，新加坡的华文教材便由中央统编。新加坡教育部在 1980 年代成立了新加坡课程发展署、在 1990 年代设立了课程规划与发展司，负责规划华文课程、编写满足不同语言背景、学习能力学生需要的多套华文教材。新加坡教育部公开遴选有足够语文素养和教学经验的前线华文教师加入课程司，组成专业团队编写教材。自 1980 年以来，新加坡教育部负责华文课程的部门与时俱进，顺应社会语言环境的改变，定期检讨课程与教材，先后编写了至少五套中小学华文教材。本文仅介绍新加坡于 2011 年开始在学校使用的教育分流体制下中学快捷源流的华文教材[①]。

本文首先介绍中学快捷源流华文教材的范畴与主题、单元组织与各板块的教学重点，接着重点介绍教材的特点与编写原则。文章也将放眼 21 世纪华文教学的需要，对下一阶段新加坡中学华文教材需要加强的元素略做探讨，提出初步看法。

一　中学快捷源流华文教材的结构

中学快捷源流的华文教材的使用对象为小学离校考试成绩最佳的 11%～40% 的学生。这一源流的学生整体学习能力属于中上，能够以四年的时间完成初中教育，并在第四年年底参加新加坡剑桥普通教育证书（普通水平）会考。当前这一源流的华文教材采取单元的编写模式，各单元根据课程所规划的主范畴和次范畴设定主题，各个单元的课文均由一个主题贯穿。

（一）教材的范畴与主题

中学快捷源流的教材根据三个主范畴和八个次范畴编写。三个主范

---

① 本文讨论的教材是 2010 年开发的中学华文教材。新加坡教育部在 2021 年开始推出新一套的中学华文教材，此教材不在本文的讨论范围内。

畴为人和自己、人和社会、人和自然。"人和自己"主范畴下有两个次范畴，"人和社会"主范畴下有四个次范畴，"人和自然"主范畴下有两个次范畴。每个单元均按照其中一个次范畴设定主题，全套中学华文教材共有 25 个单元，因此有 25 个主题。表 9 - 1 是这套教材的主次范畴及各单元主题。

表 9 - 1 中学华文教材的主次范畴及各单元主题

年级	单元	主范畴	次范畴	单元主题
中一	一	人和自己	成长历练	校园新鲜事
	二	人和自己	生活志趣	生活新天地
	三	人和社会	亲情伦理	友情、亲情
	四	人和自己	成长历练	人生的旅途
	五	人和自己	成长历练	温情满人间
	六	人和自然	爱护自然	绿色星球
	七	人和社会	社会关怀	多元文化
中二	一	人和社会	社会关怀	心灵的对话
	二	人和社会	家国之情	情系家园
	三	人和自然	爱护自然	呵护大自然
	四	人和社会	社会关怀	人间冷暖
	五	人和社会	多元文化	文化调色板
	六	人和自己	生活志趣	深情厚谊
	七	人和社会	社会关怀	小说的魅力
中三	一	人和社会	社会关怀	过错与谅解
	二	人和社会	亲情伦理	关爱一生
	三	人和自己	成长历练	把握未来
	四	人和自然	科普知识	大自然风采
	五	人和社会	社会关怀	心中有爱
	六	人和社会	家国之情	家国情怀
中四	一	人和社会	亲情伦理	往事随想
	二	人和自然	科普知识	知识百科
	三	人和自己	生活志趣	人生舞台
	四	人和自然	爱护自然	寓言的世界
	五	人和社会	亲情伦理	情义存心间

三个主范畴中,"人和社会"的比例最高(52%),"人和自己"次之(28%),"人和自然"范畴所占的比例最小(20%)。考虑到刚升上中学一年级的学生的认知发展需要,中一教材内容多结合学生较为熟悉的生活经验,单元主题属于"人和自己"主范畴的占大多数,在全年 21 篇课文中占了 12 篇(57%)。到了中二和中三两个年级,属于"人和社会"主范畴的单元主题占大多数,教材内容从学生较为熟悉的家庭和学校经验向社区与社会过渡,符合由熟悉向较不熟悉的素材逐渐转换的教材组织原则。到了中学四年级,属于"人和自然"主范畴的单元主题所占比重与"人和社会"相同(各占40%),进一步扩大了学生的学习面。

(二)教材的单元组织

中学华文教材的每个单元由单元介绍、三篇课文和一个综合任务共五个板块组成,简介如下。

(1)单元介绍。列明单元的主题,并对单元的课文内容作简要介绍。如第一单元"校园新鲜事":

> 在校园里,经常发生一些有趣的小故事。本单元由三个发生在校园里的故事组成。这三个故事都是围绕中一甲班而展开的。现在,就让我们走进王甜甜、方大鹏、林带弟的世界里去吧!(中学华文教材,中一上,单元1)

每个单元均从阅读、写作和听说三个语言技能面设置目标,并在单元介绍中清楚说明学习重点。如"校园新鲜事"单元的学习重点:

> 阅读:能掌握浏览式阅读法
> 写作:能掌握审题的方法
> 说话:能用适当的语调、语速表达不同的情感
> (中学华文教材,中一上,单元1)

(2)讲读课。每一单元的第一课为讲读课,是每个单元的详教课文,

集中了这一单元需要学生掌握的阅读和听说技能。主体课文为阅读教材，教材以不同的颜色显示需要学生掌握的词语，文中出现的生字加上汉语拼音协助学生掌握生字读音。每篇课文后均有"课文放大镜"语言活动，活动形式多样，如通过问题和思维导图，加深学生对课文内容的理解；通过查词典，要求学生找出课文中指定词语的意思；抽取文中几个句子，要求学生根据带点字推断句中画线词语的意思，训练学生推断词语的能力等。"课文放大镜"能较有效地巩固学生的目标阅读技能，也方便教师检查教学效果。讲读课后设有"阅读技能学堂"和"听说技能学堂"两个小板块。"阅读技能学堂"讲解课文的阅读学习重点（如阅读微技），再通过"小任务"要求学生应用目标技能；"听说技能学堂"对该单元的听或说学习重点进行解说，再通过"小任务"要求学生应用目标技能。

（3）导读课。导读课以"导"为主，通过提供阅读指引，引导学生理解课文内容，复习讲读课学习的阅读微技。阅读指引主要以问题展现，在关键处提问，引导学生深入理解文章。导读课中出现的一些历史知识（如"楚河汉界"）、文化概念（如"折柳"）、歇后语等，则通过篇章后的"知识小锦囊"小板块予以精简的说明。和讲读课一样，每篇导读课后也有"课文放大镜"，以多样的形式协助学生深入理解篇章内容。导读课后的"写作技能学堂"对该单元须学习的写作技能进行解说，再通过"小任务"让学生尝试应用目标技能。

（4）自读课。每个单元的第三课是自读课，学生在没有教师的引导下自主完成阅读任务。自读课前设有问题或活动引导学生进行阅读。自读课也会出现少数的生词。生词除以不同的颜色显示外，也在旁边插入小图标，提示学生用词典查出词语的意思或从上下文推断词义。自读课后的"课文放大镜"提供问题，引导学生理解课文的主要内容；或提供思维导图，引导学生掌握篇章的情节脉络。

（5）综合任务。这一板块起着复习与巩固单元目标技能的作用，共有两个小板块，即"温故知新"和"牛刀小试"。"温故知新"综合该单元讲读课板块所学的阅读与听说技能设计练习，复习与巩固目标技能；"牛刀小试"则要求学生运用导读课所学的写作技能，完成写作小练习。

二　中学快捷源流华文教材的特点

（一）教材难度逐级提高

编写语言教材，要关注所选教材的难度。理想的语言教材应是各年级的难度渐次提高，篇章内容逐渐深入，教材句子逐渐复杂，生字新词合理分布。第二语言的教材更应循序渐进，由浅入深，由易到难，要特别重视教材难度的分析。

对于语料难度（或曰"语料适读性"，Readability）的分析，在西方国家已经有几十年的历史。西方的语言教育家对教材难度的研究进行了多方面的探讨，所列出的可能影响教材难度的变量也从最早的近 300 个在经过长期的筛选后，减少至几个。例如 Edward（1977）在对美国从小学到大学近千种英语教材进行分析研究后，认为英语的语料难度主要取决于句子的长短和句子中单词音节的多寡。换言之，如果句子长且单词的音节又多，语料的难度便比较大（乐眉云，1983）。这是一种比较容易把握的分析教材语料难度的方式，但不能够直接应用在对华文语料难度的分析上，因为华文并不是多音节的语言，无法从单词音节的多寡来计算语料难度。

张宁志（2000）借鉴了 Edward 的方法，提出了一个计算汉语教材语料难度的方法。他从每部教材中抽选若干个"百字段"，找出百字段的平均句数、句长（每一句的平均字数）、所包含的非常用词的平均数，根据以下公式得出教材的难度系数：

$$百字段的平均句长 + 每百字非常用词的平均数 = 难度系数$$

作者根据张宁志提出的教材难度系数计算方法，计算中学华文快捷源流各年级教材的难度。作者从每册教材的讲读课中随机抽选百字段，以每一百字段出现的生词取代非常用词，以符合新加坡华文课程设计的特点。选择讲读课而非导读课或自读课是考虑到讲读课是每一单元详讲的课文，集中了需要学生掌握的阅读和听说技能以及须掌握的生词，较适合作为每一单元的难度代表。为加强语料的随机性，作者按段落顺序，每一单元的导读课从不同的语段开始抽取百字段，例如单元一讲读课从第一段开始，单元二从第二段开始，单元三从第三段开始，依此类推。表9-2是据此原则选择百字段所计算的快捷源流《中学华文》教材各个年级的教材难度系数。

表9-2　新加坡中学华文教材（快捷源流）各年级难度系数

教材单元	百字段平均句数	平均句长	每百字含需掌握词数	每百字含需掌握词数均值	难度系数
	a	b		c	(b+c)
1.1	3.12	32.05	2	0.64	32.69
1.2	4.85	20.62	6	1.24	21.86
1.3	8.07	12.39	3	0.37	12.76
1.4	4.62	21.65	1	0.22	21.86
				中一上册均数	22.29
1.5	5	20.00	2	0.40	20.40
1.6	3.37	29.67	2	0.59	30.27
1.7	6.2	16.13	2	0.32	16.45
				中一下册均数	22.37
				中一总册均数	22.33
2.1	4.64	21.55	8	1.72	23.28
2.2	5.19	19.27	1	0.19	19.46
2.3	3.85	25.97	6	1.56	27.53
2.4	4.75	21.05	3	0.63	21.68
				中二上册均数	22.99
2.5	2.92	34.25	1	0.34	34.59
2.6	2.9	34.48	5	1.72	36.21
2.7	6.8	14.71	2	0.29	15.00
				中二下册均数	28.60
				中二总册均数	25.39
3.1	2.97	33.67	1	0.34	34.01
3.2	4.78	20.92	2	0.42	21.34
3.3	3.37	29.67	3	0.89	30.56
				中三上册均数	28.64

教材单元	百字段平均句数	平均句长	每百字含需掌握词数	每百字含需掌握词数均值	难度系数
	a	b		c	(b＋c)
3.4	3.4	29.41	5	1.47	30.88
3.5	3	33.33	3	1.00	34.33
3.6	3.17	31.55	2	0.63	32.18
				中三下册均数	32.46
				中三总册均数	30.55
4.1	2.74	36.50	1	0.36	36.86
4.2	3.71	26.95	1	0.27	27.22
4.3	3.3	30.30	0	0.00	30.30
				中四上册均数	31.46
4.4	5.08	19.69	2	0.39	20.08
4.5	3.51	28.49	0	0.00	28.49
				中四下册均数	24.28
				中四总册均数	28.59

表9－3 为四个年级华文教材的难度系数排列。

表9－3　中学华文教材（快捷源流）各年级教材整体难度系数

	中一	中二	中三	中四
上册	22.29	22.99	28.64	31.46
下册	22.37	28.60	32.46	24.28
总册	22.33	25.39	30.55	28.59

中一至中三的教材有难度差距，且难度逐册逐年提高，符合语言教材由浅入深、由简单而复杂的编写原则。比较各册的难度系数，明显看出教材编写人在跨年级教材衔接上的用心。表9－3数据显示，中一至中三下册教材的难度系数接近中四年级上册教材的系数，说明了教材是以渐进的方式引导学生进入下一阶段的学习，避免了过去的华文教材跨年级难度骤然提高给学生带来学习压力的问题。

这一教材以文本的句数、句长和新词数三个变量控制难度。表9－4

为这三个变量在各年级教材的均值比较。

表 9 - 4　中学华文教材（快捷源流）三个变量各年级均值

变量＼年级	中一	中二	中三	中四
句数	5.03	4.44	3.45	3.67
句长（每句字数）	21.79	24.47	29.76	28.39
新词数（每句出现几个）	0.54	0.92	0.79	0.21

表 9 - 4 显示了三个变量的改变趋势。中一到中三年级，阅读教材的句数随着年级的提高而减少，但每句的字数随着年级的提高而增加，说明越高年级的教材，句子的结构就越复杂，句子所承载的信息量也在增加，这也就意味着篇章内容渐趋复杂，篇章阅读难度在提高。在须掌握的新词方面，数据显示，中二教材出现的新词最多，中三教材次之，中一教材再次之，中四教材的新词最少。

值得注意的是中四教材的难度略低于中三教材，须掌握的新词也是四个年级中最少的。作者认为这并非教材编写上的疏忽，而是与新加坡学校华文科的考试制度有关。

在新加坡的教育制度下，中学快捷源流修读华文的学生在四年级上半年（第一学期）就须参加新加坡剑桥普通教育证书（普通水平）的会考。为了减轻学生的考试压力，新加坡教育部允许中学四年级快捷课程的学生有两次考华文的机会，一次在四年级上半年的 6 月，一次在下半年的 11 月。学生如果在 6 月的考试中及格，中四下半年便可以不再参加华文科的考试，以腾出更多时间准备其他科目考试。因应特殊的考试安排，中学华文教材把课程规划所参照的词表中大部分的词语，安排在中一至中四上半年的华文教材文本中加以处理，也把大部分的语言点（句型和语法）安排在前七册教材中讲授。因此，中四下册须学习的词汇和语法点相对较少，从而降低了教材的难度，也使中四教材的整体难度下降。但这是顺应考试需要的务实而无可厚非的安排。

（二）能力体系序列化

中学华文快捷源流教材的每一个单元都列出了明确的学习重点，单元内的讲读课、导读课、自读课围绕每个单元的重点进行编写。整个教材遵循布鲁纳"螺旋上升"的课程观点进行设计，把语言能力序列化，按照由浅入深、由易到难的原则编排在各年级的技能体系中，但在高年段设定更高的学习要求。现以中学华文教材的阅读与写作能力体系建构为例说明这一特点。

1. 阅读能力体系

中一快捷华文教材从训练学生基础阅读微技开始，逐步培养阅读记叙性语料的能力，形成"基础—记叙"的序列；中二继续基础阅读微技的训练，提高学生阅读记叙性语料的能力，并开始培养阅读说明文的能力，也开始让学生初步赏析和感受文学性语料，形成"基础—记叙—说明—赏析"的序列；中三则从阅读记叙性和说明性语料过渡至阅读议论性语料，并进一步加强对文学性语料的赏析和感受能力，形成"记叙—说明—议论—赏析"的序列；中四延续中三"记叙—说明—议论—赏析"的序列，但进一步提高篇章理解和赏析文学性语料的能力。快捷源流中学华文的阅读教材整体遵循由易到难、螺旋上升的能力序列安排，让学生复习所学，并逐步深化。表 9 - 5 为这套教材的阅读体系。

表 9 - 5　快捷源流中学华文教材阅读体系

	中一		中二		中三		中四
基础能力一	·能掌握浏览式阅读法	基础能力三	·能理解记叙文中的议论和抒情	记叙九	·能找出关键句，确定文章主题	记叙十一	·能理解反问的修辞手法
基础能力二	·能找出线索，确定文章主题	记叙六	·能抓住景物的特点，理出描写的顺序	记叙十	·能理解心理描写的作用	说明三	·能理解事理说明文的特点 ·理解说明文的逻辑顺序
记叙一	·能理解肖像描写和行动描写的作用	记叙七	·能理解新闻中的倒金字塔结构	议论一	·能理解议论文的三要素 ·能理解举例论证法和引用论证法	议论三	·能理解对比论证法

续表

	中一		中二		中三		中四
记叙二	·能通过标题和导语了解新闻的主要内容	记叙八	·能理解语言描写的作用	说明二	·能理解说明文的时间顺序	欣赏与感受四	·能欣赏寓言故事
记叙三	·能理解比喻、拟人两种修辞手法	说明一	·能理解事物说明文的特点	议论二	·能理解议论文的基本结构	议论四	·能理解不同的论证方法
记叙四	·能区分广告中的"事实"和"意见"	欣赏与感受一	·能初步欣赏唐诗的语言美	欣赏与感受三	·能初步欣赏散文		
记叙五	·能用摘录和提要的方法积累阅读材料	欣赏与感受二	·能初步欣赏小说				

资料来源：新加坡教育部课程规划与发展司中学华文教材组，2018。

2. 写作能力体系

与阅读能力体系一样，中学华文教材的写作能力体系也从基础写作技巧开始，中一一开始就教导学生审题、立意、拟大纲，接着培养学生写记叙文的能力；中二继续教导基础写作技巧，除继续培养记叙文的写作能力外，亦加入说明文写作；中三则在记叙文和说明文写作的基础上，加入议论文写作；中四继续加强记叙文、说明文和议论文的写作训练。除了教导传统文体的写作外，中学华文教材也配合国际语言教学的趋势，在写作教学中加入实用文体和新媒体的写作训练，从而提高学生在实际生活中运用华文书面语的能力。表 9-6 为这套教材的写作体系。

表 9-6   快捷源流中学华文教材写作体系

	中一	中二	中三	中四
基础写作技巧	·能掌握审题的方法 ·能紧扣题目，拟出内容重点 ·能运用直接点题的方法开头	·能运用首尾呼应的写作手法	·能在写作时做到详略得当	

	中一	中二	中三	中四
记叙文	· 能调动五官感知进行描写 · 能运用比喻、拟人两种修辞手法	· 能以顺叙法写记叙文 · 能在记叙中加入抒情 · 能抓住景物的特点，按顺序描写景物 · 能以倒叙法写记叙文 · 能运用语言描写 · 能运用借景抒情的写作手法	· 能运用心理描写 · 能运用插叙法写记叙文 · 能运用夹叙夹议的写作手法	· 能运用反问的修辞手法 · 能创作简单的寓言故事
说明文		· 能运用举例子的说明方法	· 能运用列数字的说明方法 · 能写简单的景点介绍	· 能用比较法进行说明
议论文			· 能运用举例论证法和引用论证法 · 能采用适当的结构写议论文	· 能运用对比论证法 · 能运用不同的论证方法写议论文
实用文	· 能根据新闻发表感想，并结合自己的生活写一封信 · 能写完整的电子邮件 · 能写简单的阅读报告			· 能写完整的博客

资料来源：新加坡教育部课程规划与发展司中学华文教材组，2018。

（三）高低年段教材性质各有侧重

中学华文教材的主体教材为阅读文本，从阅读教学出发，发展学生的书面阅读能力。在文本性质方面，本套教材所选编的阅读材料（含讲读课、导读课、自读课的阅读材料）共有五类。

（1）文学性教材。这类教材包括中国现当代作家和新加坡作家所写的儿童文学、短篇小说和散文。由于快捷源流中学华文教材的教学对象主要是华语为非母语的学生，他们的语言程度还未达到能直接阅读作品原文的水平，教材编写者因而需要对教材进行加工，在尽量保留教材文学性的同时，把文章改写成适合非母语学习者语言程度的教材。加工手段包括改写、简化和节选原文。例如鲁迅的《一件小事》、欧·亨利的《最后一片叶子》、蓉子的《榴莲情结》等。

（2）实用性教材。这类教材以新闻教材为主，兼及书面广告与自媒体。选择这类教材的主要目的是与学生在信息化时代的生活经验相联系，将学生在生活中经常会接触到的真实性语料纳入学生的学习范畴，从而提高学生阅读与理解生活语料的能力，以期使华文成为学生生活中会使用到的语言。

（3）知识性教材。当前的中学华文教材，纳入了知识性材料，为学生提供科普知识、地理知识等，使教材的内容更加丰富多元。例如科普小品《大地的色彩》《大熊猫》《富士山》等。

（4）文化性教材。文化元素是在新加坡渐趋西化的社会语言背景下，华文教材中不可或缺的素材，是实现华文情感目标的重要载体。作者在通览全套教材之后，把教材中与中国古典文学、古代寓言故事、历史故事、海外华人文化、中华文化相关的阅读材料归为文化性教材。这套教材纳入了古典文学中的唐诗和古代小说的元素，但并非以文学作品的形式呈现，因此作者不把这些篇章列为文学性篇章，以免造成概念上的混淆。例如介绍唐诗的"西出阳关无故人"、成语故事"毛遂自荐"，介绍中华文化的"武术的世界"，介绍南洋华人生活的"五脚基"等。

（5）综合性教材。综合性教材指的是由新加坡教育部华文课程的编写团队从不同的信息源获取素材并集体编写的阅读教材。信息源包括从互联网获取的信息和文本搜寻所得的信息。教育部编写团队在收集、整理与综合各类信息的基础上，编写适合新加坡中学生语言能力、符合华文教学目标、有学习价值的语言材料，如颂扬在对抗 SARS 疫情中因公殉职的医务人员的《照亮人心的笑容》，宣扬环保意识的《环保由我开始》《垃圾怎么丢》，介绍未来科技世界生活的《张先生的电子化生活》等。综合性教材基本上是以激发爱国精神、宣扬社区关怀、传达环保意识为目标的教材。

表9-7是各类教材在快捷源流中学华文教材中所占的比重。

表9-7 快捷源流中学华文教材不同性质教材比重一览

	百分比（%）					
	文学性（%）	实用性（%）	知识性（%）	文化性（%）	综合性（%）	篇数（篇）
中一上	50.00	25.00	0.00	0.00	25.00	100
中一下	22.22	11.11	0.00	33.33	33.33	100
小结	38.10	19.05	0.00	14.29	28.57	100
中二上	25.00	16.67	0.00	0.00	58.33	100
中二下	22.22	0.00	0.00	66.67	11.11	100
小结	23.81	9.52	0.00	28.57	38.10	100
总计	30.95	14.29	0.00	21.43	33.33	100
中三上	55.56	0.00	0.00	0.00	44.44	100
中三下	33.33	0.00	33.33	0.00	33.33	100
小结	44.44	0.00	16.67	0.00	38.89	100
中四上	33.33	0.00	33.33	0.00	33.33	100
中四下	33.33	0.00	0.00	16.67	50.00	100
小结	33.33	0.00	20.00	6.67	40.00	100
总计	39.39	0.00	18.18	3.03	39.39	100
总数	34.67	8.00	8.00	13.33	36.00	100

从教材的整体情况看，"文学性"和"综合性"教材在中学华文教材（快捷源流）中所占的比重最大，分别是34.67%和36.00%，二者共占整套教材阅读语料的70.67%；"文化性"教材比重次之（13.33%）；"实用性"和"知识性"教材比重相同，各占教材的8.00%。各类性质阅读教材在中学华文教材（快捷源流）中的整体分布，充分说明了华文课程在新加坡的教育体制中具有传承华族文化与东方价值观的重要价值，体现了国家语言教育政策以"英文为用，母语为体"的战略方向。

比较中学低年级（中一/二）和高年级（中三/四）不同性质教材的分布，有几点值得注意。

1. 低年级教材性质分布

"文学性"和"综合性"教材在低年级的比例低于整套教材的平均水平，"实用性"和"文化性"教材则高于整套教材的平均水平，"知识性"教材未在低年级的华文教材中出现。

2. 高年级教材性质分布

"文学性"、"综合性"和"知识性"教材在中学高年级阶段的比率高于整套教材的平均水平，"文化性"教材低于整体水平，"实用性"教材未在教材中出现。

各类教材在两个阶段安排的不同比重，可以有如下理解。

（1）低年级在传承华族文化与东方价值观的同时，也培养学生在生活中接触与运用华文的习惯。

（2）"知识性"教材的语料内容相对于其他教材而言比较枯燥，所须掌握的词语也比较多，因而未纳入低年级教材。

（3）"文学性"和"综合性"在高年级教材中有所增加，这在一定程度上考虑了新加坡快捷源流的学生是介于一语和二语之间但靠近第一语言水平的华文学习者这一事实，学生有能力阅读更多文学性篇章，也能够较深入地了解华族的核心价值观，华文课程对他们而言并非纯粹的语言课程。

（4）故事性强的"文化性"教材在高年级有所减少，让位给说明体或议论体的文学名篇和综合性语料。

（5）高年级阶段"实用性"教材的缺席，不是教材编写上的疏忽，而是把实用文的语料纳入高年级的记叙文、说明文和议论文当中，是一种新的编写教材的尝试。例如中三单元的导读课以说明文的文体介绍了新加坡外岛乌敏岛的地理位置、面积、地貌、岛名来源以及岛上风光等，其后的"技能学堂——写作"板块的其中一项任务，便是要求学生以新加坡另一景点为对象，撰写简单的景点介绍并上网搜寻能加强说明的图片资料，形式类似于旅游手册的景点/区介绍；又如中四单元要求学生根据议论文的论述方法，以写博客的形式，针对有人与体障人士抢搭电梯的行为发表看法等，都是在文体教学的基础上纳入实用文写作。这样的处理办法，解决了在有限的教学单元中容纳多样内容的问题。

（四）教材板块衔接紧密

中学华文教材（快捷源流）在语言技能的培养上，采取了"先例—后说—再练"的模式，培养学生书面语和口头语的表达能力。教材把每一项语言技能的训练分成两个小板块，即示例板块与小任务板块，两个板块紧密联系，使学生掌握目标技能。教材先通过示例板块，向学生说明与示范语言技能，让学生对学习重点有一定的认识，之后便通过小任务板块，布置小任务、小练习，把知识转化为能力。

例如中一上册一单元的阅读学习目标是"掌握浏览式阅读法"，单元的示例板块"技能学堂——阅读"首先以讲读课教材《新教师，新同学》为例，向学生说明可以从题目和段落入手了解文章的主要内容，并分别从"题目"和"段落"两个方面，向学生示范"浏览式阅读法"的具体操作过程。在对"浏览式阅读法"做讲解之后，教材通过单元的小任务板块提供另一篇阅读材料，要求学生运用刚学过的"浏览式阅读法"完成指定任务。又如中三下册四单元的听说学习目标是"能通过比较，抓住事物的特点"，单元的示范板块"技能学堂——听说"先对技能进行说明，之后请学生聆听一段录音，再根据录音对所提及的两个事物特征进行比较，通过思维导图向学生展示比较结果。接下来通过小任务板块，请学生聆听另外一段录音，并在聆听之后要求学生比较事物特点，并把比较结果填入所提供的表格。

"先例—后说—再练"的模式应用在整套中学华文教材（快捷源流）的每一个单元中，是这一套教材的核心编写原则，也是这套华文教材的主要特色之一。

（五）以语言输入带动语言输出能力的发展

中学华文教材（快捷源流）除了将语言能力体系序列化，在教材中把书面语和口语技能按部就班顺序安排以外，也在语言学习的过程中把语言输入和输出紧密联系起来。其基本做法是把在训练阅读和聆听能力时学习到的语言技能，在写作和说话的活动中加以运用，让语言输入带动语言输出能力的发展，即以阅读能力的培养带动写作能力的发展，以聆听能力的培养促进口语表达能力的提高。

1. 以阅读能力的培养带动写作能力的发展

写作教学在这一套教材里都安排在导读课进行，教材先通过导读课的阅读篇章，介绍篇章的写作技巧或手法，然后以篇章为例，在导读课后的"技能学堂——写作"板块引导学生运用篇章中的写作技巧完成一个写作任务。

例如中二下六单元的导读课，介绍了王维的著名诗歌《渭城曲》，阅读篇章以浅白的语言，讲解这首诗歌的写作背景、内容和艺术特点，也在篇章后的"知识小锦囊"板块讲解"折柳"的含义，并要求学生在"课文放大镜"板块完成活动和练习，从而加深学生对课文内容的理解。完成导读课之后，便进入示例板块"技能学堂——写作"，以课文为例，介绍"借景抒情"的写作手法，之后在小任务板块，要求学生根据思维导图的提示，尝试这一写作微技（见图9-1）。

【小任务】根据表格中的提示，加上景物描写和抒情的句子。

景物和景物的特点	天色：渐暗；晚风：带来凉意； 轮船：灯光闪烁；沙滩：热闹。
要抒发的情感	对生活的热爱。
景物描写	傍晚时分，我和爸爸妈妈来到海边散步。这时，天色渐渐暗了下来，一阵阵的晚风带来丝丝的凉意，让人神清气爽。 远处的海面上，_____ 沙滩上很热闹，_____
抒情的句子	_____ _____ _____

资料来源：中学华文教材（快捷源流）中二下，2012。

图9-1　写作教学样例

又如高年级中四下第四单元的导读课是一篇寓言，讲述"兔岛上的狼"这个寓言故事。故事讲述了一只漂流到兔岛上的狼毫无节制地捕杀兔子，并把兔子制成兔肉干，准备等太阳把海水晒干之后，把兔肉干带回去享用。但它杀光了所有兔子后海水并未被晒干，狼在吃完了所有的兔肉干后，就再也没法获得食物，最后饿死在岛上。这个故事的寓意是："对事物发展的状况没有清楚的认识就采取行动，只能以失败告终。"导读课让学生讨论了故事的寓意后，便在示例板块"技能学堂——写作"里，给学生讲解了创作寓言故事的两个步骤，即确定所要表达的寓意、用简单的故事表达寓言，再以"兔岛上的狼"故事为例，简单分析这一故事的构想。之后，在小任务板块给出一张连环漫画，要求学生根据设定的寓意"盲目模仿他人往往造成反效果"，拟出故事的内容重点，并尝试进行寓言创作。

2. 以聆听能力的培养促进口语能力的提高

口语教学在这套教材里都安排在讲读课里进行。每一个单元的讲读课都设置了口语教学目标，并按照"先聆听后表述"的原则进行听力教学。整个听力教学在讲读课的第二个"技能学堂——听说"中进行，教学流程共分为四个小环节。第一个和第三个环节为示范环节，第二个和第四个环节为任务环节。

第一个环节先列出学习目标，再对本单元中需要掌握的聆听技能进行简单的讲解或说明，之后请学生聆听第一个录音，并以此为例，展示如何通过目标技能达到对录音内容的理解。接着进入第二个环节，为学生提供第一个听力小任务，要求学生运用第一个环节中学习到的聆听技能，理解第二个录音的内容，并提供学习鹰架协助学生运用目标技能。第二个环节结束后进入第三个环节，开始说话训练。说话训练要求学生转换角度，由听众的角度转为说话人的角度，并运用听力训练中所介绍的技能进行表述。第三个环节也是示范环节，学生聆听第三段录音，教材对录音中人物口语表述所用的技能或方法进行归纳整理，加强学生对目标技能的认识，之后进入第四个环节，要求学生运用第三个环节中所提供的口语表述技能完成一个说话小任务。这四个环节的活动流程如表9－8所示。

表 9-8　中学华文教材(快捷源流) 听说教学四环节

环节	训练能力	性质	教学重点
1	聆听	示范	·列出学习目标 ·讲解与说明须掌握的聆听技能 ·聆听录音 1 ·展示如何通过目标技能达到对录音内容的理解
2	聆听	任务	·聆听录音 2 ·学生运用所学聆听技能，理解录音内容 ·展示对录音内容的理解
3	说话	示范	·列出学习目标 ·讲解与说明须掌握的说话技能 ·聆听录音 3 ·归纳与展示录音中人物口语表述的技能
4	说话	任务	·设置口语表述小任务 ·要求学生运用目标说话技能完成任务

现从教材中举一案例来展示这套教材的听说教学流程。

1) 能抓住所说明的主要事物，把握事物的特点与细节；

2) 能说明事物的特点与细节。

第一个环节和第二个环节是聆听环节，指向第一个学习目标——听力目标。教材根据学习目标，设置了两段录音，一段是示范录音，向学生讲解如何通过把握事物特点与细节来加深对事物的理解，并对录音的相关元素做了分析并以图表加以展示。紧接着进入第二个环节，学生在聆听了第二段课文录音之后，运用第一个环节所学习的方法，理解录音内容，并把录音中事物的特点和细节填入教材提供的活动单中。

第三个环节和第四个环节是说话环节，学生需要根据事物的特点与细节进行口头陈述。第三个环节是示范环节，教材先把在说明事物时候应注意的重点提示学生，再让学生聆听第三段录音，并向学生展现所涉及的事物特点和数据、例子等细节。第四个环节是任务环节，学生需要以一事物为目标，以口语表述事物的特点与细节。

以语言输入带动语言输出能力发展的口语和书面语教学设计概念，其实也进一步体现了中学华文教材（快捷源流）所依循的"先例—

后说—再练"教材编写原则，有意识地促进知识向能力转化，可以按部就班、循序渐进地提高学生的口语和书面语的表达能力，提高华文教学的效果。

三　新加坡中学华文教材可考虑加强的元素

21 世纪，随着中国国力的不断增强，全球兴起了汉语热，给东南亚带来了华文教育的复兴。中国经济崛起对国际语言教育的最直接冲击就是华语极有可能成为除英语之外另一重要的国际语言。就华语目前的发展趋势看，华语虽还未成为国际语言，却已经成为世界各地华人的共通语，一种以普通话为基础的全世界华人的共同语（李宇明，2017），而基于这样的共识提出的"大华语"概念已经成为国际汉语教育领域内一个受到高度关注的议题。

"大华语"是一个包容性的概念，在大华语概念下，各地区的华语既有其共同特点（如普遍的语法规则），又有其差异性（例如词汇与语音），而各地的差异性应该得到尊重。

因此，在大华语时代，新加坡的华文教材应该更有包容性，不仅应继续依照普遍接受的语法规则编写教材，还应纳入其他华语地区，特别是东南亚各地华语社群的独有语言表达方式。这是因为新加坡身处东南亚，而东南亚是除中国以外，华族人口最多、学习华文人口最盛的地区，并与中国的商贸关系密切，文化交往频密，华语极有可能成为 21 世纪东南亚最重要的语言。因此，新加坡的华族国民应具备与各地华语使用者进行无碍沟通的能力。大华语时代的华文教材应是既涵盖共通性元素，又兼具地域性色彩的教材。从这个角度出发，作者从以下几个方面提出编写下一阶段新加坡中学华文教材须关注的几个方面。

（一）加强文化元素

华语在各地经历了一段与发源地长期隔离、各地发展境况不同的时期，产生了各种变体。而对华语所承载的文化的保留与发展，各地情况也有不同。大华语既然是所有华人的共同语，是民族身份的认同，那么华文教材就应该凸显华族的核心文化。而华族的文化除了仁义礼智信、敬老尊贤、爱国、责任心等道德价值观以及各大节庆之外，还有很多值得引介的元素，例如琴棋书画茶、博爱、大同世界等，都是中华文化的核心部分，宜适当地被纳入华文教材，使教材的文化素材更加多姿多彩。

（二）加强对华语地区社会语言的引介

大华语是各地华人的共同语，而各地的华语都有自己的特色，语言特色的形成又和各地的社会背景很有关系，因此，新加坡的中学华文教材可以考虑纳入部分华语地区的素材，从而增进学生对当地语言文化、风土民情、社会生活的了解。作者认为，新闻是了解各地语言特色、社会生活、风土民情的理想素材，通过阅读各地的社会新闻，不仅会对当地的情况有所了解，也能从新闻的语言中接触当地的华语特色，有助于与各地人民的交往。

（三）收入更多华人作家的作品

如果阅读各地华文新闻能增进对当地社会语言的了解，那么，阅读各地华文作家的优秀文学作品就能深入地理解当地华人的深层感情和思维特点。文学作品是精致的文化产品，阅读优秀的文学作品，对当地华族的所思所想、所喜所爱有较为深入的认识，能够促使我们从不同的角度去思考问题，认识当地族群经历的喜怒哀乐，这无疑能丰富我们的人文素养、增强我们的同理心，使我们对问题的看法不会过于偏执，也能增进对不同国家和地区华族社群的了解，与他们共呼吸。因此，新加坡的中学华文教材可以考虑在选编中国作家的作品外，也适量地选编东南亚地区华人作家的作品。

（四）口语教材以有效沟通为准

语言交流的最常用方式便是通过口语表情达意。传统的华文教材，在进行口语教学的时候，都是以标准的普通话录音为素材，从语言教学的标准性看，这自然是比较好的方式。但学习华语的目标绝对不是使每个学习者都能讲一口标准的普通话或只和能说标准普通话的人进行沟通。"大华语"涵盖的地域广泛，各地的语音都有各自的特点。从学习语言是为了进行有效沟通的角度出发，华文教材的口语教材（包括听和说）除了让学生聆听以标准普通话进行的口语对话以外，也应让学生聆听在真实情境中进行的对话，包括新加坡当地以及其他地区具有明显语音特色的对话。

（五）允许通用的地方性词语进入华文教材

大华语地区的语言特色，除了语音之外，也有词汇上的特色。例如新加坡的组屋、怕输、巴士、巴刹，马来西亚的够力、山脚、标头、布碎，中国香港地区的波士、写字楼、饮茶、塞车等，很多都是当地人口语交际或文学作品中经常使用的词语，其含义未必为非当地人所了解，有必要在华文教材中适时予以介绍。因此，新加坡中学华文教材在编选各地篇章为阅读或口语教材的时候，可以适当地保留地方特有词汇，并在教学中把相关词汇和普通话词汇做比较，提高学生对同义异词的认识。不过，这些特有词汇应只教不考，以免增加学生的考试负担。

（六）在语法方面以普通话为基准，但不排斥地域性特有的表现形式

为了保证表达的准确性，"大华语"需要有一套所有华语地区的华语使用者都能够接受的语法规则。大华语是以普通话为基础的全世界华人的共同语，因此，在语法上，可以以普通话的语法为主，但不排斥其他华语地区已经广泛使用、约定俗成的语言表达形式。华语在新加坡是社会上通行的语言，当地多元的社会语言环境，必然会对华语的表达有所影响。新加坡华语有许多独有的语言特色（周清海，2002；林万菁，2002），例如：新马地区广泛使用的"有"字句、新加坡华语中动词带处所宾语的表达形式、形容词后加量词的表达形式以及其他华语地区特有的表现形式等。作者认为，这类特有的语法形式，可以通过教材中编选的文学作品向学生引介。

（七）适度以英文作为华文的辅助学习工具

在华语已经不是新加坡大部分华族国民的母语的社会语言背景下，新加坡的华文教材在编写上越来越有必要借助学生的第一语文，也就是英语辅助学习。鉴于英语是大多数学生比较早掌握的语言，华文教材不妨考虑以英文解释较难理解的新词，用双语对比法协助学生了解正确的华语句型，为内容较深奥的课文篇章配备英文概要，以英文解释课文中涉及的文化概念等。不过，课文练习与配套作业必须全部用华文完成，方能达到提高华文水平的教学目的。

（八）增加可提高创造力的素材

快捷源流的学生学习能力属于中上水平，因此，应为他们提供适当的挑战，以加强他们学习华文的动力。当前的中学华文教材已经考虑到了学习者的学习能力，因此在教材中设计了少数能促进创造力发展的素材，例如让学生撰写博客，以旅游手册的方式介绍景点，让学生尝试创作寓言故事等。这类活动能够发挥学生的想象力和创造力，值得提倡。下一阶段的中学华文教材可以增加这类素材，如让学生进行广告设计、歌曲创作、网页设计等。这些素材往往深受学生欢迎，能激发他们学习华文的动机与兴趣，也使华文教材更贴近学生的生活，更符合他们的认知发展规律。

（九）提供跨地区的学习平台

在大华语时代学习华文，应在学习过程中尝试培养与具有相同文化背景的其他华语地区的华族社群沟通的能力。周清海教授认为，不同华语区的语言学习者应通过语言的学习，了解不同华语区的状况，重新建立华语区年轻人的人际关系（周清海，2017）。因此，下一阶段的快捷源流中学华文教材可提供资源，促进新加坡学生与其他华文地区同龄青少年的沟通与交流。在 21 世纪资讯时代，跨地域沟通是极容易办到的事，但需要有一个共同的平台，设计能促进各地语言沟通和文化交流的学习内容与活动。一个可能的做法是开展跨国的协作学习，通过网络协作平台，为他们提供学习资源，让来自不同华语地区的学生与新加坡学生在相同的主题下，按照共同的学习步骤，在教师的引导下共同完成小任务。在完成协作任务的过程中，双方以华语进行沟通讨论，以华文传输信息，以华文提交作业并以华语向对方做口头呈现。跨地区的华文学习能加强各地华语学习者的关系，增进他们对彼此国家与社会的了解，有助于培养区域精神、民族认同感，应成为大华语时代的一个重要学习方式。

四　结语

编写中学华文教材是高度专业的高难任务，不仅需要宏观的规划和微观的设计，更需要对教材使用对象的能力和需要有准确的了解。新加坡的社会语言特点产生了独特的学习华文的情境，不能直接从国外引进教材，因而长期以来都是自行开发教材。新加坡在编写华文教材上已有30多年的经验，所开发的教材质量很高。新加坡的华文教材除以中央教材的形式在全国所有官办学校全面推行以外，也被多个东南亚国家如印度尼西亚、泰国、文莱等地的学校所采用。

放眼21世纪未来数十年，华语将成为国际上的重要语言。因此，以大华语为共同语的东南亚国家的华文教育工作者，须从当前的国际局势发展和区域教育的需要做宏观规划，充分调动华语地区的社会资源和教学人才，在互通有无、优势互补的前提下，编写满足各地需要的教材。21世纪的华文教材既要有包含普遍语言规则、语言知识、核心文化与价值观的共同素材，也须有适应当地语言沟通、风俗民情的元素。开放资源、积极交流、共享经验、求同存异是当代华文教材编写的必由之路，只有这样，华语文在本地区的发展才能更蓬勃、更顺畅，最终实现华语文教学质量的全面提高。

参考资料

课程规划与发展司：《中学华文（快捷源流）》（中一），Pan Pacific Publisher，2011。
课程规划与发展司：《中学华文（快捷源流）》（中二），名创教育，2012。

课程规划与发展司：《中学华文（快捷源流）》（中三），名创教育，2013。

课程规划与发展司：《中学华文（快捷源流）》（中四），名创教育，2014。

《乐学善用：2010 母语检讨委员会报告书》，新加坡教育部，2011。

李宇明：《大华语：全球华人的共同语》，《语言文字应用》2017 年第 1 期，第 2～
　　13 页。

林万菁：《语文研究论集》，新加坡莱佛士书社，2002。

乐眉云：《介绍一种测定英语教材难度的科学方法》，《外语教学与研究》1983 年第 4
　　期，第 47～49 页。

张宁志：《汉语教材语料难度的定量分析》，《世界汉语教学》2000 年第 53 期，第
　　83～88 页。

周清海：《新加坡华语词汇与语法》，玲子传媒私人有限公司，2002。

周清海：《从全球华语的发展趋势看华语区的语言问题》，载侍建国、周荐、董琨主编
　　《第十届海峡两岸现代汉语问题学术研讨会论文集》，澳门大学，2017，第 59～65
　　页。Edward F. , *Elementary Reading Introduction*（New York：McGraw Hill，1977）。

三
新加坡的华文师资培训

从提高教师职能出发

——新加坡华文教师专业发展的实施思考[*]

任何语文课程改革都有其必然的因素。语文课程的改革，很多时候必须遵循国际教育发展新趋势并应国家社会的需求有计划地展开。语文课程的改革经常以满足学生的需要、发展学生的潜能、培养学生时代所需的能力为导向，这自然无可厚非。然而，要使语文课程改革取得成功，国家的有效主导与强大的支持固然重要，教师职能的提高更是关键因素。因此，课程改革与教师的专业发展必须同步进行，方能及时装备教师所需职能，使其得以有效配合改革方向，在教学层面上有效落实课改要求、提高课改成效。

本文首先说明 21 世纪教师职能的内涵，然后根据一项小规模研究所取得的数据，分析新加坡华文教师的职能发展需要，最后从教师专业发展的角度，提出提高华文教师职能的实施建议。

一　教师职能的内涵

教师可以说是历史最为悠久的一门职业，在中西文化中存在了数千年。教师作为一门专业，和其他人类社会所公认的专业如医生、律师、工程师比较起来，历史较短。1966 年，国际劳工组织与联合国教科文组织联合发表《关于教师地位的建议》，首次发出教师应该成为一门专业的呼声（张贵新、饶从满，2002；林艺、刘丽娜，2003）。从那时候开始，

---

　　* 本文曾发表于张建民主编（2013）的《国际汉语教育研究》第二辑（高等教育出版社）。

教师素质的问题开始受到世界各国政府的重视（王义高，2002），教师的培训问题也从那时候开始受到关注，有关教师职能内涵的规划与研究也开始受到教育学者的重视。

教师职能，指的是教师应当具备的职业能力。这是一个不容易下定义的概念，其内涵也不易明确界定（Tuckman，1995）。现从西方和中国学者的角度，分别论述当代学者对所谓"教师职能"的看法，然后再根据诸家说法，归纳出教师职能的基本范畴。

（一）西方学者的观点

1. Tuckman 的教师职能四成分

美国佛罗里达州州立大学的 Bruce W. Tuckman 教授在 1990 年代中期对教师的职能内涵做了一次系统的梳理。Tuckman（1995）的教师职能由四个部分组成，即态度与信仰、（教学）行为能力、科目能力与教学风格。

（1）态度与信仰。态度与信仰是教师对学生和个人教学能力的看法。这一成分关注教学的四个方面，即教学功效、对待压力的态度、教学期望和教学热忱。"教学功效"即教师对个人在影响学生的表现上所具备能力的自我认识。在"对待压力的态度"方面，教师的职能要求教师能从专业的角度寻求策略来解决各种情境下产生的问题，而不是在问题发生时，把一切归咎于外在的因素而消极对待。"教学期望"指的是持有每位学生都有能力取得成功的信念，持这一态度的教师，会采取适当的教学策略促使学生包括学习能力比较弱的学生达到他对他们的期望。"教学热忱"指的是教师投注到教学过程当中的情感与精力，是教师职能的主要情感元素，这一元素促使教师积极而乐观地负起教学任务，享受到教学乐趣并对学生的表现持乐观态度。

（2）行为能力。教师的教学职能要求他们在教学上具备数项能力：计划（Planning）、教学（Instructing）、沟通（Communicating）、管理（Managing）和评估（Evaluating）。"计划"是教学的重要元素，有计划的教学应包括目标、内容、技能、教材、教学法、作业与评鉴。"教学"则包括了九项能力，即保持学习过程中学生注意力的高度集中、直接授课（包括目标设定、学习过程评估、汇报指定功课）、教学适合学生的能力与兴趣、提供反馈、有层次的提问、分配时间、据不同情况改变教学法、组织教学活动、教学涵盖必要内容。"沟通"包括口语和书面语的沟通形式，即发出信息和接受与解读信息的准确性。"管理"是课堂教学中教师职能的一项重要能力，教师需要通过有效的课堂管理来维系一整班学生的学习兴趣、维持他们的学习动机，要充分利用有限的教学时间让学生参与到学习过程中。"评估"是一项重要而须多次执行的行为。由于大多数的评估以测试的方式进行，教师必须具备设题、修题和评改的能力，以确保评估的效度和信度。此外，教师还必须知道如何解读学生的测试结果，并据结果与家长进行沟通、协助学生取得进步并改进自己的教学。

（3）科目能力。科目能力涵盖"素养"和"了解科目"两项能力。教师必须具备任教某一科目的普通知识，即"素养"。"素养"是教师需要熟悉的基本事实与概念，包括科目的最新发展情况。"素养"是教学能力的基础，有了足够的素养，才能把科目教好。教师必须"了解科目"，对他所教的科目有深入的认识。教师本身就应该是这一科目的专家，应对科目的内容了如指掌、充分掌握。

（4）教学风格。Tuckman 称教师与他所置身的教学环境和处身其中的学生所建立起的一种教学特点为"教学风格"。"教学风格"含五个维度：组织表现（Organized Demeanour）、活力（Dynamism）、灵活性（Flexibility）、热情与接受（Warmth and Acceptance）、创意（Creativity）。"组织表现"包含做事有组织、有效率、井井有条、讲解清楚、掌控教学、自信与敏锐觉察。"活力"指友好开朗的性格、轻松愉悦的精神、积极进取的态度、独立自主的信心。"灵活性"表现为敏感宽容的胸怀和顺应情况处理事情的能力。"热情与接受"表现为课堂的民主平等人文气息、良性的师生关系。"创意"表现为教师在教学上所展现的创造性、原创性与创新性。有"创意"的教师以不同于一般的，甚至反传统的教学方式协助学生学习。很多时候富有创意的环境能促进学生自主发现、建构知识。

2. Louisa Leaman 的 "完美教师" 职能内涵

Louisa Leaman（2008）从具有丰富教学经验的一线教师的角度出发，通过与多个和教育相关人士的聚焦讨论、收集资料，总结出她所认为的 "完美教师"（Perfect Teacher）应该具备的专业素养与专业职能。参与聚焦讨论的人士包括中小学教师、新进教师、特别学校的教师、社会工作者、特殊教育负责人士、大专院校的讲师与教育心理学家、政府官员、学校管理层以及家长和学生。她整理出来的与学校教学任务直接相关的职能可以分成四个方面：教师素养、教学素养、课堂管理能力和课堂组织能力。

（1）教师素养。包括专业个性、沟通技巧、师生关系与自信心。

a. 专业个性。幽默、热忱、精力旺盛是教师能够让学生投入学习的 "专业个性"。

b. 沟通技巧。教师需要同时具备口语和非口语的沟通能力。口语沟通指的是说话内容与表达内容的方式，非口语沟通则是举止行为所传达的信息，两者应该相互配合以实现有效沟通。

c. 师生关系。教师必须能够建立积极、互相尊重的师生关系。教师对学生要亲切，对学习要有热情，要对学生一视同仁，关心他们的学习，对他们提出高要求，不断地鼓励他们。

d. 自信心。要顺利发挥教师的作用，教师就必须使自己显得果断而有自信心，而非显得强势或无原则地迁就学生。通过培训，辅以经验的积累和前辈教师的协助，教师当能建立起自信。

（2）教学素养。包括丰富而扎实的科目知识，有计划地备课，生动的授课内容，有效的教学评估，激发学习兴趣。

a. 丰富而扎实的科目知识。教师一定要对教学内容进行一番研究，一定要有丰富而扎实的科目知识，并在适当的环节纳入现代科技。教师还须在满足课程的基本要求之余，让有能力的学生提升知识水平、发展潜能。

b. 有计划地备课。教师应使备课过程形成体系。此外，教师也要有灵活的应变能力，在教学不能取得预期效果的情况之下，立即做出调整。

c. 生动的授课内容。教师应布置多样化的学习任务，引导学生学习不同的技能，使能力不同的学生皆有所获。教师也应当善于组织多元的课堂活动以促进学习，发展学生各层次的思维。教师也应有能力引导学生从不同的角度看待问题，并对普通生与优等生同等重视。

d. 有效的教学评估。教师应能以多元形式评价学生的学习表现。教师在评价教学效果时，既要能照顾学生的整体表现，也要关注个别学生的发展，并能科学而客观地记录学生的表现。

e. 激发学习兴趣。教师要能从学生的角度去思考激发他们学习动机和学习兴趣的可能方式。教师要对学生提出实际要求，既不要压低标准，又不应揠苗助长。教学必须差异化、分层化。

（3）课堂管理能力。面对课堂纪律问题时，教师必须有能力以专业的技巧去应对。维持课堂纪律的一大条件就是，教师应在教学过程中发扬课堂民主精神，让学生有发言权并与学生进行充分交流。

（4）课堂组织能力。适当的课堂布置对调动学生的学习情绪很有帮助。教师必须对教学流程中每一个环节的行为准则提供明确的指示，有能力组织与监督学习过程，促进小组活动。

3. 国际先进教育院校联盟对教师职能的看法

国际先进教育院校联盟（The International Alliance of Leading Education Institutes，IALEI）在 2008 年度的报告书中提出，时代带给教师专业的挑战是需要重新审视教师的专业内涵、改变教师的既定观念。新时代需要重新界定教师的专业素养。近 10 年的一些针对教师职能的研究也显示，教师的素质是促使学生取得成功的重要因素（Darling-Hammond，1998；Haycock，2001；Sanders & Rivers，1996；Wright，Horn & Sanders，1997），教师的素质是高素质教育的关键因素。因此，重新定义教师的专业职能是有必要的。

国际先进教育院校联盟认为，教师必须具备以下知识，并能在各种情境下适当地应用这些知识进行教学（IALEI，2008：24 - 36）。

（1）学科内容。

（2）普通教学理论，包括教学原理与策略、课室管理与组织。

（3）课程、教材与教程的理解。

（4）科目教学法，即相关科目的教学方法与专业认识。

（5）学习者特点。

（6）教育情境，包括课堂和学校环境、校区的管理与财务营运体系、社区特点与文化。

（7）教育终极目标、目的、价值，包括教育目标背后所涵盖的哲学与人类历史知识。

在此套知识的基础上，教师还须有反思能力，反思自己的教学。教学反思须根据数据而非个人感觉，因此，教师必须具备从事教学研究所需的能力。教师须意识到自己在教学上享有充分的自主权，能够根据教学对象的差异特点修改或改进教学。教师也须走向社区，与社会接轨，和其他教育的利益相关者合作，以使教学内容与课程水平符合社会所需。新时代的教师还应有不断进取的好学精神，使自己成为"终身学习者"。

（二）中国学者的观点

当谈论到 21 世纪教师应有的素养的时候，中国学者在观点的内涵上和西方学者差别不大，但似乎比西方学者更关注当代教师的职能转变。

中国学者强调，和过去比较，当代教师的职能有几个方面的改变。教师必须成为学生学习的促进者（陈秋燕，2008；曾玮，2003），从知识的传授转向为学生提供有效的指导，把学生作为教学的中心，协助学生制定适合自己的学习目标，引导学生掌握有效的学习策略，从而发展他们的能力。教师也应该是未来的设计者，为社会培养所需的人才，通过教学活动逐步培养学生的价值观、个性品德、创新精神、实践能力、人文素养以及社会责任感，使学生适应未来、创造未来（陈秋燕，2008；曾玮，2003）。除此之外，中国学者也认为，新时代的教师应更重视学习环境的创造，特别是创造一种民主、和平、平等、和谐的师生关系，鼓励创新（陈秋燕，2008），张扬学习主体意识（王道俊、郭文安，2005）。要建立这样一种师生关系，在教学专业上便要求教师带着诚心、爱心、耐心去创造民主的课堂气氛，使自己成为学生的学习伙伴、人生的领路人（陈秋燕，2008）。此外，学者亦认为，21 世纪的教师还应有能力开展与参与教学研究，参加或主导校本课程的开发，从而全面提高专业水平（曾玮，2003）。

对教师职能转变的关注必然导致对教师素质提出更高要求。陈秋燕（2008）对新时代教师应有的素养做了一番梳理。她的概括性整理基本上反映了前述中国学者对新时代教学职能的要求。现简述如下。

新时代的教师必须具备四个方面的素养，即人文素养、专业素养、科学素养和实践能力。

（1）人文素养。教师的"人文精神"基本体现在师生关系上。要构建课堂上的人文精神，教师应该"学会等待"，用发展的眼光看待学生，给予学生充分的时间来取得进步。教师也应"学会宽容"，尊重学习主体的差异性，以客观公正的态度对待每一位学生，允许学生有新的想法和创新的观点。教师也要"学会敬畏"，敬畏每一位学生，关爱他们、珍惜他们，陪伴他们走过一段重要的生命旅程，并从中获得快乐。

（2）专业素养。一名合格的教师，须有思想品质、教育理论知识和教育研究能力。教师的思想品质，表现在对社会和他人的责任感，以及热爱教育、忠于事业的献身精神上。在教育理论方面，优秀教师应该有较成熟的教学观念，有学生的发展观；也应具备较系统的心理学知识，能从教与学的心理原理、学生的年龄特点和心理特点的理论高度认识教学，以理论指导实践，并善于汲取他人的成果来丰富自己的观点。教师也应具备教育研究能力，能针对教学问题，通过质疑、假设、实验、验证去探讨解决问题之道。

（3）科学素养。教师应有精深广博的科学知识、不断追求新知的科学精神和钻研探究科学的方法。教师除了必须通晓自己的学科，还须涉猎更多的相关知识，从而有效地激励学生学习，激发他们去超越自己。教师需要与时俱进，永远站在所教科目的知识最前端。教师还要透过教学让学生掌握学习的方法、养成学习的习惯。教师也要掌握科学的研究方法，以便在职场中担负起教学研究的任务。

（4）实践能力。教师在课堂上所采取的教学法与教学策略都应该有其理论根据，能从课程、教材、教法和教学理论上充分认识所采用的策略，并以此作为教学设计的基础。随着教学经验的丰富，教师对理论的认识和运用也更加自由，并逐渐形成个人化的风格。

根据中外学者对教师职能与素养的分析，作者总结出教师职能一览表（见表 10 - 1）。

表 10 - 1   中外学者及机构所提出的教师职能一览

教师职能	Tuckman	Leaman	IALEI	中国学者
课室管理	◆	◆	◆	◆
教育理论			◆	◆
教学设计	◆	◆	◆	
评鉴	◆	◆		
沟通	◆	◆		◆
教学策略	◆	◆	◆	◆
教学技巧	◆	◆		◆
教学组织	◆	◆	◆	◆
科目知识	◆	◆		◆
专业素养	◆	◆	◆	◆
研究能力			◆	◆
教学热忱	◆	◆		◆
群体协作		◆		◆

资料来源：作者整理。

这一结果根据学者的看法随文产出，比较随意，略显松散。现进一步归纳前文所梳理的各家观点，得出当代教师职能的八大范畴如下。

（1）课室管理能力：包括建立良好师生关系、掌控课堂秩序、执行奖惩条规、坚守课堂原则等与控制学生课堂行为相关的诸项能力。

（2）教育理论认识：包括作为专业教师应当熟悉的主要学习理论、课程与教学理论、认知心理学理论、教育社会学理论、教育哲学等，语言教师还须熟悉基本的语言习得理论。

（3）专业能力：涵盖教学设计、流程设计、评鉴、设题、批卷、学习反馈、学习需要诊断、学习辅导、校本课程发展与校本教材编写等诸项能力。

（4）协作能力：包括和工作单位中同事进行合作的能力，与校内外乃至国际上同道的专业分享与交流能力以及维系良好人际关系的能力。

（5）教学能力：包括针对不同教学对象的特点制定差异性、分层性教学策略，应用适当教学技巧引导学生学习，通过有效的提问策略对学生进行思维训练，根据所提供的学习经验组织教学活动的能力。

（6）学科知识：对学科的课程、教材、教法和评价方式的认识，以及对有关学科的基础知识的熟谙程度，如一名语文教师首先就必须具备良好的语言能力，并具备与语言相关的丰富的语言文化历史知识。

（7）学术钻研能力：适应当前组建"研究型教学队伍"国际教育发展趋势所需的研究能力，如对校本研究、行动研究、课例研究、教学统计等研究方法与技巧的掌握能力。

（8）专业素养：专业教师应有的自信、热忱、活力，良好的语言表达能力，崇高的敬业精神与教学反思能力，以及掌握跟上时代所需的信息技术和具有终身学习的专业精神。

这八大范畴，成为本研究的理论框架，本文据此框架分析研究对象的专业发展需要。

二　新加坡华文教师的"职能发展需要"小样本剖析

从职能出发，我们才能比较清楚地观察到教师的专业发展需要，了解到在当前的课改环境下，教师在哪些职能范畴有比较迫切的提升与更新知识的需求，以便协助师资培训单位更加了解在职培训的实际要求，从而根据教师提升职能的迫切性提供及时的在职培训课程，以提高华文教师的专业水平。

作者于2009年下半年进行了一项小规模调查，尝试了解教师对于教师职能提高教学质量的看法，以及个人提升各项教师职能的意愿，调查希望从提升职能出发，思考当代华文教师专业发展的实践之道。另外，新加坡华文教研中心已于2008年10月进行了一项规模较大的在线"华文教师在职培训需要调查"，收集了2200余名中小学教师的反馈资料并进行分析，根据分析结果，制定了新加坡华文教研中心的在职培训课程框架，再根据这一课程框架，规划华文教师在职培训课程，并于 2009 年正式开课培训华文教师。因此，作者也想通过这个小规模研究，初步检验新加坡华文教研中心所开设的课程是否切合市场的培训需要。

（一）研究对象

研究对象为 3 所中学的华文教师和 2 所小学的华文教师。参与调查的中学教师有 35 名，小学教师有 32 名，共 67 名。

（二）研究工具

我们以调查问卷的方式收集资料来了解华文教师的职能发展需要。调查表格共分为三个部分：个人背景资料、各职能范畴在提高教学质量上的重要性、个人提升各教师职能的迫切性。

（1）个人背景资料。收集个人的基本信息，包括任教学校、任教班级、教学经验和年龄。

（2）各职能范畴在提高教学质量上的重要性。我们根据八大教师职能范畴，要求华文教师针对各职能范畴对提高教学质量的重要性做出判断。我们请教师在李克特五级量表中给每个范畴打分。5 为绝对重要，1 为完全不重要（见表 10 - 2）。

表 10 - 2　教师职能范畴对教学质量的重要性

说明：下面列出了专业教师应具有的数个专业范畴。请您告诉我们，各范畴对一位华文教师提高教学质量的重要性如何。请从 5 个等级中给每个范畴选一个等级，并在相关格子内打钩。

教师职能范畴	对华文教师提高教学质量的重要性				
	绝对重要	重要	差不多	不重要	完全不重要
	5	4	3	2	1
· 课室管理能力（涵盖良好师生关系、掌控课堂秩序、执行奖惩条规、坚守课堂原则等）					
· 教育理论认识（涵盖学习理论、课程与教学理论、认知心理学理论、教育社会学理论、教育哲学、语言习得理论等）					

说明：下面列出了专业教师应具有的数个专业范畴。请您告诉我们，各范畴对一位华文教师提高教学质量的重要性如何。请从 5 个等级中给每个范畴选一个等级，并在相关格子内打钩。

教师职能范畴	对华文教师提高教学质量的重要性				
	绝对重要	重要	差不多	不重要	完全不重要
	5	4	3	2	1
·专业能力（涵盖教学设计、流程设计、评鉴、设题、批卷、学习反馈、学习需要诊断、学习辅导、校本课程发展与校本教材编写等）					
·协作能力（涵盖团队合作、国内分享、国外交流、人际关系等）					
·教学能力（涵盖语言教学策略、教学技巧、教学设计、教学组织等）					
·学科知识（涵盖对华文课程、教材、教法和评价方式的认识，语言文化历史知识等）					
·学术钻研能力（研究法，如：校本研究、行动研究、课例研究、教学统计等）					
·专业素养（涵盖语言、信息技术、教学热忱、敬业精神、反思能力、终身学习等）					

　　受试者填完这一表格之后，研究助理统计每位受试者在每个范畴的反应，计算出各个范畴的平均值，再根据所取得的平均值排列各职能范畴的重要性。平均值越高的职能范畴，对提高教学质量就越重要。

　　（3）个人提升各教师职能的迫切性。我们要求华文教师根据个人对提升各职能范畴的迫切性，给八个职能范畴排名，列出排名顺序，1 为最迫切希望获得提升的范畴，8 为最不迫切希望获得提升的范畴（见表 10-3）。

表 10-3　教师提升各教师职能的迫切性

根据您希望在各个职能范畴获得进一步提升的迫切性，给这八个范畴排名。1 为最迫切希望获得提升的范畴，8 为最不迫切希望获得提升的范畴。名次不能重复（不能有范畴的名次相同）。

	根据个人对各职能范畴提升的迫切性，给范畴排名（1-8）。1 为最迫切希望获得提升，8 为最不迫切获得提升。
·课室管理能力（涵盖良好师生关系、掌控课堂秩序、执行奖惩条规、坚守课堂原则等）	

续表

根据您希望在各个职能范畴获得进一步提升的迫切性，给这八个范畴排名。1 为最迫切希望获得提升的范畴，8 为最不迫切希望获得提升的范畴。<u>名次不能重复</u>（不能有范畴的名次相同）。	根据个人对各职能范畴提升的迫切性，给范畴排名（1－8）。1 为最迫切希望获得提升，8 为最不迫切希望获得提升。
·教育理论认识（涵盖学习理论、课程与教学理论、认知心理学理论、教育社会学理论、教育哲学、语言习得理论等）	
·专业能力（涵盖教学设计、流程设计、评鉴、设题、批卷、学习反馈、学习需要诊断、学习辅导、校本课程发展与校本教材编写等）	
·协作能力（涵盖团队合作、国内分享、国外交流、人际关系等）	
·教学能力（涵盖语言教学策略、教学技巧、教学设计、教学组织等）	
·学科知识（涵盖对华文课程、教材、教法和评价方式的认识、语言文化历史知识等）	
·学术钻研能力（研究法，如：校本研究、行动研究、课例研究、教学统计等）	
·专业素养（涵盖语言、信息技术、教学热忱、敬业精神、反思能力、终身学习等）	

　　受试者填完这一表格之后，研究助理把每位受试者在同一职能范畴里的名次相加，除以总人数，得到排名值，再根据排名值的高低，得出每一范畴的整体排名，排名值越小的范畴，整体排名越靠前。

（三）资料分析

1. 教师职能范畴对教学质量的重要性

　　根据所收集到的资料进行统计运算，新加坡华文教师对八大教师职能在提高教学质量的重要性的看法如表 10－4 所示。

表 10－4　新加坡华文教师对八大教师职能重要性的定位

职能范畴	平均值	重要性
课室管理能力	4.65	1
专业能力	4.65	1

职能范畴	平均值	重要性
教学能力	4.52	3
学科知识	4.48	4
协作能力	4.28	5
教育理论	4.25	6
专业素养	4.23	7
学术钻研能力	3.94	8

受试教师们认为，课室管理能力和专业能力对教学质量的提高最为关键，其余的职能按重要性从高到低排序依次为教学能力、学科知识、协作能力、教育理论和专业素养，参与调查的教师认为学术钻研能力对教学质量的提高最不重要。

2. **教师提升各教师职能的迫切性**

根据所收集到的资料进行统计，受试教师在提升各教师职能的迫切性方面的调查结果如表 10-5 所示。

表 10-5　新加坡华文教师对各教师职能的迫切性排序

迫切性排序	职能范畴
1	课室管理能力
2	专业能力
3	教学能力
4	专业素养
5	学科知识
6	教育理论
7	协作能力
8	学术钻研能力

作者对"教师职能范畴对教学质量的重要性"和"教师提升各教师职能的迫切性"两套数据进行斯皮尔曼相关性分析，所得相关系数为0.82，相关性密切。这反映了新加坡华文教师非常务实的培训心态，对教学质量的提高能产生较大影响的、比较重要的教师职能，就是他们迫

切需要提升的教师职能。

位居前四名的教师职能为课室管理能力、专业能力、教学能力与专业素养。受试教师认为良好的课堂秩序，有效的教学设计、评鉴、设题、校本课程设计等能力，高效的教学策略与技巧、教学活动组织，以及良好的语言、信息技术、教学热忱等素养，能提高他们的教学效果。

前面说过新加坡华文教研中心于 2008 年 10 月进行了"华文教师在职培训需要调查"，根据调查所得数据以及教师的反馈意见，中心把教师的培训需要归纳成三大课程组，即教学法单元组、教学素养单元组以及专业提升单元组。

"教学法单元组"的课程目的在于提升各年龄层教师的教学技能，提供针对不同教学对象的教学策略，以满足教导不同语言背景、社会阶层和语言能力学生的华文教师的教学需要，解决课堂教学中实际存在的问题。课程内容涵盖各种语言教学法和教学策略。

"教学素养单元组"的课程目的在于提升年轻教师以及部分非中文系毕业的中年教师的语言水平、阅读能力，提高他们的文化知识、历史知识水平和资讯素养等。主要的课程内容包括语言与语言知识、二语习得理论、教学语法与修辞、资讯技术、阅读与鉴赏等。

"专业提升单元组"的课程目的在于提升资深华文教师职务所需的专业知识与专业技能水平，主要内容包括校本课程设计、校本教材编写、教学评鉴设计、行动研究与课例研究等。

于是，我们看到这次小规模研究结果所显示的受试华文教师迫切需要提升的教师职能范畴与教研中心根据教师培训需要的调查结果所产出的课程结构，有极大的重叠性。中心的"教学法单元组"很好地对应本项研究的"教学能力"内容，中心的"教学素养单元组"很好地对应本研究的"专业素养"内容，中心的"专业提升单元组"很好地对应本研究的"专业能力"内容，唯一不曾在 2008 年的调查中凸显的培训需要是本研究的"课室管理能力"。

因此，小规模研究的结果验证了新加坡华文教研中心所制定的培训框架在极大程度上切合了新加坡华文教师的课堂教学与工作需求，中心的培训框架能够针对新加坡华文教师认为最重要的，也最迫切需要的教师职能开办课程，从而满足教师的专业需求。当然，研究结果也凸显了教研中心培训框架的一个盲点，即未针对教师最迫切需要的课室管理能力开办课程。这一盲点的发现对教研中心修订培训课程极为重要，促使它在接下来的课程设置中把"课室管理能力"放在重要的培训位置上，聘请专家为华文教师开课。

三　从职能出发促进教师专业发展

在 21 世纪谈论语文课程的改革，必须把在职师资培训的工作置于课程改革的重要位置，使所有的语文教师都具备课程改革所需的职能，才能配合语文课改的方向与需要，切实落实课改的教学理念，促使课改取得成功。

因此，我们必须从语文教师的职能出发，根据课改的需要提升教师相关领域的职能，确保教师的教师职能定期获得更新、注入新养料，在专业上给教师装备最为需要的教学能力，从而让一线教师能够信心十足地完成新课程赋予他们的任务。

我们要把教师培训当成教师专业发展来处理，就必须重视教师作为专业人士的地位，定期给予教师培训，不断加强教师的职能，让职能的提升与专业发展并行，在专业发展中巩固教师职能。以下是几条建议。

1. 从职能出发，了解教师的不足

我们必须清楚了解与把握教师在各职能范畴当中存在的缺陷与不足。这可以通过双管齐下的方式来收集资料。一方面，负责教师培训工作的机构需要定期开展"教师培训需要"调查，大面积、大范围收集一线教师的反馈，并根据反馈数据多量向、多变项地进行统计分析，掌握教学队伍的普遍需要。另一方面，我们也要进行小规模的"切片研究"，引导教师自我检视、自我认定个人所需的教师职能以及各个职能在提升教学质量方面的作用及其重要性。切片研究能够清楚发现一线教师的实际心态，而这种务实的心态是需要任何教师培训课程制定者认真研究的。

大规模的教师培训需要调查涉及的人数较多，资料分析比较花时间，因此周期可以比较长，如每隔 3 年至 4 年做一次调查，而切片式的研究不需要太大的样本，可以每年进行。课程设计者只要把从"切片研究"中收集到的数据与大规模调查的结果进行比对，就能及时检验现行培训课程是否适应教师的职能需要，从而根据情况做出必要的调整。作者前面所述的新加坡华文教研中心于 2008 年进行的"华文教师在职培训需要调查"属于大规模的调查，而本研究所进行的教师职能问卷调查则属于"切片研究"，前者宏观而全面地了解了教师队伍的培训需要，后者则从微观上对当前的培训需要做了检验，所得信息可检视当前在职培训课程的适切性，以做必要调整。

2. 从职能出发，优先开办教师迫切需要的课程

教师课业繁重，课外进修时间十分有限。因此，从提高教师的职能出发，培训单位必须优先开办教师认为对提高教学质量最有帮助、最迫切需要的课程。作者所完成的"切片研究"显示，"课室管理能力"、"专业能力"、"教学能力"和"专业素养"是新加坡华文教师最迫切需要的职能，因此，这些职能必须在当前的在职培训课程中予以重视。为此，中心在 2010 年调整了课程内容，加入了课室管理技巧、设题、二语习得策略、反思性教学、实用教学语法、数码讲述等课程，以便更好地满足中小学华文教师的教学需要。从职能出发，将所学知识应用在实际的课堂教学中。

本文"切片研究"所得数据显示，"专业能力"和"教学能力"居教师最迫切需要提升的教师职能的第二位和第三位。这两个范畴强调实践性，需要通过课堂教学加以实践才能被充分掌握。为达到专业发展的目标，教师培训课程在介绍了相关技能之后，还要进一步要求教师把所学的策略应用在实际的课堂教学中，并自我检验教学效果，以实现专业水平的提升。作者认为，要让教师充分掌握这两个范畴的相关能力，授课内容应包含如下元素。

（1）理论讲解：向培训对象清楚介绍相关的语言教学理论。

（2）策略介绍：提出结构严密、基于理论的教学策略及其运作流程。

（3）课例讲解：根据所讲解的策略，把在课堂中的实际操作过程进行实际示范。

（4）教案分析：根据所讲解的策略，以学校课文为例，提供教学设计案例，供培训对象分析讨论，从而加深印象。

（5）教案设计：要求培训对象根据所讲解的理论与策略，设计一堂课的教案。教案需在受训期间完成，并与同学、讲师分享，听取他们对教案设计的意见。

（6）教学实践：要求教师在完成了相关课程之后，把所学习到的教学策略应用在实际教学中，自我评估教学效果，并提供各种渠道促进实践经验的交流，如借助新媒体的强大功能，通过网络通信技术，上课的教师分享经验、提出实践当中遇见的问题，并由讲师或培训同学集思广益，提出解决问题的意见和建议。

只有教师把所学知识与技能具体运用在课堂教学中，才能产生实质的培训效果，真正提升教师的职能，并促进他们的专业发展。

3. 从职能出发，将研究能力的提高融入其他职能的培训课程

21世纪的教育发展趋势是建立"研究型教学队伍"。从教师专业发展的角度看，鼓励教师进行研究、通过研究提高教学水平是教师最终能够成为专业的必需方式。可惜许多教师都未意识到从事研究是教师专业须进行的工作，对教学研究不够重视。本次"切片研究"的数据也证实了这一点。

要让教师能够从事专业研究又不须投入额外的时间，就应当让研究职能的提升和其他职能的训练相结合，协助教师专业的发展。师范院校或师资培训单位的专家学者可以在教学研究上加强对教师的引导，协助教师在课堂上实践相关策略，并带着他们进行课堂观察、学生访谈、量表填写等研究活动，通过这种"行动研究"的方式让教师自我发现教学策略的优点和缺点，并思考改善之道。例如在介绍了几个课堂管理技巧之后，便可以鼓励教师运用相关策略管理课堂秩序，同时请教师注意观察班上少数较有纪律问题的学生的行为改变，并做记录。通过在课堂教学中的不断实践，教师在提高课室管理能力的同时，初步习得了个案研究的方法，促进了专业的发展。

四 结语

本文从梳理东西方教育学者对教师职能内涵的看法开始，归纳整理出教师职能的八大范畴，再通过开展一项小规模的"切片研究"，了解新加坡的中小学华文教师对这八大范畴在提高教学质量上的认可度以及个人提升各项职能的迫切性，然后根据初步的研究结果，提出从职能出发促进教师专业发展的观点。作者认为，在21世纪的今天，语文课程改革必须与师资培训密切结合，通过有结构、有组织的在职培训，培养教师在课改背景下所需的能力，提高教师的专业能力，促进教师的专业发展，逐渐建设研究型的教学队伍，促使语文教学能够与时俱进，为人类社会培养高素质、高水平的教学人才做出贡献。受研究期限和样本人数的限制，本次的"切片研究"并未进一步比较不同特质的教师对这八大范畴教师职能的教学重要性、提升不同职能的迫切性的看法与观点，留待日后有机会再做探讨。

参考文献

陈秋燕：《教师应有的素质》，《教学育人（校长参考）》2008年第11期，第25~
　　26页。

林艺、刘丽娜：《发达国家中小学教师在职培训的形式及特点》，《外国中小学教育》
　　2003年第11期，第9、24~27页。

王道俊、郭文安：《主体教育论》，人民教育出版社，2005。

王义高：《当代世界教育思潮与各国教改趋势》，北京师范大学出版社，2002。

曾玮：《新基础教育课程下的教师职能》，《教育探索》2003年第10期，第104~
　　106页。

张贵新、饶从满：《国际新教师专业特性论介评》，《外国教育研究》2002年第11期，
　　第56~61页。

Tuckman B. W., "The Competent Teacher," in Ornstein A. C., ed., *Teaching: Theory and Practice* (Boston: Allyn and Bacon, 1995).

Darling-Hammond L., "Teacher Learning that Supports Student Learning," *Educational*

Leadership 55 （1998）: 6 – 11.

Haycock K. , "Achievement in America: Can we close the gap," *Educational Leadership* 58 （2001）: 6 – 11.

IALEI. , *Transforming Teacher Education: Redefined Professionals for 21ˢᵗ Century School* （Singapore: National Institute of Education, 2008）.

Louisa Leaman, *The Perfect Teacher: How to Make the Very Best of Your Teaching Skills* （London: Continuum International Publishing Group, 2008）.

Sanders W. , Rivers J. , *Cumulative and Residual Effects of Teachers on Future Student Academic Achievement* （Knoxville: University of Tennessee, 1996）.

Wright S. P. , Horn S. P. , Sansers W. L. , "Teacher Effects on Student Achievement," *Journal of Personnel Evaluations in Education* 11 （1997）: 57 – 67.

聚焦新加坡华文教师在职培训

——开发师资培训课程须回答的几个问题[*]

教育是为了培养下一代国民而服务的，教师的主要任务是为国家乃至人类社会培养具有所需素质、知识与技能的人力资源。在规划教师在职培训课程之前，要了解教师专业所处的社会环境以及相关的经济领域对未来 5～10 年职场人力的需求，以及这些需求对课程领域产生的影响。除此以外，还要关注区域内甚至国际政治经济局势的改变对教学工作可能带来的冲击与挑战。

教师是专业人士，具有专业的知识与技能。然而，在知识经济时代，知识随着社会、政治与经济发展而改变，知识的更迭与替换周期更短，网络世界更让网络原住民随时随地获取最多最新的知识。面对由网络原住民组成的学生，作为网络时代的"移民"的教师，需要更换角色，让自己从知识的传播者转变为获取知识的组织者、促进者和引导者。换言之，教师的角色必须顺应时代的改变做出调整。因此，要有效地协助教师完成时代赋予的各项任务，在职培训非常重要。

要建构实质有效的在职师资培训课程，必须从四个方面入手，对教学环境、教师需要、课程开发、课程实效做充分考虑。简言之，有效的教师在职培训须回答以下四个问题。

（1）教育环境发生了哪些重要变化？

（2）教育环境的变化对在职教师的教学能力产生了什么培训需要？

---

* 本文为"2014 对外华语人才培育国际研讨会"的主题演讲论文。

（3）如何依托需要开发实用的教学培训课程？

（4）如何确保课程取得实际效果？

现以新加坡本土华文教学情境及相应的教师培训课题为焦点加以阐述，回答以上所提问题。

一　教育环境发生了哪些重要变化？

21 世纪的教育是物质和智慧发展的基础，教育体制必须能够应付社会与经济的挑战（Young，1993）。而社会与经济的挑战并非仅仅来自国内，更多来自外在的环境。因此，在规划任何课程内容的时候，都必须从国家和国际、当地社区、学校文化这三个层面做全盘的考量（Parkay & Hass，2000）。各个层面下衍生的需要，直接投射在教育环境中，对课程与教学产生冲击。站在教学一线的教师，最先感受到教育环境的改变对他们产生的压力，在课程改革来不及应变的情况下，一线教师必须在他们专业职能的范围之内做出适当的调整。从事在职师资培训的机构，必须紧密观察不同层面下的教育环境发生的重要变化以及这些变化对学校现场产生的影响，充分了解教师需要得到的支持，和他们共同面对环境的冲击，并及时提供有助于教师应对变化的专业知识与技能。

新加坡的华语教学也不可避免地受到国际和国内教学环境改变的影响。

从国际的层面看，进入 21 世纪，借由信息化产生的知识经济时代的到来，世界各国全球化的趋势加快，越来越多的国家意识到在高度竞争的全球化环境中掌握多种语言的重要性，世界正朝着多语言的方向发展。加强外语或第二语言的学习已经是国际语言教学的重要发展趋势。从国际交流的需要和掌握信息能力的角度看，掌握两种或多种语言是 21 世纪的生存技能。随着环球资讯科技的发展及电脑辅助学习技术的普及，语言教学更多元，语言教学有了更大的发展空间。而随着新加坡和中国的商贸关系愈加密切，华语华文在促进新加坡经济发展上的重要性也愈加强烈。掌握一定水平的华语华文，已经不仅仅是文化传承的问题，也是生存与发展的重要能力。

从新加坡的国家层面上看，教育体制和教学对象在过去 20 年里发生了非常大的变化。一方面，因应分流教育的需要（目前开始逐步实施的科目分班实际上也是分流的一种形式），华文课程须根据一定的原则和标准，把学生纳入不同的源流或班级学习不同水平的华文教材。目前新加坡的小学华文课程共有三套教材〔高级华文、华文、基础华文〕，中学有五套教材〔高级华文、快捷华文、普通（学术）华文、普通（工艺）华文、华文 B〕。除了少数学校，大部分学校的华文教师都必须承担多套教材的教学任务。面对不同语言水平和学习能力的学生，华文教师必须不断地调整教学方式和教学策略，以满足不同能力学生的学习需要，这是项艰巨的挑战。

另一方面，在过去 20 年，新加坡的社会语言环境发生了很大的变化，新加坡的家庭语言环境已经有所改变。新加坡教育部对1991～2010 年每年的小学一年级学生家庭语言背景的调查数据显示，过去20 年来英语已经成为华族家庭主要的家庭用语。虽然英语在各种族家庭的使用频率不一，但是以英语作为主要家庭用语的情况都呈上升的趋势。以英语作为主要家庭用语的华族学生从 1991 年的 28% 上升到 2010 年的 59%。但与此同时，还有相当比例的华族家庭依然以华语作为主要的沟通语言。新加坡华族学生的家庭语言背景呈现了多元的特点。如果我们再把来自中国大陆、中国台湾地区、中国香港地区和马来西亚等华文水平较高的国家或地区的学生，来自东南亚其他国家、韩国、南亚各国的学生，以及本土修读华文的马来族和印度族的学生涵盖在内，学习华文的学生的能力差异就会更大。这些文化不同、语言背景相差甚大的各年龄层学生，都在同样的课堂空间上课，这进一步加剧了华文课程与教学的差异性，给华文教师带来了很大的挑战。

新加坡华文教学面对一个非常吊诡的语言现实，一方面是华语华文对国家经济发展日趋重要，华语在可预见的将来将成为另一种重要的国际语言，国际上对于合格华文教师的需求日趋殷切，华文教学有着光明的前景；另一方面则是学习华语华文的本土社会环境正在流失，导致在校华文学习者的差异越来越大，给华语文的教学带来了巨大的挑战。新加坡的华文教学面对着前所未有的机遇，但也面对着前所未有的挑战。

新加坡的华语文教学必须顺应国内外的教育环境做出改变，也必须配合国家的长远目标调整课程内容与教学策略。这几个方面的因素直接影响了华文教学的理念，华文教师必须调整教学策略、改变教学行为。肩负华文师资培训任务的单位在规划课程时，必须清楚国内外语言环境的改变对华文教学产生的压力和冲击，了解国家制定的课程与教学的方向，以便提供符合实际的师资培训的课程内容。

二 教育环境的变化对在职教师的教学能力产生了什么培训需要？

面对教育环境的改变，新加坡的华文教学必须思考如何在语言环境逐渐流失、学习者的差异日趋扩大的情况下，加强华文教学以传承文化、促进国家的持续发展。这是环境的变化对华文教师提出的挑战。面对这一严峻的挑战，华文师资培训单位需要协助华文教师改变教学思维，跳出华文教学只是为传承母语和为母族文化服务的传统框架，更多从学生学习的角度思考问题，提供有助于下一代国民更好地掌握和他们的生存与发展息息相关的重要语文能力的方法和策略。

换言之，师培机构必须回答"教育环境的改变对教师的职能提出了什么要求"这一问题。要回答这一问题，师培机构要了解教师职能的范围，并有一个方便分析培训需要的职能框架。师培机构要有一个能分析教师职能的理论框架，把它作为分析国内外教育环境的改变对教师既有职能产生冲击的根据。在分析教师的职能方面，已经有了不少详尽的研究成果，足以供当代的师培机构借鉴。作者在这些学者和专业机构所提观点的基础上（Tuckman，1995；Louisa Leaman，2008；IALEI，2008）[①]，对

---

① 关于这些研究提出的教师职能范围，请参阅前文：《从提高教师职能出发——新加坡华文教师专业发展的实施思考》。

21 世纪的教师职能做了归纳，将各项职能纳入八大范畴，即课室管理能力、教育理论认识、专业能力、协作能力、教学能力、学科知识、学术钻研能力以及专业素养。从师资培训的角度上看，这八大范畴可以进一步归纳为三大板块，即教学法（教学能力、专业能力）、教学素养（课室管理能力、学科知识、专业素养）和专业提升（教育理论认识、协作能力、学术钻研能力）。

有了教师的职能框架后，就应该深入了解一线教师的实际需求。要了解一线教师的实际需求，最有效的办法就是开展"培训需要调查"，通过大规模的调查收集教师的集体反馈，并对所得数据做出分析，分析结果作为规划师资培训课程的重要基础。在开展师资培训需要调查的时候，必须全面考虑一线教师的教育背景、教龄、年龄、职务、学校类型、学生源流等，作为分析培训需要的参数。通过对调查所得数据的分析，师资培训机构就能够比较准确地把握不同类型教师的培训需要，并据此制定课程。能反映一线教师培训需要的在职培训课程比较容易吸引教师来上课，从而达到提升教师各方面职能的目的。

本着教师培训必须与教师的实际需要密切联系的原则，新加坡华文教研中心于 2008 年 10 月下旬及 2011 年 3 月分别展开大规模的为期两周的华文教师在职培训需要调查，借助网络面向全国 4500 名在职华文教师收集资料，了解他们的培训需要。这两次调查的资料收集面广，涵盖从小学到高中的华文教师，调查项目包括教师背景、教学对象、执教学校类型、教龄、年龄、专业职务、教学法类型、教学科目、个人进修意愿、专业发展、培训方式、培训时间、师资要求、收费水平等。

这两次的调查均有超过 50% 的回收率，调查结果很有代表性。现只谈教研中心于 2011 年开展调查的结果。

表 11-1 和表 11-2 分别列出了 2011 年教师培训需要调查的小学华文教师和中学华文教师的反馈数据。

表 11 – 1 2011 年华文教师培训需要调查的教师的反馈（小学教师）

培训范围	最希望参与的(%)	教龄<3(年)	教龄3-5(年)	教龄6-10(年)	教龄11-15(年)	教龄≥16(年)	Sig	课堂教师	高级教师/主导教师	级/科主任	部门主任	Sig	年龄≤30(岁)	年龄31-35(岁)	年龄36-40(岁)	年龄41-49(岁)	年龄≥50(岁)	Sig
写作教学法	35.8	48.3	39.2	33.1	27.3	22.1	0.000	37.6	19.0	36.0	25.3	0.005	42.6	38.9	35.4	30.1	24.3	0.000
创意教学法	30.8	33.9	33.7	29.5	24.0	28.8	0.032	32.8	25.4	19.8	20.5	0.001	35.9	29.5	27.2	27.8	30.8	0.048
阅读与理解教学法	28.0	27.0	31.7	25.6	28.6	27.5	0.784	27.7	23.8	38.4	25.3	0.531	27.6	29.8	25.7	28.2	29.2	0.919
通过 ICT 提升学生的写作教学	20.8	17.7	17.6	23.0	24.0	24.3	0.012	19.6	28.6	25.6	25.3	0.026	17.3	19.6	21.4	22.7	26.5	0.009
ICT、多媒体与词汇教学	20.2	18.3	21.6	19.3	20.1	22.1	0.432	20.6	12.7	26.7	13.3	0.382	20.4	22.2	15.6	20.8	22.2	0.983
评价课程	16.4	12.3	14.1	21.3	21.4	15.3	0.022	13.2	17.5	30.2	42.2	0.000	12.4	23.3	18.7	16.2	11.4	0.994
歌曲教学法	15.9	16.2	14.4	17.7	10.4	18.9	0.742	17.7	9.5	8.1	4.8	0.000	16.8	15.3	15.2	13.4	18.9	0.933
绘本教材教学	15.5	17.4	11.8	15.4	15.6	18.0	0.695	16.6	9.5	14.0	7.2	0.015	16.0	16.4	13.6	13.4	18.4	0.916
差异教学法的理论与实践	15.5	13.5	15.7	17.4	18.8	13.1	0.567	14.3	20.6	14.0	27.7	0.010	15.8	15.6	15.6	19.0	10.3	0.508
提升学生自主学习策略	15.4	12.6	13.1	17.0	19.5	17.6	0.019	14.2	22.2	16.3	25.3	0.006	11.4	15.3	19.1	21.3	11.9	0.050
戏剧教学法	14.1	16.8	12.7	13.1	11.7	14.9	0.334	14.8	9.5	10.5	12.0	0.123	15.8	12.0	11.7	13.4	17.8	0.939
设题与评估	13.6	12.9	14.7	13.1	16.2	11.7	0.915	12.8	9.5	22.1	18.1	0.054	10.3	14.5	16.3	15.7	12.4	0.134

续表

培训范围	最希望参与的(%)	教龄<3(年)	教龄3-5(年)	教龄6-10(年)	教龄11-15(年)	教龄≥16(年)	Sig	课堂教师	高级教师/主导教师	级/科主任	部门主任	Sig	年龄≤30(岁)	年龄31-35(岁)	年龄36-40(岁)	年龄41-49(岁)	年龄≥50(岁)	Sig
通过ICT提升教师综合教学能力	13.0	12.3	13.4	13.1	12.3	13.5	0.788	12.2	19.0	12.8	18.1	0.089	10.6	15.6	11.7	15.3	13.0	0.301
儿童文学欣赏教学能力	11.8	10.5	11.8	14.1	11.7	10.8	0.682	12.1	7.9	14.0	8.4	0.443	12.7	11.6	12.1	11.1	10.8	0.493
通过ICT提升学生的听说能力	11.7	10.2	14.4	9.8	14.3	11.3	0.787	10.8	15.9	18.6	13.3	0.034	10.9	12.0	10.9	17.1	8.1	0.699
汉语拼音教学	11.4	21.9	13.7	7.2	3.2	4.1	0.000	13.2	4.8	4.7	0.0	0.000	20.7	9.1	9.3	8.3	2.2	0.000
听说教学法	11.2	17.7	10.5	7.9	5.8	10.8	0.000	12.4	7.9	4.7	4.8	0.002	14.2	11.3	8.2	8.8	11.9	0.072
词汇教学法	11.1	15.0	14.4	9.2	6.5	6.8	0.000	12.4	3.2	8.1	3.6	0.002	13.2	10.5	11.3	12.5	5.9	0.067
协作学习	10.5	13.8	10.1	11.8	5.8	7.2	0.006	11.1	4.8	8.1	8.4	0.102	12.1	10.2	11.3	10.2	6.5	0.088
读报教学法	9.6	4.8	7.8	13.1	9.1	14.9	0.000	9.3	12.7	10.5	10.8	0.389	4.9	9.8	10.9	13.0	13.5	0.000
提升教师课堂诱导提问能力	9.2	9.9	9.5	8.5	9.7	8.6	0.598	8.8	11.1	10.5	12.0	0.248	7.5	7.3	13.2	12.5	6.5	0.209
汉字教学法	8.7	15.6	7.5	6.2	4.5	6.3	0.000	9.8	3.2	3.5	3.6	0.002	13.7	7.3	7.0	5.6	6.5	0.000
提升教师的语文素养	8.5	5.1	7.8	8.2	9.1	14.4	0.000	7.9	12.7	12.8	8.4	0.127	7.0	6.9	10.5	7.9	11.9	0.060
教学评价、量表设计	8.3	5.7	7.8	7.5	13.6	9.9	0.014	6.1	14.3	18.6	21.7	0.000	6.5	8.4	10.5	10.2	6.5	0.329

续表

培训范围	最希望参与的(%)	教龄<3(年)	教龄3-5(年)	教龄6-10(年)	教龄11-15(年)	教龄≥16(年)	Sig	课堂教师	高级教师/主导教师	级/科主任	部门主任	Sig	年龄≤30(岁)	年龄31-35(岁)	年龄36-40(岁)	年龄41-49(岁)	年龄≥50(岁)	Sig
写话教学法	7.2	8.4	7.2	7.9	3.2	7.2	0.264	8.1	6.3	2.3	1.2	0.005	8.3	7.6	6.6	4.2	8.6	0.364
提升教师的文学欣赏能力	6.2	3.3	6.5	6.9	9.1	7.2	0.018	6.4	4.8	5.8	4.8	0.471	5.4	7.3	8.2	2.8	7.6	0.907
发现式教学法	6.0	3.9	5.2	7.9	7.1	6.8	0.055	4.9	7.9	11.6	13.3	0.000	4.1	5.5	7.0	7.4	7.6	0.037
ICT与媒体素养	5.9	6.0	5.9	4.6	5.8	7.7	0.656	5.8	6.3	7.0	6.0	0.703	5.4	6.5	3.9	5.6	9.2	0.327
口语教学理论与实践	5.7	5.4	7.5	4.3	7.1	4.5	0.584	5.4	3.2	10.5	6.0	0.353	4.9	6.5	6.2	5.1	5.9	0.734
提升教师课堂话语策略能力	5.6	5.4	4.6	4.9	5.2	8.6	0.202	5.8	4.8	3.5	6.0	0.559	5.4	4.7	7.4	3.2	7.6	0.644
行动研究	5.5	4.8	3.9	8.5	5.8	4.5	0.482	5.2	11.1	4.7	6.0	0.383	3.9	5.8	7.0	8.3	3.2	0.301
多元智能的理论与实践	5.3	3.6	6.2	6.2	4.5	5.9	0.333	4.8	7.9	7.0	8.4	0.065	3.4	7.6	5.4	5.6	5.4	0.322
学生辅导与课堂管理	5.2	7.2	3.6	5.6	3.9	5.0	0.270	5.9	3.2	1.2	2.4	0.020	4.9	4.7	5.4	6.9	4.3	0.678
教材的使用	5.2	7.2	3.3	4.9	4.5	5.9	0.518	5.5	3.2	3.5	4.8	0.336	4.7	5.1	5.4	5.6	5.9	0.469
课例研究	5.2	4.2	4.6	4.6	8.4	5.9	0.148	4.4	12.7	2.3	12.0	0.008	4.7	5.1	7.4	3.7	4.9	0.939
校本教材编写与教学设计	4.6	4.2	4.9	4.9	3.9	5.0	0.817	4.6	6.3	2.3	6.0	0.918	3.9	4.7	4.7	5.1	5.4	0.375

续表

培训范围	最希望参与的（%）	教龄<3（年）	教龄3-5（年）	教龄6-10（年）	教龄11-15（年）	教龄≥16（年）	Sig	课堂教师	高级教师/主导教师	级/科主任	部门主任	Sig	年龄≤30（岁）	年龄31-35（岁）	年龄36-40（岁）	年龄41-49（岁）	年龄≥50（岁）	Sig
提升教师的导读能力	4.1	2.4	4.2	3.9	6.5	5.0	0.061	4.0	6.3	2.3	4.8	0.879	3.9	2.5	4.3	6.5	3.8	0.331
校本评估	3.3	2.7	1.6	5.9	1.9	3.6	0.292	2.8	4.8	2.3	9.6	0.016	3.1	5.1	2.3	3.7	1.6	0.387
单元模式教学	2.0	1.8	1.6	3.0	0.0	2.7	0.731	2.3	0.0	0.0	1.2	0.074	1.8	1.5	2.3	1.9	2.7	0.495
教学与教育理论	1.2	0.9	0.7	1.0	3.9	0.9	0.216	1.0	1.6	1.2	3.6	0.117	0.5	0.7	1.6	2.8	1.1	0.072

表 11-2　2011 年华文教师培训需要调查的教师的反馈（中学教师）

培训范围	最希望参与的（%）	教龄<3（年）	教龄3-5（年）	教龄6-10（年）	教龄11-15（年）	教龄≥16（年）	Sig	课堂教师	高级教师/主导教师	级/科主任	部门主任	Sig	年龄≤30（岁）	年龄31-35（岁）	年龄36-40（岁）	年龄41-49（岁）	年龄≥50（岁）	Sig
创意教学法	32.2	26.4	36.8	28.0	29.3	37.3	0.138	32.0	33.9	30.6	31.4	0.985	29.5	33.1	24.1	37.4	35.0	0.227
写作教学法	31.4	31.8	27.4	31.8	30.2	33.3	0.544	31.3	30.4	30.6	32.9	0.921	27.7	39.4	25.0	31.3	32.2	0.822
通过 ICT 提升学生的写作教学	21.9	13.6	20.8	28.0	21.6	21.9	0.269	19.3	32.1	25.0	30.0	0.006	16.9	19.7	27.8	20.6	25.9	0.061
通过 IT 提升教师综合教学能力	21.9	21.8	22.6	17.2	23.3	23.9	0.517	20.8	17.9	30.6	27.1	0.232	18.7	20.4	21.3	26.7	22.4	0.207
读报教学法	21.7	20.0	23.6	21.0	22.4	21.4	0.942	21.0	25.0	33.3	17.1	0.632	19.9	25.4	17.6	21.4	23.1	0.763
听说教学法	20.4	22.7	17.0	18.5	26.7	18.4	0.892	19.9	17.9	27.8	21.4	0.598	21.1	21.8	19.4	18.3	20.3	0.644
阅读与理解教学法	20.0	21.8	20.8	22.3	12.1	20.9	0.537	18.9	23.2	13.9	27.1	0.241	21.7	23.2	18.5	17.6	17.5	0.190
ICT 与多媒体素养	17.5	15.5	16.0	21.7	13.8	17.9	0.822	16.9	25.0	19.4	14.3	0.662	18.1	20.4	17.6	13.0	17.5	0.437
设题与评估	16.2	17.3	15.1	17.2	17.2	14.4	0.604	15.5	14.3	16.7	21.4	0.386	16.9	16.9	15.7	16.0	14.7	0.585
长文缩短教学法	14.1	13.6	14.2	10.8	15.5	15.4	0.501	13.6	10.7	22.2	14.3	0.661	12.0	14.1	13.0	14.5	16.1	0.332
设题能力培养	13.8	19.1	13.2	12.7	12.9	11.9	0.155	14.2	16.1	5.6	11.4	0.375	16.9	12.0	13.0	13.0	12.6	0.337
读写教学法	13.6	13.6	10.4	12.1	17.2	13.9	0.472	12.7	12.5	27.8	12.9	0.288	10.8	17.6	15.7	9.2	14.7	0.884
差异教学法的理论与实践	13.6	11.8	18.9	12.7	15.5	10.9	0.392	14.8	5.4	11.1	11.4	0.101	15.1	10.6	16.7	14.5	11.2	0.610
歌曲教学法	13.0	13.6	13.2	12.7	12.1	12.9	0.840	13.3	8.9	19.4	10.0	0.620	16.9	9.2	8.3	14.5	14.0	0.761

续表

培训范围	最希望参与的(%)	教龄<3(年)	教龄3-5(年)	教龄6-10(年)	教龄11-15(年)	教龄≥16(年)	Sig	课堂教师	高级教师/主导教师	级/科主任	部门主任	Sig	年龄≤30(岁)	年龄31-35(岁)	年龄36-40(岁)	年龄41-49(岁)	年龄≥50(岁)	Sig
课文教学法	12.9	14.5	8.5	12.7	14.7	12.9	0.755	13.3	7.1	11.1	14.3	0.590	12.7	12.7	12.0	12.2	14.0	0.802
校本教材编写教学设计	12.6	15.5	10.4	10.8	14.7	11.9	0.785	12.5	19.6	2.8	11.4	0.823	12.0	8.5	20.4	13.7	9.8	0.942
提升学生自主学习策略	11.0	3.6	11.3	14.6	10.3	11.9	0.132	10.0	14.3	11.1	14.3	0.208	9.0	11.3	8.3	13.0	12.6	0.276
戏剧教学法	10.1	10.0	8.5	12.1	10.3	9.0	0.817	9.5	7.1	22.2	10.0	0.382	9.6	7.7	11.1	14.5	7.7	0.782
任务型教学	10.1	5.5	10.4	13.4	5.2	12.4	0.234	9.7	10.7	13.9	10.0	0.613	9.0	8.5	10.2	11.5	11.2	0.368
提升教师课堂诱导提问能力	10.0	5.5	7.5	7.6	12.1	13.9	0.005	9.1	16.1	8.3	11.4	0.276	4.8	9.2	13.0	11.5	12.6	0.015
行动研究	9.9	10.0	15.1	9.6	6.0	9.0	0.220	10.4	7.1	5.6	8.6	0.282	15.1	9.2	4.6	10.7	7.0	0.034
评价课程	9.3	6.4	6.6	10.8	12.9	8.5	0.383	9.1	10.7	8.3	8.6	0.994	7.8	7.7	10.2	9.9	10.5	0.320
专题作业教学法	8.7	7.3	8.5	9.6	12.9	6.0	0.731	8.5	7.1	11.1	8.6	0.936	9.0	8.5	13.0	9.2	4.2	0.233
提升学生自主学习能力	8.4	11.8	5.7	7.6	6.0	9.5	0.875	8.1	8.9	5.6	10.0	0.811	8.4	9.2	8.3	6.9	8.4	0.772
提升教师导读能力	7.8	9.1	5.7	7.0	11.2	6.5	0.854	7.2	10.7	8.3	8.6	0.429	7.8	5.6	12.0	6.9	7.0	0.950
教学评价、量表设计	7.5	8.2	8.5	5.1	9.5	7.0	0.832	7.6	10.7	0.0	7.1	0.677	10.2	4.9	4.6	6.1	9.8	0.879

续表

培训范围	最希望参与的(%)	教龄<3(年)	教龄3-5(年)	教龄6-10(年)	教龄11-15(年)	教龄≥16(年)	Sig	课堂教师	高级教师/主导教师	级/科主任	部门主任	Sig	年龄≤30(岁)	年龄31-35(岁)	年龄36-40(岁)	年龄41-49(岁)	年龄≥50(岁)	Sig
课例研究	7.4	4.5	7.5	10.8	8.6	5.0	0.729	7.4	5.4	11.1	5.7	0.798	6.0	4.9	13.0	9.2	4.9	0.755
小组协作教学法	7.2	8.2	7.5	6.4	4.3	8.5	0.991	7.0	10.7	5.6	5.7	0.982	7.2	6.3	6.5	6.9	8.4	0.697
提升教师语文与文化素养	7.0	7.3	7.5	5.1	9.5	6.0	0.816	7.2	12.5	0.0	2.9	0.316	8.4	7.0	4.6	6.9	6.3	0.451
文学欣赏教学能力	6.5	5.5	6.6	7.0	4.3	7.5	0.672	6.8	5.4	5.6	4.3	0.377	6.0	8.5	4.6	5.3	7.0	0.911
使用真实性语料进行评价（听读能力）	6.4	7.3	5.7	7.6	7.8	4.0	0.297	6.8	1.8	8.3	4.3	0.285	6.6	4.9	11.1	3.8	5.6	0.650
学生辅导与课堂管理	5.8	2.7	4.7	3.8	9.5	7.0	0.052	5.7	0.0	5.6	10.0	0.777	3.6	5.6	6.5	3.1	9.8	0.082
提升教师课堂话语策略能力	5.7	6.4	5.7	6.4	4.3	5.0	0.519	5.9	3.6	2.8	5.7	0.504	4.8	6.3	9.3	4.6	3.5	0.543
多元智能的理论与实践	4.1	5.5	7.5	0.6	3.4	4.0	0.339	4.5	5.4	0.0	0.0	0.082	4.8	3.5	4.6	2.3	4.2	0.615
CLT课程教学策略	3.5	1.8	7.5	1.3	3.4	3.5	0.929	4.0	0.0	2.8	1.4	0.104	3.0	2.8	2.8	3.8	4.2	0.492
写短评教学法	3.3	3.6	2.8	1.9	3.4	4.0	0.622	2.8	7.1	0.0	2.8	0.459	2.4	2.1	3.7	5.3	2.8	0.408
合作学习的理论与实践	3.0	1.8	5.7	1.3	3.4	3.0	0.965	3.0	1.8	2.8	2.9	0.750	3.0	2.1	1.9	2.3	4.9	0.400

续表

培训范围	最希望参与的(%)	教龄<3(年)	教龄3-5(年)	教龄6-10(年)	教龄11-15(年)	教龄≥16(年)	Sig	课堂教师	高级教师/主导教师	级/科主任	部门主任	Sig	年龄≤30(岁)	年龄31-35(岁)	年龄36-40(岁)	年龄41-49(岁)	年龄≥50(岁)	Sig
H1 理解与写作教学策略	3.0	1.8	3.8	2.5	2.6	3.5	0.592	3.0	1.8	2.8	2.9	0.750	1.8	3.5	3.7	3.1	2.8	0.657
H2 文学开放题教学策略	2.8	1.8	3.8	1.9	0.9	4.0	0.475	2.3	0.0	5.6	5.7	0.207	1.8	3.5	1.9	2.3	3.5	0.553
H1、H2 中国通识教学策略	2.0	0.9	0.0	1.9	3.4	2.5	0.105	1.5	3.6	0.0	4.3	0.183	0.6	2.1	2.8	3.1	1.4	0.424

中小学华文教师最迫切需要的五门教学法课程如表 11 - 3 所示。

表 11 - 3　中小学华文教师最迫切需要的五门教学法课程

小学教师	迫切需要程度（%）	中学教师	迫切需要程度（%）
写作教学法	35.8	创意教学法	32.2
创意教学法	30.8	写作教学法	31.4
阅读与理解教学法	28.0	通过 ICT 提升学生的写作教学	21.9
通过 ICT 提升学生的写作教学	20.8	读报教学法	21.7
ICT、多媒体与词汇教学	20.2	听说教学法	20.4

在这五门课程中，有三门小学教学法课程的培训群体较为明确。教龄少于 3 年、年龄在 30 岁及以下、课堂教师对写作教学法有明显的培训需求；教龄在 5 年及以下、年龄在 30 岁及以下、课堂教师希望接受更多的创意教学法培训；而教龄超过 6 年、年龄超过 50 岁、高级教师/主导教师希望有通过资讯科技提升学生写作能力的课程。其他的两门课，则未显示出明显的培训群体特点。在中学方面，则未显示出明显的群体需求。这一按照需求强度排列的课程表，与 2008 年的调查结果没有太大的差别，但教育资讯科技在这一轮的排名中位列前 5，取代了 2008 年的歌曲教学与绘本教学。

在"教学素养"范畴，位列前五名的课程如表 11 - 4 所示。

表 11 - 4　"教学素养"范畴位列前五名的课程

小学教师	迫切需要程度（%）	中学教师	迫切需要程度（%）
通过 ICT 提升教师综合教学能力	13.0	通过 ICT 提升教师综合教学能力	21.9
提升教师课堂诱导提问能力	9.2	ICT 与媒体素养	17.5
提升教师的语文素养	8.5	提升教师课堂诱导提问能力	10.0
提升教师的文学欣赏能力	6.2	提升教师导读能力	7.8
ICT 与媒体素养	5.9	提升教师语文与文化素养	7.0

资料显示，在这五门课中，教龄在 16 年及以上的小学华文教师，希望获得更多的提升语文素养的课程，而教龄在 11～15 年的小学华文教师，

则对提升文学欣赏能力比较关注。在中学方面，教龄超过16年的教师，希望接受更多提升课堂提问技巧的训练。其他的课程则未显示出明显的群体需求。

在"专业提升"范畴，列前五位的课程如表11-5所示。

表11-5　"专业提升"范畴列前五位的课程

小学教师	迫切需要程度（%）	中学教师	迫切需要程度（%）
评价课程	16.4	设题与评估	16.2
差异教学法的理论与实践	15.5	差异教学法的理论与实践	13.6
提升学生自主学习策略	15.4	校本教材编写与教学设计	12.6
设题与评估	13.6	提升学生自主学习策略	11.0
协作学习	10.5	行动研究	9.9

在这些课程中，教龄在6～15年的小学华文教师对"评价课程"的培训有较显著的需要；教龄在11～15年的小学教师则较希望掌握更好提升学生自主学习能力的策略；教龄少于3年的年轻小学华文教师，对"协作学习"有较为明显的培训需要。小学母语部门主任则较关注评价课程、差异教学法的理论与实践以及提升学生自主学习策略。在中学方面，年龄在30岁及以下的年轻华文教师，对于行动研究概念和方法的掌握比其他年龄层的教师有显著的需要。除此以外，较之小学华文教师，中学华文教师对于列前五位的"专业提升"课程未显示出明显的群体需求。

华文教师的培训需要是通过大规模的在线调查得到的很可信的信息。但在新加坡，母语教学永远是一个高度政治化的议题，在新加坡自建国以来就确立的"双语教育"政策下，华文教学还必须从国家政策的层面来看待问题，并根据国家的决策方向做出调整。

新加坡教育部每年都针对小学一年级新生的家庭语言背景进行调查。教育部最近一次公布家庭语言背景是在2010年。教育部根据调查数据意识到语言学习环境的改变趋势以及这一趋势对于新加坡自建国以来便坚定推行的"双语教育"可能产生的冲击，因而在2010年成立了"母语检讨委员会"，以期为母语教育的未来提出前瞻性的策略性建议。教育部赋予这一委员会两项任务（新加坡教育部，2011：35）：

（1）阐明在一个关系紧密又高度竞争的世界里，今日新加坡母语的教育应秉持的原则和理念；

（2）提出适用于新加坡这个特殊环境的母语教学与评估策略。

委员会的具体任务（新加坡教育部，2011：90）如下。

（1）为不同学习需要的学生阐明母语教学的原则与目标；

（2）探讨新加坡语文环境长期发展趋势对母语教学的影响；

（3）建议母语教学、学习与评估的最佳方法；

（4）针对不同学习能力的学生的需要提出适当的教学法；

（5）为利用资讯科技进行母语教学、学习与评估做检讨；

（6）为加强母语教学提出建议。

委员会应该：

a. 为不同学习能力的学生列明学习目标；

b. 建议有效的教学策略，使学习能力不同的学生都对母语的学习产生兴趣，而且能达到预期的目标；

c. 给不同类型的学生提供适当的评估方式的建议，包括更广泛使用资讯科技辅助测试；

d. 提出建议以协助母语能力较强的学生达到更高的语文水平。

委员会经过近一年的观察与研究，咨询了国内外教育学者、语言教学专家的意见，并通过问卷调查、聚焦讨论，广泛收集家长、学生、教育工作者以及社区领袖的意见，撰写了《乐学善用：2010 母语检讨委员会报告书》（以下简称《报告书》），于 2011 年 2 月提交给教育部部长和新加坡总理。

《报告书》从国内外语言环境的变迁、新加坡双语政策、母语学习的目标与目的、课程内容与教学法、教学评估、教学资源、母语学习的环境、师资培训八大方面做了全面的检讨，提出了建议。其中针对华文教学的主要建议有以下几个方面。

（1）注意学生的起点不同，加强口语教学。

（2）在口语能力的基础上，更有系统地加强学生的读写能力。

（3）在培养传统的语言四技能力之外，重视口语互动与书面语互动能力的培养。

（4）增加对资讯科技的使用，借助学生熟悉的资讯科技开拓互动性的学习内容、设置个人化的学习任务，培养学生自主学习的能力。

（5）在校本测试和考试中引进新的考试形式，测试学生在真实的情境中运用语言的能力，尤其是互动性技能。

在规划华文教师培训课程时，须考虑科学的调查数据和官方颁布的课程与教学方向，它们是建立师资培训框架的重要参考信息。无论是教研中心编订的教师培训需要调查问卷还是教育部公布的《报告书》，都全盘考虑了国内外的语言环境，但"培训需要调查"主要是以教师在改变的环境下执行教学任务所需的职能为出发点，了解教师的切身需要；官方的《报告书》除了对国内外的语言环境和发展趋势进行扫描之外，还考虑了各个教育利益相关者如学生、家长、社区领袖、学者、教育专业人员的观点和意见，有助于了解各方对母语教学的期望。结合两个资料来源，师资培训单位能够更准确地诊断与评估华文教师的培训需要，进而设计出符合需要的师资培训课程。

三　如何依托需要开发实用的教学培训课程？

我们以教师职能理论为基础，根据调查所得数据和官方《报告书》的建议，把教师的培训需要归纳成三类课程。

（1）"教学法"范畴。教学专业技能的课程组，涵盖华文为第二语言听说读写分项教学、口语教学和书面语教学有效结合的教学策略。这一类型的课程旨在提升各年龄层教师的教学技能，提供针对具有不同学习特点的教学对象的教学策略，以满足教导不同家庭语言背景、社会阶层和语言能力学生的华文教师的教学需要，解决课堂教学中实际存在的问题。

（2）"教学素养"范畴。华文教师个人素养课程组，涵盖语言、语法与修辞、阅读与鉴赏、中华文化、中华文学、中国历史、资讯科技、新媒体素养、教学语言等，课程目的在于提升年轻教师以及部分非中文系毕业的中年教师的语言基础、阅读能力、文化知识、历史知识等。

（3）"专业提升"范畴。教师的专业知识与能力课程组，涵盖课程设计、教材编写、差异性教学、教学评估、课室管理、校本研究、研究方法等。目的在于加强华文教师的专业知识，提高他们的专业能力。

依托这一课程框架，华文教研中心列出了具体的课程内容，现就三大范畴分别举数例进行展示，如表 11 - 6 所示。

表 11 - 6　新加坡华文教研中心 2014 年开设在职培训课程一览（部分）

范畴	培训需要	对应课程	教学对象
教学法	写作教学法	写话教学法	小一、小二
		以活动为中心的作文活动设计与教学	小一至小六
		"乐学善用"理念下的"阅读·越读·悦读"	小五、小六
		多元情境的创设与写作教学	中一、中二
		从阅读到写作——结合教材的议论文教学	中二至中四
	创意教学法	戏剧与华文教学	小一、小二
		戏剧与华文教学	小三至小六
		动漫教成语的策略与方法	小一至小六
		戏剧教学法于中学华文课室之实践	中三、中四
		电影与华文学习：赏析、课件设计与教学策略	初中至高中
教学素养	提高通过 ICT 综合教学能力	iPad 与华文教学（初级）	小一至小六
		资讯科技与华文学习系列课程（1）：数码故事制作	小一至小六
		冲破课室的四堵墙：善用手机辅助华语文教学	小四至中三
		有效的沟通——基于录像/iMTL 平台促进口语与书面互动技能（3）：讨论和协作技巧	初中至高中
	语文素养	课堂教学语言	小一至小六
		课堂教学语言	中一至中四
		实用汉语教学语法与修辞——以现行小学教材为例	小一至小六
		翻译：理论、实践与华文教学	初中至高中
专业提升	校本教材编写与教学设计	华文校本课程的规划与发展	中小学部门主任
		基于"目标模式"的华文校本课程发展	中小学课堂教师
	行动研究	问卷调查的原理、设计与分析	小学至初中
		量化研究与 SPSS 数据分析	小学至高中
	协作学习	从互动到参与的华文教学	小四至小六
		以协作学习为主的投入型华文教学	小一至小六

范畴	培训需要	对应课程	教学对象
专业提升	评价课程	评量表的设计与实践——新课改形势下促进华文教与学的重要策略	小一至小六
		小一华文口语能力诊断工具的使用	小一
		"展示与讲述"（Show & Tell）的实施与评估	小一至小二
		评量表的设计与实践——新课改形势下促进华文教与学的重要策略	初中至高中
		通过形成性评估提升中学生报章写作能力	中三
		语言测试的设计、分析与课堂实践	中一至中五

　　"教学素养"和"专业提升"这两类课程，主要是要加强华文教师的语言、文化、历史的知识以及提升他们职务所需的专业知识与技能，如语法与修辞、校本课程开发、教学研究方法、教育资讯技术、教育理论等，授课内容讲求深入浅出、实用有效，不必经过进一步的验证。至于"教学法"范畴的课程内容，须和教师的课堂教学直接相关，才能解决在不断变换的教学环境中出现的教学问题，因此，这一类的课程，必须从教师的实际教学经验出发，和教师的课堂实践密切结合。

　　根据一些学者的研究，传统的师资培训课程存在不少缺点，很难解决教师在教学中实际面对的问题，很难在实质上提高教师的专业职能。从中小学教师的工作特点来看，在职师资培训的最直接目的就是"增强教师解决教育教学中不断出现的新问题的能力和适应新教学环境的能力"（吴雪飞，2008：103）。教师的成长是一个在实践中逐渐成熟的过程，有发展的阶段性特点。一线教师在教育背景、教学经验、教学职务、教学对象、教育观、发展期望各方面都客观存在明显的差异，教师本身就是一个有不同学习需要的学习主体。但当前的许多师资培训计划并未对教师作为学习主体给予足够的重视，培训课程因此存在"不符合差异需求""远离具体实践""培训方法不科学""普遍真理"的问题（吴雪飞，2008），受训教师普遍的感受就是培训落不到实处，上课之后，还是无法全部解决教师实践中遇到的实际问题（王欣，2009）。教师是一门专业，因此，在教师的整个职业生涯中，教师应有继续培训的机会，以了解教学思想和教学方法的新进展。然而，当前的师资培训存在几个主要问题，包括培训缺乏针对性、不重视自我反思与实践改进、强制而未告知明确的培训意图、脱离教学现实等（张霈，2008）。专家们因此建议，师资培训需要的是建立多层次的培训课程体系，培训的内容既要考虑全局，也应考虑局部，既要考虑培训内容的共同性，也要考虑差异性，才能面向全体教学一线的教师，促进教师专业的长远发展（鲍艳，2009）。有些专家认为，只有到教学现场去观察分析、了解具体的教学问题，并根据学校和教师的实际需要展开理论和实际相结合的培训课程，才能提高教师的教学技能（林艺、刘丽娜，2003）。因此，让教师作为教学主体与研究人员进行协作，直接研究教学中的实际问题，在研究中提高教学素养和能力的"协同研究"（Collaborative Inquiry），是近年来开始受到重视的一种教师专业发展模式（Tan & Koh，2006；Wong et al.，2011；陈之权、黄龙翔，2012）。

　　"协同研究"是由学校、研究人员、一线教师组成"校—研—教""学习共同体"（Learning Community），针对特定的教学相关课题制订研究计划，在学校或教育部门的支持下，教师和研究人员携手合作，发挥教师教学主体的作用，验证能实质解决教学现场问题的华文校本研究。在校本研究开展的过程中，研究人员提供扎实的教学理论根据和科学的研究框架，一线教师在研究人员的协导下，将抽象的理论转换为实际可操作的教学策略，并亲身通过课堂教学落实策略。在执行策略的过程中，研究团队进行课堂观察，记录学生反应，教师则在授课的过程中自我检视、自我观察，如发现策略存在某些不足或在实践的过程中迸发新的想法和观点，可以在每堂课的课后交流中及时反馈，和研究人员磋商，改进教学流程或调整教学策略。研究人员通过严谨的研究框架，采集数据并对数据进行分析，验证教学成效。如果教学效果显著，便可把经验证的教学模式、教学方法或教学策略转换成一门教学法课程，在培训中心开课。这种遵循"先研—后证—再教"的思路开发的课程，符合学校教师的教学实际要求。

　　按照这一"校—研—教"研究模式或其他相似模式产出的理论与实践相结合的有效教学法，在解决远离实践、培训不科学、普遍真理等长期存在的师培问题上具有很大的发展潜能，师培单位应大胆尝试这一模式，开发有根据的教学策略，并通过开办课程向更多具有相同背景和需要的教师进行推介，满足多元的教学需要。

基于这样的教师专业发展模式，新加坡华文教研中心确立了"先研—后证—再教"的教学法开发流程，开发教师所需的教学法培训课程。

所谓"先研"，是指根据教学现场要解决的问题，从不同的语言教学领域内寻找适当的理论根据，向合作教师提出教学建议，并和合作教师共同制定教学方案。

所谓"后证"，是指结合教师的课堂教学，把共同制定的教学方案付诸实践，开展为期一年至两年的教学研究。在教师执行教学方案的过程中，研究团队遵循一定的研究框架，利用各种研究工具收集数据，并定期与合作教师及学校领导开会，不断反思、检讨与调整教学方案，使方案更切合学校和学生的需要。

所谓"后教"，则是在完成了一轮教学研究、初步产出了可行的教学方案和教学资源后，进入试验性使用的阶段。这一阶段在研究期程的第三年，有两个同步进行的教学活动：试验性教学、校本试教。

（1）试验性教学。由研究项目组组长（教研中心讲师）试验性开办培训课程，把初步产出的教学方案推介给来上课的教师。试验性课程采取"8＋4"的授课模式，即在总时数为 12 小时的课程中，前面 8 小时为讲授课，后面 4 小时为教学分享，讲授课和教学分享之间间隔 1～2 个月。讲师在讲授课上向上课教师讲解教学理念、教学步骤、教学样例，协助他们理解与掌握教学策略。讲授课结束之后，讲师给每一名教师提供一套教学资源，请他们在学校尝试运用所引介的方法或策略，并把教学观察、体会与心得记录下来，然后在中心主办的 4 小时的"教学分享"会上，和其他教师进行教学分享，交流意见，并对教学策略的不足之处提出意见。

（2）校本试教。在"后教"期间，研究项目组同时邀请 1～3 所非合作学校的华文教师，使他们利用初步产出的教学资源，在没有研究人员在场协助的情况下，按照教学详案试教，然后根据统一的评估工具评估教学效果。

授课讲师根据上课学员的意见和试教学校教师的反馈，进一步修改教学方案与教学资源，在第四年的时候正式编写教学配套，通过新加坡教育部课程规划与发展司华文教材组把配套分发给全新加坡的学校，让华文教师免费使用。

中心成立至 2014 年约为五年，按照这一开发教学法的模式完成了两轮教学研究，产出了 6 套教学配套并已发给了全新加坡的学校。中心每年的目标是产出 3～4 个教学配套，以满足不同背景和教学对象的华文教师的教学需要，协助他们持续性地提高教师职能。

根据所制定的课程框架，中心选择了多项教学研究项目，遵循"先研—后证—再教"的原则，开发教学方案并在完成研究流程之后，产出教学配套。以下是其中的部分项目，带星号的是已经产出的配套。

　　· 中学

　　◆ 通过探究性学习的活动性教学策略发展中学快捷班学生的华语综合语言运用能力（中学）＊

　　◆ 通过情境互动提升学生的理解与写作能力 ＊

　　◆ 融入学习策略于华文 B 课程的课堂教学 ＊

　　◆ 创意写作教学

　　◆ 基于"自主性学习"模式的初中低年级华文作文教学

　　· 小学

　　◆ 动漫学成语 ＊

　　◆ 小学一年级学生口语能力诊断与互动策略 ＊

　　◆ 小学低年级写话教学 ＊

　　◆ 小学高年级数码故事讲述

　　◆ 基于语块教学提高华文第二语言口语的流利度

当然，如果每一门教学法课程都必须按照这一流程来开发，那么中心不仅需要投入大量的人力资源，还要花费很长的时间才能产出课程，这是不切实际的做法。但作为培训中心，我们还是尽量为教师提供在课堂上能够操作、有教学实效的教学法课程，让教师能够学以致用，不断地改进教学。

为此，教研中心每年除了由中心的教学研究团队开拓结构比较严谨的教学研究之外，也委任在中心挂职的教育部华文特级教师从他们所负责的全国学校中挑选一批由一线教师自行开展的教学行动研究中的成功项目，进一步提升相关教学法或教学策略的理论层次、优化教学流程，然后与他们合作，在中心开课，把有效的教学经验介绍给其他学校的教师。如此两相结合，每年都可以为教师提供经过验证并证明有效的教学法课程，从而持续提高华文教师的专业水平。

四　如何确保课程取得实际效果？

要有效地推广教学课程，可以从"授课模式"和"与课程的结合"两个面向来处理。

（一）授课模式

有效的在职师资培训课程，必须对教师个人和所服务的单位有实质作用，也要能配合国家教育机构的长远目标。因此，由正规的培训单位开办的华文在职师资培训课程应为国家、校区、学校和教师的教学任务和教师个人作为学习主体的专业需要服务。在规划培训课程的时候，培训单位要从培训课程的服务对象的角度思考，设置灵活的培训机制，让华文教学同仁既能满足个人的进修需要，也能对所服务的学校和校区有所帮助。从这个角度出发，新加坡华文教研中心设置了四个层次的授课形式，分别用来满足大众的需要与小众的需求。

1. 中心课程

这是新加坡华文教研中心的核心业务，在参考了华文教师在职培训需要的结果以及国家的教育方向之后，我们依据三大课程类型，根据中心全职讲师、兼职讲师以及特级教师的专长，选定培训课程类别，开办不同数量的在职进修课程。

2. 校群和校区培训站

为加强教师培训的效果，培训中心需要想方设法让每一位教师都有机会接受在职培训，从而不断提高教师职能。教师的培训机会不应受到时间和空间的限制。

新加坡教育部非常重视教师进修，所有到教研中心上课的教师，都不必支付培训费，费用全由教育部承担。因此，教师的进修意愿相当高。不过，由于教师的教学量大，须负责的专业与非专业事务多而杂，工作时间很长，因此，不容易在下课后再赶来中心上课。而新加坡教育部为了照顾教师，也明令规定各个教师培训中心，即便是在学校假期阶段也不能整个假期开办课程，只能在规定的时段内开课。

为了不让时间和空间的限制影响教研中心的培训任务，我们在各个校群设立了培训站，把课程带到校群与校区，让学校教师就近上课。

新加坡一共有300多所中小学和初级学院（高级中学），分别由四个校区20多个校群管理。每个校群都设有各个科目的学习中心，负责校群或校区的教师培训。这些校群本身有自己的培训计划，根据校群内教师的发展需要设定课程。在一些时候，校群本身也有自己的培训需要，需要专属课程。新加坡华文教研中心于2012年在两个校群设立培训站，试点开办两门教学法课程以评估教师反应。结果这两门课程获得了校群教师的积极反应，证明到校群开课的确是提供师培服务的有效途径。于是在接下来的几年里，逐步增加校群和校区的培训点，截至2014年上半年已经在10个校群开设了课程。

3. 校本专项课程

如前所述，新加坡学习华文的学生，语言背景差异颇大，学习能力也有不同，因此，华文教学需要配合学生的学习需要，提供不同的教学方法。新加坡的学校也因为所在社区的特点以及学校办学历史、校友背景的不同而产生了不同的类型，各类型学校的语言环境有本质上的不同。

基本上，按照社区、校史和校友的特点，新加坡的学校可以明显地被分成三大类型。

（1）政府学校。政府学校是由国家全资开办，根据人口分布状况设立在全国各个邻里社区的中小学校。这些学校的历史都比较短，学生大部分来自基层，是占全国人口最大比例的中下阶层市民的孩子。因为所处社区和家庭环境的影响，华语是他们生活中的语言，学习华文的动机虽然不是特别强，但大多数还能达到基本的应用水平，在考试中容易过关。这类学校的学生，口语能力比较强，需要提升的是阅读和写作能力。

（2）特选学校。特选学校办学历史比较悠久，最早是由会馆、华文教会组织、民间社团主办的华文学校，如今一些转为政府学校，一些则成为政府辅助学校或自主学校。由于前身是华文学校，特选学校有一定的办学传统，至今仍然重视华文的学习，为学生提供了优良的双语双文化环境，是新加坡所有学校当中华文水平最高的学校。这类学校的学生，听说读写的能力都比一般学校的学生强，华文课程要强调的是进一步提升读写能力以及对华族文化的深层认识。

（3）传统英校。传统英校的前身有的是英国殖民地时代的官办学校，有的是英文教会创办的学校，办学历史久远，其中有好几所已是百年名校。这些传统英校，今天有的转为政府学校，有的则成为政府辅助学校或自主学校。由于历史因素，这些学校的学生多数来自中上阶层，以英语为唯一或主要的家庭及社交语言，华文水平参差不齐，差距最大。华文课程与教学必须能够照顾处于能力光谱不同位置的学生的学习需要，这对华文教师的挑战最大。

不同的学校传统、办学宗旨、学生背景和社区特点产生了不同的学习需要，要求教师针对学生的学习需要开发校本课程与教材。因此，教师培训单位除了要根据大规模调查所得的普遍教学需要设置课程以外，也需要针对不同类型学校的特点，提供专家意见，与学校教师一起面对挑战，探索解决方案。新加坡华文教研中心通过提供专项课程与专业咨询，为有需要编写校本课程或校本教材的学校提供支持，指导学校教师编写教学材料，向他们建议有效的教学策略并提供专项培训。

4. 专业进修课程

教师是一门专业，和所有专业一样，必须不断进修、自我提升。教育是一个不断改变的科学，教育理论、教学理念、课程观、教学方法、教材设计、教学评估都不可避免地受到国际、国家和社会教育环境的影响，必须适时做出调整。因此，从建立专业型、研究型教师队伍的角度看，所有的教师都应在从事一段时间的教学工作之后，能够有一段时间停下来进行反思、沉积经验、加强理论知识、吸纳教学新知，让自己

"充电"后重新出发。这需要从国家的层面制定机制，允许教师脱产进修学习。

新加坡教育部为鼓励教师进修，在 21 世纪初出台了"专业发展假期"（Professional Development Leaves，PDL），让已经服务了一定年限的教师申请 10 周的有薪假期，自主决定专业发展计划，到国内或国外的机构单位、大专学府学习，在专业上充实自己。这项计划受到了全体一线教师的欢迎，一些申请专业发展假期的华文教师，把新加坡华文教研中心作为首选单位，申请到中心来进修。

教研中心根据 2008 年和 2011 年在线培训需要调查的结果、当前华文课程与教学改革重点以及中心全职讲师和特教们的专长，从"专业素养"和"教学法"两个向度设置了各 10 个专业领域，供申请专业发展假期的教师从中选择一个至两个专业，在讲师或特教的一对一指导下，开展个人的教学专业研究并完成作业，从而满足个人的专业需要。作业的形式不拘，可以是校本课程、校本教材、多媒体教学资源、教学配套等实用性强的产品，也可以是教学行动研究论文，由导师和进修教师商讨之后决定。表 11 - 7 是教研中心提供的供专业发展假期教师选择的专业研究领域。

表 11 - 7　教师专业进修可选专业研究领域（2014）

	（A）专业素养	（B）教学法
1	教育资讯技术专题	阅读教学
2	教学评鉴专题	思维教学
3	课程理论专题	写作教学
4	教学理论专题	ICT 教学（资讯科技）
5	学习理论专题	创意教学
6	教育理论专题	差异教学
7	应用语言学专题	报章教学
8	中华历史专题	口语教学
9	古典文学专题	活动教学
10	现当代文学专题	文学教学

在指导进修教师学习新的教育理论与教学理念、开展行动研究的过程中,指导讲师可以向他们建议有效的教学策略或教学模式,协助他们把策略融入课程、教材与教法,让有效的教学策略得以到校推行。即便是选修"专业素养"专题的教师,指导教师也会有意识地要求他们把理论化为实践,依托所学理论设计教学。完成专业进修的教师回学校后,一般会在校内或校群做学习分享,他们的分享有助于推广有效的教学策略。从中心成立至今(2014年),已经有51名中小学和初级学院的华文教师到中心完成"专业发展假期"。

(二) 与课程的结合

有效的教师培训框架是结合国家课程要求而设置的框架。前面说过,教育是一个需要顺应国内外大小环境定期调整理念和方向的科学,严格意义上的师资培训应根据基于国内外环境转变而设置的课程的要求做出适时反应,以便有效地为国家乃至全球培育适应未来人类文明发展的人才。基于这样的认识,师资培训机构应直接参与国家的课程开发工作,和负责课程与教材编写任务的队伍积极互动,把已经完成的研究成果贡献出来,供新一轮的课程开发者参考,并根据新课程的要求制定教学研究蓝图,开展新课程所需的教学研究,然后把验证成功的教学策略转化为培训课程,和课程开发单位一起合作,分批分阶段培训教师,提前为新课纲所提出的因应国内外新形势的教学要求做好准备。

此外,课程开发单位在开始编写新一轮的课程之前,也应和师资培训单位联手,对上一阶段课程的成效进行评估,了解上一轮课程的优点,同时了解原有课程在当前形势下的局限性,并以此作为修订或编写新课程的主要依据。只有这样,提出的新课程才能既保留旧课程中有效的元素,又纳入当前教育所需的新元素,师资培训单位便可根据这样的课程内容绘制师资培训蓝图。这是新加坡华文教研中心在未来必须走的道路,只有进一步加强和课程开发单位的合作,才能及时为教师提供所需的训练,装备教师应对新教学形势所需的知识与技能,提高他们应对教学挑战的能力,从而在华语文教学上做出更大的贡献。

五　总结

　　教师在职培训是一个持续提升教师个人与专业素质、提高教师职能的工作，必须予以重视。在 21 世纪全球化的环境下，语言学习已经走向多元化的方向，掌握多种语言已是生存与发展的技能。华文这个承载了数千年文化的语言，随着发源地政治经济实力的增强，21 世纪将成为国际上重要的语言，在全球范围内通用。华文教学进入了一个朝气蓬勃的时代，华语文教育工作者有无限多的发展机会。

　　华文作为一种国际上重要的语言，必将和英文一样，其学习者具有多层次、多水平、多背景、多起点的特点，亟待世界各地华语文教学同仁的合作，从在地化的角度思考课程和教学法的问题。在多元的国际教育环境下，华语文的教学不能够完全依靠中华文化圈培养的师资解决课程与教学问题。华文教学界将迎来国际化的教学队伍，这一国际化的华文教学队伍，应有意识地针对所在地的社会语言环境以及学习者的特点，因地制宜地设计课程、教材与教学。世界各地的华语文教学工作者应当加强交流、互相学习、互相支持，在教学法、教学素养、专业提升等主要方面，借鉴彼此的经验，通过各种平台参与师资培训，把握顺应当代华文教学需要的技术与方法，提升教学水平，为华语文在全球化时代的普及做出有价值的贡献。

参考文献

鲍艳：《教师培训需重视建立系统而稳定的培训制度和培训体系》，《高校教育研究》2009 年第 3 期。

陈之权、黄龙翔：《基于学习共同体的"校 - 研 - 教"华文校本协同研究》，《现代远程教育研究》2012 年第 6 期，第 62 ~ 70 页。

《乐学善用：2010 母语检讨委员会报告书》，新加坡教育部，2011。

林艺、刘丽娜：《发达国家中小学教师在职培训的形式及特点》，《外国中小学教育》2003 年第 11 期，第 24 ~ 27 页。

王欣:《教师培训:教育发展的永恒主题》,《黑龙江教育学院学报》2009 年第 2 期,第 43 ~ 44 页。

吴雪飞:《提高教师培训实效性的思考》,《管理观察》2008 年第 9 期,第 103 ~ 104 页。

张霁:《论有效的教师培训原则》,《四川师范大学学报》(社会科学版)2008 年第 2 期,第 53 ~ 58 页。

Tuckman B. W. , "The Competent Teacher," in Ornstein A. C. , ed. , *Teaching: Theory and Practice* (Boston: Allyn and Bacon, 1995).

IALEI. , *Transforming Teacher Education: Redefined Professionals for 21ˢᵗ Century School* (Singapore: National Institute of Education, 2008).

Louisa Leaman, *The Perfect Teacher: How to Make the Very Best of Your Teaching Skills* (London: Continuum International Publishing Group, 2008).

Parkay F. W. , Hass G. , *Curriculum Planning: A Contemporary Approach* (7ᵗʰ ed.) (Boston: Allyn and Bacon, 2000).

Tan S. C. , Koh T. S. , "Translating Learning Sciences Research into Classroom Practices," *Educational Technology* 46 (2006): 15 – 21.

Wong L. H. , Gao P. , Chai C. S. , "Where Research, Practice and the Authority Meet: A collaborative inquiry for development of technology-enhanced Chinese language curricula," *The Turkish Online Journal of Educational Technology* 10 (2011): 232 – 243.

Young M. , "A Curriculum for the 21ˢᵗ Century: Towards a New Basis for Overcoming Academic/Vocational Division," *British Journal of Educational Studies* 41 (1993): 203 – 222.

基于学习共同体的"校—研—教"华文校本协同研究[*]

校本研究是当代教学前沿的重要议题，广受教育学者与教学研究者的关注。"教师即研究者"是当代教育工作者追求的理想所在。宁虹、刘秀江（2000）认为，教师成为研究者是"教师专业化发展的同义语"。校本研究作为一线教师从事教学研究的起点，旨在通过解决课堂教学中实际存在的问题来促进教师的专业发展，在建立研究型教学队伍的过程中具有不可替代的作用。

然而，当前校本研究存在不少问题，主要形成两种研究模式。一种是完全由研究者确定专题，忽视了教师能够扮演的研究主体角色，致使教师往往成为研究的配角，被动地接受研究者定下的目标、流程与策略，这不能调动教师进行教学研究的热情，很多时候也无法解决教学中实际存在的问题。这类研究往往缺乏可持续发展的基础，教师在顺利完成了研究、研究者离开之后，教学行为恢复到研究之前，专业发展与提升极其有限。另一种是由教师单独或与同事合作进行的教学研究，主要根据个人或合作同事的经验设计研究流程，在研究完成之后提交研究报告。

根据作者对教师主导的校本研究所做的观察，发现这些研究报告对于研究过程中所使用的策略与方法未做详细说明，理论与实践的结合也显得松散，不能很好地建立研究问题与研究结果之间的联系，甚至以研究所取得的成果不能很好地回答研究问题。这些报告的反思性一般较为不足，只是依赖直觉解决教学现场的问题，并未对现场学生的反应做很好的观察记

---

* 本文曾发表于《现代远程教育研究》2012 年第 6 期。

录，等到有时间回想时，记忆已然模糊（潘慧玲，2005）。这类研究对于促进专业分享与交流并无实质的意义，更难以推展开来。这一现象的普遍存在，反映了一线教师对于研究方法的把握尚欠缺经验，或者对于研究中所采用的策略与方法并不十分清楚，研究水平还须进一步提高。

20世纪与21世纪相交之际，一些学者倡导"协同研究"或"协同探究"（Darling-Hammond，1996；Bray，2002），推动教师与教师、教师与学校管理人员、教师与教学专业研究员的合作互动、交互反省，从而实践有效的教学改革并促进教师的专业发展（高耀明、李萍，2008）。"协同研究"主张结合研究者和实践者的经验与专长，共谋专业知识的提升和实践有效的教学形式（Batliwala，2003）。"校—研—教"三方的合作，能借鉴彼此的经验，发挥各自的专长，从而有效地开展教学研究，并取得实质性成果。只有这样的成果，才有可持续发展的可能（Tan & Koh，2006；黄龙翔、高萍、陈之权等，2010）。

"协同研究"无疑给校本研究提供了一个能够调动各方资源，使其相互补充、协作并进、协同成功的研究方向。在实践"协同研究"的过程中，也需要关注三方资源的有效融合，以取得预期效果。

一　文献综述

（一）学习共同体（Learning Community）与校本协同研究

校本研究作为国际上日益受到重视的教师专业发展的有效方式，主要通过结合课堂教学实际的研究经验，促进教师专业成长。但由于教师多数未受过专门的科研训练，需要专家予以协助；而具备较丰富科研经验的专家学者，很多并非教师出身，或已经离开教育一线很长时间，对当前的课堂现实缺乏深刻的认识。因此，以"学习共同体"为单位来开展有效的校本教学研究，成为充分调动各方专长的有效途径。

"学习共同体"是当代学习观的重要转变，是由学习为"个体认知结构的改变"转变为学习是"个体作为共同体成员参与其中"（刘小龙、冯雪娟，2011）。从教师专业发展的角度看，"学习共同体"是由教师作为学习者和专家、辅导员、专业领导等助学者组成的学习群体；群体成员在学习的过程中通过沟通、交流、资源分享，共同完成任务（Tinzmann et al.，1990）；每一个学习群体的成员都是一个完整的学习个体，他们为学习共同负责，也因学习的成功而共同得益（罗伯茨等，2004）。"学习共同体"关注的是专家型学者和入门学习者之间的多层次互动参与，是异质性成员之间交流互动、促进彼此成长的平台（赵健，2006）。"学习共同体"提供了一种在有经验的研究员或学者的带领之下，初次涉猎教学研究的领导（如校领导、主任）和教师通过高度互动的参与，吸取科研经验，并在参与研究的过程中获得专业成长的机会。

　　"学习共同体"以集体共同进步为出发点和目标，以团队为基本组织形式，具有目标共同性、智慧共享性、过程协同性以及个体独创性等特点（金菲飞，2009）。研究显示，"学习共同体"所提倡的相互挑战、相互帮助的理念，能够在成员之间建立相互依赖、相互欣赏的感情，促进归属感的形成（黄龙翔、高萍、陈之权等，2010；刘小龙、冯雪娟，2011）。而共同体成员之间的相互尊重和信任，能给成员带来一种安全感，使他们不介意在合作过程中暴露个人的不足或缺陷，并接受其他成员所做出的"支持性反应"（刘小龙、冯雪娟，2011）。以"学习共同体"为协同研究的单位，易于建立相同的研究目标，按照校本研究的总体要求，进行有计划、有系统的研讨，取得目标上的共识。"学习共同体"的组织者也能通过引导和发挥组内成员的优势，促进群体智慧的形成。在"学习共同体"的教研模式下，成员之间能迅速形成良好的协作精神与构建和谐的团队气氛，使整个教研过程成为团队成员之间释放知识、分享经验、协同建构新知识的过程。"学习共同体"在追求共同目标的同时，能促进成员表达自我、塑造个性；也能在地位平等、互敬互重的氛围下，很好地凝聚研究力量，形成独有的团队风格。

（二）校本研究与研究共识的建立

　　研究显示，教师通过课堂教学实验或教学案例研究，能改进教学方法、提高个人的教学能力（Hourcade et al.，2001；Fernandez et al.，2003；范牡丹，2008；郭春霞，2009）。然而传统的校本研究往往先由研究人员产出知识与方法，然后通过行政管理人员把研究人员所建议的知识或方法加以推介，最后由学校教师把知识或方法加以落实。这是一种从上而下的模式，容易在短期之内推动教育改革，但这种方式最大的缺陷是缺乏一种研究共识，在研究目标（Goal）、关注焦点（Concern）和价值认知（Value）上存在差异（Tan & Koh，2006）。陈成志等人的调查研究显示，校领导最为关心的是研究能否为学校的校誉或教学成绩带来积极的作用，能否给学校增值；研究人员最关注的是他们所提出的教学方法或技术的创新性，以及研究产出（如研究论文、著作）；教师最关心的是研究是否会给他们带来额外的工作，是否影响正常的教学。由于三方缺乏共识，当把具有创新性的点子在实际课堂上加以应用时，教师往往怀疑它们可能取得的效果，或者仅按照行政要求予以配合。由于教师对行政上所倡导的方法与策略缺乏认同，很多创新教学策略，在研究者离开之后，便销声匿迹，精彩不再（Tan & Koh，2006）。

研究人员的协助和校领导的支持，对校本研究取得实质性成果至关重要（Tan & Koh，2006）。要使校本研究取得成功，学校领导、研究人员和教师就必须根据彼此的专长与经验，协同研究，建立研究共识。从协同研究的角度分析，知识与技术的转移是校本研究取得实质性成果的先决条件（Tan & Koh，2006；黄龙翔、高萍、陈之权等，2010）。合作三方首先应对研究课题的目的、方法和策略取得共识，再由研究人员协助一线教师对新教学方法或策略背后的理念建立比较清楚的认识。一线教师必须"买进"（Buy-in）教学概念或教学技术，才能以更大的信心与拥有权（Ownership）去落实理念。也只有这样，研究才容易取得成效（Tan & Koh，2006）。

（三）"互补性贡献"和"矛盾性期待"之关系

赵连顺（2010）以美国管理学家罗伯特·布莱克（Robert R. Blake）和简·莫顿（Jane S. Mouton）的"管理方格"理论原型为基础，根据一线教师参与合作研究的情感技能以及组织机制支持的不同程度，把"合作研究"分成五大类：应对型、起伏型、指令型、任务型和发展型。"应对型"表现为无论是教师的参与意愿还是组织的支持度都极低，教师与组织没有共同的意愿和目标。"起伏型"表现为教师有意愿尝试，也有一定的合作技能，但研究组织对于愿景的引导不足，资源共享和合作分工不良。"指令型"是高度行政制约下的合作，教师的主体参与感不强，所从事的研究并非教师感兴趣的，研究缺乏共同的目标。"任务型"则以实现预定任务为目标，给予参与合作研究的教师一定奖励，但不重视研究效益，也不对教师专业水平的提升进行规划，简单地说，就是注重"成事"，忽视"成人"。"发展型"则以教师的专业发展为出发点，通过合作研究提高教师的专业能力；教师以组织所提供的机制作为个人发展的平台，"在建构组织和谐氛围的同时发展自己"。"发展型"研究因成员的积极参与而资源充足，合作成员之间互信共享，良性互动。一线教师的专业研究，应以"发展型"合作研究为追求和归宿。

Wong 等人（2011）提出了协同探究中各方存在"互补性贡献"和"矛盾性期待"关系的理论。所谓"互补性贡献"，指的是由教研人员、一线教师和教育行政单位组成的研究团队在共同的目标下合理地发挥各自的专长并补充差异资源；在协商共进的和谐气氛下，秉持互助、互信、互享的精神，协作完成教学研究。教研人员为研究团队提供必要的理论框架、研究方法和科技；教育行政单位代表向团队成员比较准确地解释国家课程设计的宗旨、政策以及学生学习所需要的技能要求；一线教师则为研究团队带来教学经验和各类学校的学习情况，协助团队成员更清楚地了解学生的学习能力与态度（Wong et al.，2011）。在完成协作研究之后，合作三方都实现了个体受益：教研人员加强了对教学现场的认识，合作教师获得了科研能力的提高，而学校作为教育行政单位，也因研究的成功而提高了教育品质。

"互补性贡献"实际上与"发展型"合作研究所强调的互信共享、良性互动一致，也和赵连顺（2010）认为的成功高效合作的四个基本特征（共同的愿景或目标、合理配置组内差异资源、互助和互信以及个体受益）相符。由此可见，在校本研究的理念上，两种观点是相同的。只是"互补性贡献"进一步扩大了合作研究的范围，引入了教研人员和教育行政单位。

结合"校—研—教"三方资源与经验的"协同探究"虽能更好地促进"互补性贡献"，但因为合作方的背景不同，对研究的期待也不可避免地存在不同。在合作研究的开始阶段，这种期待落差相当明显，需要各方在互助与互信的基础上进行磨合，否则会影响研究效果。这种期待上的落差被称为"矛盾性期待"。Wong 等人（2011）把"矛盾性期待"分成与"产品"相关的和与"历程"相关的两种。与"产品"相关的"矛盾性期待"源自协同三方对最终产品的不同期待：研究者强调理论依据，教育行政单位重视国家课程对学生能力的要求，教师关注的是教学上的实用性和有效性。与"历程"相关的"矛盾性期待"体现在：研究者重视协同研究的过程而非结果，教师和教育行政单位则把协同研究视为教学手段，希望能够把新的策略和技术带回学校，立即派上用场并产生效应（Wong et al.，2011）。图 12 – 1 清楚地显示了三方的两种合作关系。

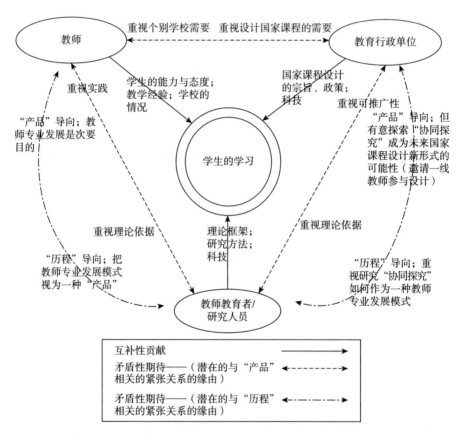

图 12 – 1　协同三方关系

资料来源：黄龙翔、高萍、陈之权等《协同探究——华文教师专业发展和资讯科技有效融入华文教学的双赢策略》，《华文学刊》2010 年第 1 期，第 76 页。

图 12 – 1 显示，校本研究成败的关键在于成员对研究"贡献"和

"期待"的理解与追求。倘若参与"协同研究"的各方未能梳理好"贡献"和"期待"的关系，不能顺利融合各方期待，便会产生"矛盾性期待"效应，严重影响校本研究的效果（Wong et al.，2011）。参与各方如果都能高扬"互补性贡献"，通过有效沟通抑制甚至消除"矛盾性期待"，就能很好地激发各方潜能，加强团队的教研信心，为联合开展校本研究奠定成功的基础。

综上所述，作者认为，当代的校本教学研究宜逐渐离开研究人员、一线教师、教育行政单位（学校）各自为政，纯粹由研究人员引导、教师配合的路向，走向"协同探究"方向，即多以"学习共同体"为研究单位，促进与提高"互补性贡献"，抑制或消除"矛盾性期待"，以共同目标和对研究成果的共同期待为基础，结合校行政领导、研究人员和一线教师三方的资源与经验，优势互补、协作共进，从而既能更好地发展既有理论与丰富研究架构，又能提出有实质教学成效的教学策略。

二　个案研究

（一）V.S.P.O.W.协同写作

1. 研究的缘起与开展

新加坡南洋理工大学国立教育学院的一些学者希望通过校本研究的课题，落实"协同探究"在促进教师专业发展上的成效。他们相信，"协同探究"是一种能够通过研究者和实践者的互补合作，帮助教师解决实际教学问题的有效方式。该种民主的参与方式，可以善用多元意见，鼓励参与教师在科研人员的协助下应对教学挑战，深入反思研究问题（Wong et al.，2009）。而新加坡社会语言环境的英文化趋势，给华文教学带来了莫大的挑战。在传统的语言四技教学中，写作的学与教是学生和教师最大的难点，学校教师需要寻找顺应在资讯时代成长的学生的兴趣与学习方式的教学策略，从而提高写作教学的成效。基于此共同的专业需要，一组科研人员和学校教师组建了学习共同体，其中由科研人员（这一组大学助理教授）推荐理论框架、研究方法和技术支持，教师提供实际教学经验、对学校体制和学生学习能力的认知，学校提供研究所需的校本资源与行政便利。

该学术共同体的研究于 2008 年 2 月开展。研究者和两所小学合作，在学校的支持下，选择了四年级和五年级各一个班级作为实验班。研究团队和参与研究的教师经过磋商，在参考学校实际教学需要和教学资源的情况下，选择了探究写作教学活动，目的是让学生利用网上协同写作工具——维基平台，分组合作写作文。教师希望合作小组先通过脑力激荡看图积累词汇，后逐渐扩展至造句、写段、撰写提纲，最终由个别学生写作全文。

2. V. S. P. O. W. 教学模式

根据教师的需求，研究人员通过对写作理论、社会建构论等相关文献的分析，提出一个在线协作写作的教学历程 V. S. P. O. W. （黄龙翔、高萍、陈之权等，2010；Wong et al. ，2011）。

V. S. P. O. W. 是一个自下而上的集体写作历程，适用于小学阶段的看图写作。整个历程分成五个阶段：采集词汇（Vocabulary）、造句（Sentence）、写段（Paragraph）、列提纲（Outline）和写作全文（Write）。前三个阶段又细分成三个步骤：小组集体预写（Pre-Writing）、组内及跨组修改、全班集体讨论与筛选。

V. S. P. O. W. 写作模式在操作上具有弹性，教师可以根据学生的写作水平和学习进度进行调适。教师可以安排同一班级进行多轮写作，并根据学生的能力与进度调整写作历程。例如程度比较好的小组，可以加快词语、句子和段落写作的步伐，更快进入列提纲和写作全文阶段；程度较为一般的学生，则可以按部就班，多花点时间采集词汇、造句改句和组织段落，不必跟随程度较好的同侪的学习步伐。这样既能减轻学习压力，亦能增加学习的趣味性。教师还可以根据教学对象的年级调适历程。

为保证策略的有效推行，研究团队首先在参与教师中选择一位在使用教育资讯技术辅助华文教学上具有较丰富经验的资深教师进行试验。该教师一边和研究人员一起对集体写作历程进行细化设计，一边在自己担任科任教师的小学四年级班上开展教学实验，检验实践成效，并根据实践经验，进一步完善教学设计。四个月后，另外三名教师根据这位教师的实践经验，结合自己对教学对象能力的了解，对研究员所设计的教学流程进行调适，并在任教的班级开展实验。研究人员进入课堂观察教学，系统记录所观察到的现象。协同探究团队也召开常月会议，分享实践经验并继续改善历程。这一阶段的教学实验进行得很顺利，于 2008 年 11 月圆满结束。

3. 教学效果与校方反应

这一轮协同探究写作教学总共进行了四个完整流程，取得了明显的效果（见表 12 - 1）。实验班学生的华文看图写作能力有了明显的提高，学习华文的态度也有显著改善。研究人员根据课堂教学记录，观察到了学生之间积极而充满乐趣的同侪互"教"、取长补短现象。

值得一提的是，这一协同探究一开始就受到学校领导的积极支持，安排资深教师和研究团队合作，并在各自的实验班试验这一新的协作历程写作模式。一所合作学校在观察到教学试验取得明显的效果并确定这一教学策略的高度可行性后，决定将这套教学设计转化为校本课程，将之有机地融入学校的课程体系中，使其得以持续性实施。

表 12 - 1　V. S. P. O. W. 协同写作实验班表现 （*** 表示 $p < 0.001$）

		平均数	标准差	平均值	T 值
标点	前测	3.6	.78	- .72	- 4.58***
	后测	4.3	.49		
字（错别字）	前测	2.5	.79	- 1.67	- 11.90***
	后测	4.2	.51		
词汇（丰富性）	前测	2.6	.70	- 1.78	- 13.76***
	后测	4.4	.50		
词汇（准确性）	前测	2.7	.75	- 1.33	- 8.25***
	后测	4.1	.54		
造句	前测	2.7	.90	- 1.44	- 9.95***
	后测	4.2	.62		
组织	前测	2.9	.73	- 1.22	- 12.12***
	后测	4.2	.62		
结构	前测	2.8	.71	- 1.50	- 9.00***
	后测	4.3	.60		
内容（观察力）	前测	2.6	.62	- 2.00	- 14.28***
	后测	4.6	.51		

续表

		平均数	标准差	平均值	T 值
内容（分析力）	前测	2.4	.60	-2.17	-17.87 ***
	后测	4.6	.51		

资料来源：黄龙翔、高萍、陈之权等《协同探究——华文教师专业发展和资讯科技有效融入华文教学的双赢策略》，《华文学刊》，2010 年第 8 期，第 81 页。

（二）探究式学习

1. 研究的缘起与开展

新加坡教育部发布的《乐学善用：2010 母语检讨委员会报告书》（以下简称《报告书》）显示，新加坡年轻一代华裔家庭主要用语已经迅速英语化。由于华语不是大多数学生的主要家庭用语，加上新加坡学校的主要授课语言是英语，学生华文水平每况愈下。《报告书》提出新课改方向，即使华文学习达到"学以致用"的目的，并在实际使用华语文的过程中提高学生的学习兴趣（新加坡教育部，2011）。这一教学取向，对长期深受"应试教育"思想束缚的学校华文教师而言，是一种全新的教学理念，需要通过大胆创新的教学举措帮助他们掌握这一符合 21 世纪学习理念的教改思路，从而有效地落实教改目标。

在这样的课改背景下，新加坡某所中学的华文部门主任与新加坡华文教研中心的一组研究人员取得联系，就"如何开发有助于提高教师应对课改要求的教学信心，并有效促使学生在实际生活中主动使用华语文的教学模式"进行磋商，最后决定进行一项基于网络的探究式学习活动，探讨在学生实际生活中植入华语文学习的可能性。他们成立了由研究人员、一线教师、部门主任组成的"学习共同体"。根据商定的研究框架，研究人员提供教学理论、设计教学流程；一线教师执行教学，并在教学过程中不断根据个人的教学体验和观察到的学生反应，给研究人员提供教学反馈，修改教学策略与活动设想；部门主任根据研究需要，在行政资源安排上提供必要的援助与支持。

研究要求学生在探究性语言活动中，以小组为学习单位，深入生活，用华语了解公众对一些生活课题的想法、调查公众意见，并在课堂上用华语呈现报告内容、回答教师和同学的问题。之后教师布置延伸活动，要求学生综合大家的意见，完成书面写作练习。研究人员希望借一系列有组织的探究式学习活动，为学生提供应用华语文的机会，从而提高学生在华文口语和书面语方面的能力。

这一研究于 2010 年 2 月开展。研究组在学校的支持下，选择了中学一年级的两个班进行为期两年的纵向研究，一个班为实验班，另一个班为对照班。实验班进行"基于实际生活情境的探究式学习"，学生必须深入生活收集资料，通过"发现式"研究性学习完成既定任务。对照班进行"基于课堂活动的探究式学习"，学生根据所提供的网络资源与文本资料完成任务，属于"接受式"探究性学习。

研究团队、教师和校行政单位经过协商讨论后，决定在两年的纵向研究中，进行 6 次探究式学习。实验班的研究分三个阶段进行。第一阶段对学生进行基本调研能力的培训，教给他们简单的问卷设计、社会访谈的原则和方法，并提供样例供他们参考。第二阶段进行三次校内活动，让他们在校内较为熟悉的真实情境下进行微型探究活动，完成较为简单的任务。第三阶段则进行真实性探究式活动，要求学生走进生活，进行较复杂、任务相对较重的研究活动。对照班的学生在第二阶段才开始进行探究式学习活动，配合课文教学完成以文本为主、网络资源为辅的专题探究，并做口语和书面语报告，但无须通过真实的生活情境采集资料。

2. 探究式学习模式

研究人员根据 WebQuest 这一国际著名的探究式学习模式的学习框架（包括导言、任务、资源、过程、评价、总结 6 个阶段），为学生提供明确的学习指引以及对学生建构知识有帮助的学习鹰架或学习资源，协助学生完成专题探究。比如研究人员与参与研究的教师合作，编写网页、设计学习鹰架，并把网页上传至新加坡华文教研中心的网站，以供学生浏览阅读，接受任务指示；教师和研究人员合作，针对探究主题编写校本阅读教材，为学生提供完成每一次探究式学习任务所需的语言输入，包括语法点、词汇和句型，确保探究式学习活动能用到课内所学，做到"学以致用"，当然学生所使用的语言不限于课内所学。

3. 教学效果与校方支持

学生在两年内完成的探究主题包括学校学生的公众礼仪、新加坡美食、公众对地铁服务的意见、学生创业计划等，产出的书面报告包括《学校学生公众礼仪报告》《美食手册》《地铁行为守则》《学生创业计划书》等（陈之权、龚成，2011）。

经过两年的比较研究发现，实验组无论是在书面写作方面还是口语表达方面，都有了明显的提高。表12-2和表12-3分别展示了两个班学生在书面写作和口语表达方面前后测的成绩。

表 12-2　作文测验成绩

单位：分

	实验班		对照班	
	前测	后测	前测	后测
最低分	32	52.33	44.67	38
最高分	71.67	74.67	72	69.67
平均分	56.21	64.42	58.39	58.02
标准差	10.92	5.94	6.39	7.67

表12-2配对样本t检测结果显示，实验班前后测成绩对比P值（0.000058）小于0.025，作文成绩进步显著；对照班前后测成绩对比P值（0.73）大于0.025，作文成绩相对持平，变化不显著。Cohen效果强度值为0.83（超过0.8），属于大效果，说明所用的（探究性学习）教学策略在提高学生书面写作能力方面取得了效果（陈之权，2011）。

表 12-3　看图说话测验成绩

单位：分

	实验班		对照班	
	前测	后测	前测	后测
最低分	0*	20.33	16	22.67
最高分	32.33	35	34.67	31.33
平均分	22.69	26.47	24.37	26.66
标准差	5.62	2.91	3.56	2.01

* 该学生在前测时不发一言。

表 12 – 3 显示，前测时对照班学生的口语能力（24.37）优于实验班（22.69）。我们将前测时实验班学生的口语成绩和对照班学生的口语成绩进行独立样本 t 检测，发现差异显著；后测时两个班的成绩基本持平（26.47 : 26.66），说明"发现式"探究性学习策略使实验班学生的口语能力提高得更快。

研究实施过程得到学校的支持和高度配合。学校在上课时间、上课地点、户外采访时间、获得家长授权等方面予以行政支援。鉴于实验取得的良好效果，学校计划利用这一为期两年的校本研究，开发一套适合初中二年级并能够结合学生实际生活、促使学生在实际生活场景中使用华文华语的"校本课程"。

三　"校—研—教"学习共同体开展协同研究的成功因素

上述两个校本研究个案，最终都取得了实质性的效果，既提高了教学绩效，又促进了教师的专业发展。其取得成功的因素可以被总结归纳成以下四点。

1. 达成共识的研究团队

两个校本研究项目的研究课题均来自课堂存在的实际问题和课堂教学需要，由教师与研究人员根据双方的专业需要共同提出，在取得了校方的积极支持之后，校方研究人员、教师组成"协同研究"小组，通过磋商提出教学改革建议。在持续进行协商讨论、反省交流的过程中，校领导、研究人员和教师达成了研究的共识。参与教师和学校行政领导都"买进"了教学概念，对研究有发言权、拥有权。"校—研—教"三方均把策略的可持续性发展作为终极目标，具有在更大范围之内推广有效策略的共同意愿。

2. 成功的"学习共同体"

这两个校本研究取得成功的另一个关键因素是两个研究团队均是成功的"学习共同体"。团队成员以团队为研究的基本组织形式，以共同进步为出发点，具备了目标共同性、智慧共享性、过程协同性和个体独创性等成功合作团队应当具备的特点。团队成员能在和谐的协作氛围下释放知识、分享经验、建构新知新能。研究人员通过对教学策略及其背后理论的引介与解释，提高了教师对教学策略的认识。一线教师亲自参与整个研究的设计，对新教学法背后的理念有清楚的认识，因而能够有信心、有能力、有技术地去执行教学实验，并积极提供反馈，协助研究人员修改教学策略，使之更契合教学的需要。校方则大胆配合研究团队的研究需要，选择合适的班级，并分配专业水平高的资深教师参与研究。这两组由"校—研—教"三方组成的"学习共同体"成员，在团结友好的气氛中各谋其事、各司其职，保证了研究的成功。

3. 均等贡献的研究团队

这两个个案的研究团队都高扬"互补性贡献"，克服了"矛盾性期待"。他们以"学习共同体"为协同研究的单位，通过"互补性贡献"调和"矛盾性期待"。共同体成员在研究的过程中借鉴彼此的经验、专长，共同设计实践性强的教学策略，优势互补，促使研究取得进展，奠定了成功的基础。在共同目标下，参与各方的期待获得了满足。研究人员验证了所提出理论和策略的有效性，参与研究的教师感受到了新策略、新技术带来的良好教学效果，学校也通过协同研究，获得了新的教学手段或建立了新的校本课程，从而使创新的教学法得以延续。

4. 促进教师反思与专业成长的研究团队

这两个校本研究均属于"发展型"合作研究，合作成员之间进行良性互动，一线教师在"协同研究"提供的机制下获得了专业的提升，在执行研究的过程中实现了专业成长。从这两个个案的参与教师与校方领导的事后反思中可以感受到他们的收获和成长。

教师A：在研究过程中学习很多；（研究）更有系统性；（如果没有参与这次的研究）我们不会那么专业，不会认真、积极对待（研究），也不会根据教学法来设计（教学研究）；（参与了协同研究后）我有能力设计一个更完整的教学法。（案例1）

教师B：（在这样的研究模式下）研究人员和学校教师可以互相

配合，分配工作，搜集资料之后再进行讨论，设计出一本校本辅助教材；学生积极参与课堂教学，教师得到了很强烈的满足感；（教师）对研究方法、行动研究的过程、教导分析技巧有了更多认识，对自己的教学与学生的行为及学习模式有了更多的了解；研究项目加强了团体精神；使我探索了不同的教学方法，能够结合资讯与通信技术和协作学习，让学生积极学习；我们观察到学生认识到华文有它"有用"的地方。（案例2）

校方领导A：教师和专家一起讨论，提出教学方案，这是一个又新又有效的教学法；研究促使我和教师一起思考如何教学；每个教师面对不同的学生，（在教学上）有不同的意见，我们可以互相学习。有（研究人员）在，我们的方向不会错，是你们的专业指导加上我们的想象力促使项目取得成果。（案例1）

校方领导B：校本课程的探讨与开发，让我们看到了在课堂外完成实践性任务的可行性；我们很感激的是，教师能在教研中心研究人员的指导下，获得教学与研究能力的提升；与教研中心合作以后，我们看到了中心在进行这个项目时过程的严谨、研究人员的审慎，对此深有感悟；这次获得教研中心的指导，我们觉得很放心，深知不会走错路；虽然有时我们会因为教务繁重有点累，但是都很期待研究人员的到来，因为那会是另一次智慧的交流、火花的碰撞。（案例2）

四 成功的"学习共同体"下"校—研—教"三方的分工

以上两个个案，完全遵循大多数校本研究的标准流程，但与一般校本研究不同的是，在研究的过程中，这两个个案均以"学习共同体"为单位，发挥"校—研—教"三方的专长与经验，共同完成校本研究。作者根据这两个个案的研究过程记录，归纳整理了能发挥校领导、研究人

员、一线教师三方专长，使三方有机互动的校本研究流程，并简单说明
了在此"协同研究"的理念下，各研究步骤中研究人员、一线教师和校
领导所扮演的角色，供教研同道们参考（见表12-4）。

表12-4 "校—研—教"三方的合作与分工策略

校本研究流程	研究人员	一线教师	校领导
选择课题	·了解教师问题 ·参与课题选择 ·提供选择意见	·植根教学经验，找出教学问题，提出可能课题 ·听取研究者意见做出课题选择	·下放选择权力，不以领导意志指导选择 ·尽可能列席研究团队会议 ·提供行政意见 ·避免"越俎代庖"
设定目标	·了解教师需要 ·建议研究对象 ·修订研究目标 ·设计研究进度 ·设计与组织研究前测	·确定研究对象 ·提出研究目标 ·确定研究进度 ·执行研究前测	·提供进度咨询 ·调度前测时间（如有必要）
提出策略	·设定研究问题 ·梳理研究文献 ·设置理论框架 ·提出具体策略 ·协商教学策略 ·设计研究工具	·提供可行性意见 ·理解理论框架 ·咨询教学策略 ·试用研究工具	
设计教学	·咨询教学目标 ·设计教学活动 ·提供教学材料 ·设计教学评估工具	·设定教学目标 ·调试教学活动 ·调整教学材料 ·使用评估工具	
教学实验	·观察教学 ·系统性记录教学（包括录像、录音） ·教学访谈 ·评估教学设计 ·组织研究后测	·执行教学任务 ·填写教学笔记 ·执行研究后测	·提供实验配备（场地、软硬件等） ·提供技术支援 ·必要时放松正式课程对实验班的要求（如减少原本规定的全年课堂作文数量，让教师能全力执行V.S.P.O.W.实验）
反思教学	·分享教学观察 ·分析教学效果（优缺点） ·提出改进意见 ·调整教学策略	·检讨教学过程 ·分享教学感受/心得 ·提出改进意见	

续表

校本研究流程	研究人员	一线教师	校领导
分享成果	·分析观课与访谈语料 ·撰写教学报告 ·提呈研究论文（研究者角度） ·发表研究成果	·咨询报告内容 ·补充教学报告 ·提呈研究论文（实践者角度） ·发表研究成果	·咨询报告内容 ·支持专业分享 ·推广行之有效的教学策略（可持续发展）

五　总结

　　两个个案取得的成果显示，基于"学习共同体"的校本教学研究是提高教学质量、促使教师反思、促进教师专业发展的有效手段，但在执行的过程中，应以"协同研究"为取向，结合校领导、研究人员、一线教师的经验与专长，通过资源分享、优势互补、相互促进、群策群力的方式，以民主平等、互为咨询、合作共进为原则，在验证创新教学策略的同时，促进教师专业发展，提高教学效果。这样的研究方式，能够改变过去研究完全由学者专家主导，研究一结束一切恢复原状，对改进课堂教学没有实质影响的"为研究而研究"问题；也能避免产生教师因缺乏训练，研究设计不够严谨，教学策略缺乏理论根据，对研究成果言过其实，花费了大量时间和精力，却对专业成长和教学质量帮助甚微的现象。"校—研—教"三方紧密合作的校本教学研究模式，能够更好地促进理论和实践的结合，让教学研究真正为提高教学质量而服务，是提高华文教学质量的有效模式，有较高的实践价值。

参考文献

陈之权：《以任务为本的探究性学习——主体性学习的教学实践》，《教育学研究与反思》，华中师范大学出版社，2011，第 131～151 页。

陈之权、龚成：《从用中学：新加坡中学快捷班课程真实性探究式学习的策略与进行方式》，《新加坡华文教学论文七集》，新加坡华文研究会，2011，第 33～58 页。

范牡丹：《"案例教学"：中小学教师培训的有效模式》，《陕西教育》2008 年第 12

期，第 29～30 页。

高耀明、李萍：《教师行动研究策略》，上海学林出版社，2008。

龚成、陈之权、郑文佩：《MiniQuest-WebQuest 网络探究学习平台的设计及其在华语课堂的教学应用》，《第十届世界华语文教学研讨会论文集》，世界华语文教育学会，2011，第 257～270 页。

郭春霞：《行动研究：教师培训者教学技术水平提高的有效途径》，《继续教育研究》2009 年第 2 期，第 124～125 页。

黄龙翔、高萍、陈之权等：《协同探究——华文教师专业发展和资讯科技有效融入华文教学的双赢策略》，《华文学刊》2010 年第 1 期，第 70～83 页。

金菲飞：《"学习共同体"校本教研模式的特点与实践操作》，《教育科学论坛》2009 年第 3 期，第 29～31 页。

刘小龙、冯雪娟：《"学习共同体"的概念形成及教育特性分析》，《江苏教育研究》2011 年第 19 期，第 62～64 页。

宁虹、刘秀江：《教师成为研究者：教师专业化发展的一个重要趋势》，《教育研究》2000 年第 7 期，第 39～41 页。

潘慧玲：《教育研究的取径：概念与应用》，华东师范大学出版社，2005。

新加坡教育部：《乐学善用：2010 母语检讨委员会报告书》，新加坡教育部，2011。

赵健：《学习共同体——关于学习的社会文化分析》，华东师范大学出版社，2006。

赵连顺：《从合作研究类型的视角审视中小学教师合作研究效益》，《教学与管理》2010 年第 22 期，第 34～36 页。

〔美〕罗伯茨等：《学习型学校的专业发展——合作活动和策略》，赵丽、刘冷馨、朱晓文译，中国轻工业出版社，2004。

Batliwala S., "Bridging Divides for Social Change: Practice-research interaction in South Asia," *Organization* 10 (2003): 595－615.

Bray J. N., "Uniting Teacher Learning: Collaborative inquiry for professional development," *New Directions for Adult and Continuing Education* 94 (2002): 83－92.

Darling-Hammond L., "The Quiet Revolution: Rethinking teacher development," *Educational Leadership* 53 (1996): 4－10.

Fernandez C., Cannon J., Chokshi S., "A US-Japan Lesson Study Collaboration Reveals Critical Lenses for Examining Practice," *Teaching and Teacher Education* 19 (2003): 171－185.

Hourcade J. J., Bauwens J., "Cooperative Teaching: The renewal of teachers," *Clearing*

House 74 （2001）：242 – 247.

Tan S. C. , Koh T. S. , "Translating Learning Sciences Research into Classroom Prac-
tices," *Educational Technology* 46 （2006）：15 – 21.

Tinzmann M. B. , Friedman L. , Jewel-Kelly S. , et al. , *Why Should Schools Be Learning
Communities* （Oak Brook，IL：NCREL，1990）.

Wong L. H. , Chin C. K. , Chen W. , Gao P. , V. S. P. O. W. ：An innovative collaborative
writing approach to improve Chinese as L2 pupils'linguistic skills （paper represented at
Proceedings of International Conference on Computer-Supported Collaborative Learning，
Rhodes， Greece， June 2009）， pp. 651 – 661.

Wong L. H. , Chen W. , Chai C. S. , et al. , "A Blended Collaborative Writing Approach
for Chinese L2 Primary School Students," *Australasian Journal of Educational Technolo-
gy* 27 （2011）：1208 – 1226.

Wong L. H. , Gao P. , Chai C. S. , et al. , "Where Research，Practice and the Authority Meet：
A collaborative inquiry for development of technology-enhanced Chinese language curricula,"
The Turkish Online Journal of Educational Technology 10 （2011）：232 – 243.

图书在版编目（CIP）数据

聚焦新加坡：华语文教学、课程与师资培训 /
（新加坡）陈之权著. -- 北京：社会科学文献出版社，
2023.12
　（华文教育研究丛书）
　ISBN 978 - 7 - 5228 - 1238 - 0

Ⅰ.①聚…　Ⅱ.①陈…　Ⅲ.①华文教育 - 教育研究 -
新加坡　Ⅳ.①G749.339

中国版本图书馆 CIP 数据核字（2022）第 244121 号

华文教育研究丛书
聚焦新加坡
　　——华语文教学、课程与师资培训

著　　者／〔新加坡〕陈之权

出 版 人／冀祥德
责任编辑／张建中　朱　月
责任印制／王京美

出　　版／社会科学文献出版社·政法传媒分社（010）59367126
　　　　　地址：北京市北三环中路甲 29 号院华龙大厦　邮编：100029
　　　　　网址：www. ssap. com. cn
发　　行／社会科学文献出版社（010）59367028
印　　装／三河市尚艺印装有限公司

规　　格／开　本：787mm × 1092mm　1/16
　　　　　印　张：19.25　字　数：291 千字
版　　次／2023 年 12 月第 1 版　2023 年 12 月第 1 次印刷
书　　号／ISBN 978 - 7 - 5228 - 1238 - 0
定　　价／139.00 元

读者服务电话：4008918866